Uma História do Brasil
Trajetórias e Sentidos
Construção do Brasil no Período Imperial

Livro II

Henrique Cavalcanti de Albuquerque

Uma História do Brasil
Trajetórias e Sentidos

Construção do Brasil no Período Imperial

Livro II

Freitas Bastos Editora

Copyright © 2025 by Henrique Cavalcanti de Albuquerque

Todos os direitos reservados e protegidos pela Lei 9.610, de 19.2.1998. É proibida a reprodução total ou parcial, por quaisquer meios, bem como a produção de apostilas, sem autorização prévia, por escrito, da Editora. Direitos exclusivos da edição e distribuição em língua portuguesa:
Maria Augusta Delgado Livraria, Distribuidora e Editora

Direção Editorial: Isaac D. Abulafia
Gerência Editorial: Marisol Soto
Diagramação e Capa: Sofia de Souza Moraes
Copidesque: Lara Alves dos Santos Ferreira de Souza
Revisão: Doralice Daiana da Silva
Assistente Editorial: Larissa Guimarães

Dados Internacionais de Catalogação na Publicação (CIP) de acordo com ISBD

Dados Internacionais de Catalogação na Publicação (CIP) de acordo com ISBD

A345h	Albuquerque, Henrique Cavalcanti de Uma História do Brasil Trajetórias e Sentidos: Construção do Brasil no Período Imperial / Henrique Cavalcanti de Albuquerque. – Rio de Janeiro, RJ : Freitas Bastos, 2025. 372 p. : 15,5cm x 23cm. Inclui bibliografia. ISBN: 978-65-5675-565-6 1. História do Brasil. 2. Período Imperial. I. Título. CDD 981 CDU 94(81)
2025-2470	

Elaborado por Vagner Rodolfo da Silva - CRB-8/9410

Índice para catálogo sistemático:
1. História do Brasil 981
2. História do Brasil 94(81)

Freitas Bastos Editora
atendimento@freitasbastos.com
www.freitasbastos.com

Para Guisla,
É coisa que se ensine o Amor?

Para Otto,
"Pousa a cabeça, meigamente pousa
Nesse augusto Quebranto
E nem da Terra a mais ligeira cousa
Te desperte do Encanto."

(Cruz e Sousa, poema Recorda! Da obra **Faróis**, 1900)

SUMÁRIO

1 JÁ PODEIS DA PÁTRIA FILHOS/VER CONTENTE A MÃE GENTIL: COMO CONSTRUIR UM PAÍS?   **11**

1.1   A GUERRA DA INDEPENDÊNCIA QUE MUITOS DIZEM QUE NÃO EXISTIU   11

1.2   O BRASIL E O MUNDO: RECONHECER E CEDER   34

1.3   A CONSTITUIÇÃO DA MANDIOCA   51

1.4   AFINAL, QUE BRASIL QUEREMOS?   57

1.5   A RAINHA AUSTRÍACA SONHOU COM O BRASIL   67

1.6   A CISPLATINA E O MARACANÃ: A GUERRA DO URUGUAI   81

1.7   O FREI CANECA E SEU SONHO   91

1.8   DIGO AO POVO QUE VOU: ABDICAÇÃO DE DOM PEDRO I   100

2 NA ESTRADA DE SINTRA, CADA VEZ MENOS PERTO DE MIM: O RETORNO A PORTUGAL E O QUARTO DE QUIXOTE   **113**

2.1   O MISTÉRIO DA MORTE DO REI: DOM JOÃO VI SE DESPEDE   113

2.2   CAIM E ABEL: A ETERNA LUTA ENTRE IRMÃOS   122

2.3   ENTERREM MEU CORAÇÃO NO PORTO   127

2.4   UMA RAINHA BRASILEIRA EM LISBOA   130

3 NINGUÉM SABIA MUITO BEM DO TEMPO: REGÊNCIAS E REVOLTAS   **135**

3.1   O PEQUENO PRÍNCIPE: O REI MENINO QUE AINDA NÃO É   135

3.2   SÓ UM POUCO DE POLÍTICA: PARTIDOS E PARLAMENTO   139

3.3   O BRASIL É UM PAÍS PACÍFICO? REVOLTAS REGENCIAIS   148

3.4   ALÁ EM SALVADOR: REVOLTA ISLÂMICA NA CIDADE DAS IGREJAS   172

3.5   A DISPUTA ENTRE O PADRE E O JUIZ: UM NOVO REGENTE   177

3.6   ENTRE RECIFE E PARIS, REVOLUÇÃO E PRAIA: O INÍCIO DA PACIFICAÇÃO   180

4 A IDEIA DE IR TER COM O IMPERADOR: DOM PEDRO II – MENORIDADE E PRIMEIROS ANOS   187

4.1   Chamem o rei menino: golpe da maioridade e o poder do símbolo   187

4.2   Um momento ético na política brasileira   194

4.3   Dormindo no trono: o doce balanço da política imperial   200

5 DUAS OPULÊNCIAS, QUE SE REALÇAM COMO A FLOR EM VASO DE ALABASTRO: DOM PEDRO II – ECONOMIA   205

5.1   Café com açúcar: rupturas e continuidades da economia colonial   205

5.2   As belas fazendas da Serra: a força do café   210

5.3   O empresário do Império: a novidade da indústria   214

5.4   Os casarões de Higienópolis por testemunha: nasce uma nova elite   227

6 AS CRÔNICAS DA VILA DE ITAGUAÍ: DOM PEDRO II – CULTURA   233

6.1   Um fotógrafo nos trópicos: a formação   233

6.2   A múmia do casarão imperial: as viagens   240

6.3   Diga-me com quem andas: o conde e o imperador   244

7 A FÁBRICA DE MASSAS ITALIANAS, ALI MESMO DA VIZINHANÇA, COMEÇOU A TRABALHAR: IMIGRAÇÃO   251

7.1   A ideologia da imigração   251

7.2   O campo e a cidade: trajetórias dos imigrantes   259

8 AO VENCIDO, ÓDIO OU COMPAIXÃO: DOM PEDRO II – POLÍTICA EXTERNA   265

8.1   Expulsar o embaixador: os conflitos com a Inglaterra   265

| 8.2 | MALDITA GUERRA: A PERSISTÊNCIA DO ERRO | 273 |

8.3 A TERRA ESTÁ CHEIA DE SANGUE: O PROCESSO DA GUERRA
DO PARAGUAI — 283

8.4 O BARÃO É O REI: CONSTRUÇÃO DA DIPLOMACIA — 291

8.5 VAI PARA WASHINGTON, NABUCO: NASCE UMA NOVA POTÊNCIA — 294

9 UM ACORDAR ALEGRE E FARTO DE QUEM DORMIU DE UMA ASSENTADA SETE HORAS DE CHUMBO: O MOVIMENTO REPUBLICANO – A VOLTA DE QUEM NUNCA FOI — **299**

9.1 FRANCESES, AMERICANOS, MINEIROS E PAULISTAS: AS
VÁRIAS REPÚBLICAS — 299

9.2 OS PARTIDOS REPUBLICANOS E A PRAÇA POPULAR — 307

10 TAIS ERAM AS REFLEXÕES QUE EU VINHA FAZENDO, POR AQUELE VALONGO FORA: ABOLICIONISMO — **311**

10.1 A CONSTRUÇÃO DE UMA INTELIGÊNCIA CRÍTICA: NOMES
DO ABOLICIONISMO — 311

10.2 POLÍTICA COMO DEVERIA SER: NA RUA, NA PRAÇA, NOS JORNAIS — 326

10.3 DOM PEDRO II PENSA O QUÊ? — 332

10.4 O FIM DE UMA COISA É O FIM DE OUTRA: A ABOLIÇÃO FINALMENTE — 335

11 E BEM, E O RESTO?: O FIM DO II REINADO E A FOTO DO IMPERADOR MORTO — **345**

CONCLUSÃO: OS RIOS E OS CAMINHOS QUE CONSTRUÍRAM O BRASIL SE ADENSAM; TRAJETÓRIAS E SENTIDOS DE NOSSA HISTÓRIA IMPERIAL — **365**

REFERÊNCIAS — **369**

1 JÁ PODEIS DA PÁTRIA FILHOS/ VER CONTENTE A MÃE GENTIL: COMO CONSTRUIR UM PAÍS?

1.1 A GUERRA DA INDEPENDÊNCIA QUE MUITOS DIZEM QUE NÃO EXISTIU

Já podeis, da Pátria filhos
Ver contente a Mãe gentil
Já raiou a liberdade
No horizonte do Brasil
Já raiou a liberdade
Já raiou a liberdade
No horizonte do Brasil
Brava gente brasileira
Longe vá, temor servil
Ou ficar a Pátria livre
Ou morrer pelo Brasil
Ou ficar a Pátria livre
Ou morrer pelo Brasil (...)

A simpática música do Hino da Independência era mais conhecida nos anos passados. Hoje, poucos sequer sabem que existe um Hino da Independência. E talvez menos ainda saibam que a música, uma alegre e triunfante marcha, foi composta pelo próprio Pedro I, pouco tempo depois do famoso grito do Ipiranga. Pelo menos, assim diz a lenda...

Após o acontecimento no dia 7 de setembro de 1822, Pedro e sua comitiva, os poucos que estavam na Independência, rumaram para São Paulo. Naquele tempo, o atual bairro do Ipiranga não estava na cidade, que era restrita ao que hoje chamamos de centro velho, um pequeno triângulo entre os rios Tietê, Pinheiros e Tamanduateí, com pouco menos de 7 mil habitantes. São Paulo, hoje a metrópole de mais de 10 milhões de pessoas, era apenas uma enorme área rural, pouco urbanizada, onde se falava tanto o tupi quanto o português, embora fosse, desde a época colonial, um entroncamento importante de caminhos indígenas e depois de bandeirantes, na direção do interior do Brasil. Ali chegando após o Grito do Ipiranga, foi recepcionado pelos habitantes da cidade, em alegria pela libertação dos laços que uniam o Brasil a Portugal, embora poucos, nem sequer o próprio imperador, soubessem exatamente o que isso significaria para o futuro.

Pedro foi um excelente músico. E, ao contrário de certo lugar comum, em parte derivado dele mesmo, uma pessoa razoavelmente culta. Na verdade, em comparação com nossos dirigentes republicanos dos últimos anos, bem acima da média em leitura e erudição artística. A comparação com seu filho, o futuro Pedro II, o diminui, por certo. Este era realmente um sábio, superior em leitura e intelectualidade a praticamente qualquer monarca europeu de seu tempo. Seu pai, Pedro I, não chegava a tanto. Mas o talento musical permaneceu apenas no pai: daí a lenda sobre a composição da música do Hino da Independência. Após a chegada a São Paulo, imediatamente, Pedro teria composto a música, quase como uma improvisação, na noite após o grito do Ipiranga. De fato, ele foi o compositor da música, só que não no mesmo dia da Independência. Seu talento musical era sólido, mas Dom Pedro I não era um Mozart... Ficaram a lenda e a música.

Ao chegar de viagem ao Rio de Janeiro, Dom Pedro iria enfrentar seu primeiro desafio, muito maior do que compor uma música: ser ou não preso por tropas portuguesas que estavam esperando na cidade para cumprir as decisões das Cortes, o parlamento português. E se houvesse conflitos armados na cidade? O povo estaria ao seu lado? E se esse povo, na acepção mais ampla do termo, tivesse sua própria proposta de revolta contra Portugal, que não contemplasse o poder do Imperador? No período colonial, houve várias revoltas republicanas, no Nordeste e em Minas. O exemplo da independência dos EUA sob regime republicano e federativo era comentado, lido e discutido. Como manter o Brasil unido em uma possível luta armada contra Portugal? E, por último, e não menos importante: uma revolta armada que levasse a um conflito aberto contra a Coroa portuguesa poderia gerar outra revolta – esta, social – do extrato dos escravizados? Havia outro exemplo, um medo, na verdade: a revolução do Haiti, a maior revolta de escravizados das Américas.

Tantas indefinições esperavam Dom Pedro I no Rio de Janeiro. É possível apenas imaginar como estavam os pensamentos do jovem rei de 24 anos em sua longa viagem de São Paulo até a capital do também jovem país. Para ele, era fundamental contar com o apoio de líderes políticos experientes. A presença deles foi marcante nos meses iniciais pós-Independência.

Devemos começar pela imperatriz, Leopoldina da Áustria, da dinastia Habsburgo. Recentemente resgatada do esquecimento nos livros de História, sua atuação na Independência e na própria construção do Brasil no I Reinado deve ser estudada e valorizada. E valorizar, aqui, não significa enaltecer acriticamente. O que isso significa? Valorizar enquanto papel institucional e histórico: em outras palavras, demonstrar de forma inequívoca que a imperatriz foi importante. Enaltecer seria esquecer que ela tinha suas próprias convicções políticas, muitas delas não compatíveis com as nossas atuais. E isso independe de posições políticas no atual espectro ideológico. Dito de outra forma, Leopoldina sempre foi uma defensora do Absolutismo, em uma época em que a Revolução Francesa já tinha varrido da Europa boa parte dos monarcas com poderes ilimitados – no caso, o herdeiro da revolução, Napoleão. Ele mesmo, uma contradição fascinante, já que derrubou reis absolutistas e foi um imperador, um conquistador de países e, aliás, casado com a irmã mais velha de Leopoldina, María Luísa, uma Habsburgo, portanto. A dinastia da Áustria sempre se manteve fiel ao seu princípio de poder absolutista e só o perdeu à força, quando Napoleão obrigou o imperador austríaco, o pai das duas imperatrizes, a brasileira e a francesa, Francisco I, a abdicar de seu título. Só podia haver um imperador na Europa, e Napoleão tinha certeza de que era ele. O ex-imperador da Áustria fez uma composição política com o conquistador francês: abdica de seu título, reconhece o poder de Napoleão, mas mantém sua dinastia no poder, selando o acordo com o casamento da filha mais velha.

Nesse contexto, Leopoldina casar-se com Pedro I era uma forma de criar um novo caminho para a dinastia, desta vez na América. E, por sua vez, manter acesa a ideia de um poder absoluto, longe de Napoleão. Leopoldina tinha plena consciência de seu papel político neste arranjo europeu e americano, no qual se incluía o Brasil. Por isso, devemos valorizar o papel de Leopoldina na construção do Império brasileiro. Mas não enaltecer tal papel, a não ser que acreditemos em reis absolutistas e na exclusão do poder representativo baseado em eleições. A conexão entre Leopoldina e o Absolutismo é sedimentada pelo Congresso de Viena (não por coincidência, a cidade sede do Império Habsburgo). Após a derrota de Napoleão, em 1814, as principais dinastias europeias que tinham sido afetadas pelas conquistas do francês se reuniram em um amplo redesenho do mapa da Europa. Uniu-se ao grupo a Inglaterra, não como reino absolutista, mas como a principal opositora da França.

Interessante notar como a política de casamento das princesas austríacas continuava a mesma: o próprio Napoleão tinha sido casado com uma Habsburgo, para selar a paz entre a Áustria derrotada e a França dominante, ao mesmo tempo em que dava uma legitimidade ao poder imperial napoleônico. Agora, a política de casar princesas era para dar força e legitimidade a uma outra dinastia, no caso, a Bragança portuguesa, no distante Brasil. Em contraposição, defender a posição internacional da Áustria diante do poderio britânico. Como se vê, aliadas contra a França, uma vez esta derrotada, Áustria e Inglaterra buscavam defender seus próprios interesses, e o Brasil, como um mercado aberto às importações desde 1808, era um foco de amplo interesse. Ela chegou ao Brasil em 1817, antes da independência, ao mesmo tempo em que embaixadores austríacos e prussianos chegavam ao Rio de Janeiro.

Dom Pedro I era um absolutista? Essa pergunta é mais complexa. Se a dinastia Habsburgo de sua esposa tinha sólidas convicções a respeito do modelo político ideal, Pedro oscilava no modo de entender a monarquia. Sua posição era mais próxima da Monarquia Constitucional britânica do que do Absolutismo.

"Como se lê na carta de Leopoldina a seu pai, em 9 de junho de 1821: 'o meu esposo, Deus nos valha, ama as novas ideias" (Mota; Lopez, 2015, p. 334).

No entanto, ele não renunciava ao papel do cargo de imperador, o que gerava conflitos com os outros atores políticos brasileiros. Em vários momentos, Pedro teve de compor politicamente com poderosas elites regionais do Brasil, nem sempre simpáticas ao poder centralizado nas mãos do imperador. E, aqui, devemos acrescentar outro elemento: além da divisão, poder absolutista ou poder do parlamento, havia outra, o poder centralizado ou poder descentralizado. Não são exatamente as mesmas ideias, mas se cruzam em muitos aspectos.

Para as lideranças políticas regionais do país, o rei não precisaria dividir poder com um parlamento eleito pelo "povo", ou seja, com ampla representação eleitoral. Voto aberto às classes sociais mais pobres da população? Isso era considerado um disparate. Tal ideia era "revolucionária" demais. Mas o rei não deveria tomar decisões políticas sem antes consultar as elites regionais; afinal, cada região do Brasil tinha suas próprias propostas, problemas e pontos de vista. Uma lei que pudesse beneficiar uma determinada província poderia prejudicar outra. Daí a necessidade de um poder descentralizado. Com o imperador como uma referência e um mediador entre os diversos interesses regionais, Dom Pedro entendia esse tipo de visão política como uma afronta ao **seu** poder. E Leopoldina, em larga medida, concordava com ele – com uma importante diferença: ela era mais propensa à negociação e ao diálogo, mesmo com propostas diferentes e mesmo sendo uma defensora do poder absolutista. Já Pedro, **mais por temperamento do que por convicção política**, tendia a ser impositivo, quando não, explosivo. Um casal muito cioso de seu poder imperial cercado por poderosas elites econômicas e regionais muito ciosas em manter seus pontos de vista próprios. Como se vê, construir o país não seria tarefa fácil.

Tais divisões e divergências ficaram patentes logo nos primeiros anos da Independência. Mas o que unia os atores políticos era um inimigo em comum: Portugal. De nada adiantariam as discussões sobre qual tipo de divisão de poderes se o Brasil perdesse uma guerra e voltasse a ser colônia.

Quem disse que a Coroa portuguesa simplesmente aceitou passivamente a declaração do príncipe? (Para os portugueses, Dom Pedro I do Brasil era apenas Dom Pedro, príncipe de Portugal, herdeiro do trono de Dom João VI, que, aliás, continuava como rei português.) Quem mandava no país eram as Cortes, o parlamento. E este queria, ou melhor, *precisava* do Brasil. Não se trata de ouro ou açúcar. O primeiro já tinha acabado e o segundo tinha valor comercial importante, mas forte concorrência do Caribe. Tratava-se de manter o **exclusivo colonial das importações portuguesas**: o mercado interno brasileiro já era muito maior do que o português e perder esse mercado cativo para outros países, principalmente a Inglaterra, era terrível para a economia lusitana. Para isso, Portugal iria à guerra, e de fato foi.

Por motivos ideológicos, a guerra de independência brasileira sempre foi apagada da memória nos livros de história nacional. Era necessário reforçar que a independência teve pouca participação popular e foi liderada por elites econômicas, o que é uma verdade, em grande medida. Mas também é fato que a população entendia o processo como parte de uma **construção simbólica** que também era sua: *temos o nosso imperador*, ainda que ele não queira que esse povo participe do poder político em eleições diretas, por exemplo. Dom Pedro I foi muito popular por ter feito a Independência. E isso mesmo sendo um rei avesso a qualquer participação política popular. Tal contradição política não cabia em esquemas explicativos mais simplistas. Daí a necessidade de não se falar na guerra de independência, como se ela nunca tivesse existido e, ainda mais importante, como se não tivesse uma participação popular significativa.

Boa parte da população brasileira apoiou a independência, e parte dela lutou por isso, mesmo que não significasse ganhos políticos imediatos para ela. Para muitos, a presença de um poder dominante português era uma ideia em si a ser combatida, independentemente dessa população ter ganhos políticos ou mesmo econômicos imediatos. Vejamos a descrição feita por duas historiadoras do dia 12 de outubro de 1822, data da coroação de Dom Pedro I como Imperador do Brasil:

> Para marcar a data e a continuidade da realeza, num ato carregado de significados, logo que o tempo serenou, D. Pedro e D. Leopoldina achegaram-se à varanda do palacete do Campo de Santana (...) e juntos mostraram à multidão, espremida diante do palácio, a princesa D. Maria da Glória, erguida nos braços paternos e simbolizando a continuidade do Império e, no limite, da dinastia. Para o povo, que não estava habituado a presenciar rituais desse porte, um príncipe garboso em seus atos, virtuoso em sua prole e acompanhado de sua princesa – e assim exposto ao olhar – **dizia mais à imaginação do que qualquer teoria do direito político** (Schwarcz; Starling, 2015, p. 225 – grifos nossos).

Um poder é uma construção simbólica, uma fonte de legitimidade, e não apenas uma relação racional entre classes sociais. Mais uma vez, tomar a independência como um fato apenas exclusivo entre elites econômicas e o próprio Imperador é esquecer que a motivação popular em apoiar o novo regime tinha raízes culturais profundas e com uma lógica própria.

Muito dessa participação popular tem motivações menos nobres do que se pode imaginar. A relação entre política e sociedade nem sempre é mediada pela razão ou por escolhas ditadas por análises de custo-benefício econômicas ou sociais. Muitas vezes, ou talvez até na maioria delas, é apenas emoção, irracionalidade e ódio mútuo, puro e simples. Se o século XX exemplifica isso ao seu extremo, no XIX não era muito diferente.

Podemos dizer que a participação popular na guerra de independência foi motivada em grande medida por um sentimento antilusitano. Uma sensação de pertencer a uma coletividade chamada Brasil, um nacionalismo que era pouco definido (e algum nacionalismo é perfeitamente definido?) e, principalmente, *uma ideia contra o outro*: ser brasileiro é, após o 7 de setembro, não ser português. Mais uma vez, trata-se de um sentimento, não uma sólida definição política baseada em uma análise racional dos acontecimentos. A política sempre foi muito mais emoção do que razão.

Atitudes como ataques grupais fortuitos nas ruas de uma comunidade contra a outra, jornais lançando textos raivosos e até mesmo trocas de socos e pontapés em procissões religiosas (a devoção católica era uma das poucas coisas que uniam as duas comunidades, portuguesa e brasileira) foram crescendo pós-Sete de Setembro. Isso, por si só, levaria a uma guerra aberta? Não. Mas quando as Cortes portuguesas se recusaram a aceitar a Independência, o que era sentimento tornou-se ação. Política e emoção se encontraram, pouco importando se, para a população brasileira, a nova nação construída pelo Imperador e pelas elites econômicas iria excluí-la de direitos ou participação parlamentar.

Do ponto de vista geográfico, a cidade onde essas duas comunidades mais poderiam entrar em conflito era o Rio de Janeiro. Por ser a capital e por ter a maior comunidade portuguesa, seria natural que ali houvesse os maiores conflitos. Com exceção dos já citados socos, pontapés e xingamentos mútuos, não houve guerra aberta. Em larga medida porque as tropas portuguesas eram formadas por brasileiros. Apenas os comandantes eram portugueses. Ao mesmo tempo, a presença do próprio imperador dava um senso de pertencimento à população da cidade, o que impediria uma resistência grande dos portugueses. Houve um princípio de reação militar que terminou de forma trágica para o recém-nascido herdeiro do trono brasileiro, um bebê batizado de João Carlos (veremos esse triste episódio mais adiante), logo no dia do Fico, conhecida como Rebelião de Avilez. As tropas portuguesas, porém, após a Independência, não reagiram.

Da guerra de independência no Rio de Janeiro, ficou um sentimento antilusitano de longa data, facilmente perceptível na literatura, como vemos em obras-primas como **O Cortiço**, de Aluísio Azevedo, na qual os portugueses são vistos como exploradores e sovinas.

Em outras partes do Brasil, os conflitos foram maiores. No extremo sul, houve uma pequena resistência, vencida um ano depois. E qual seria o extremo sul do Império do Brasil? Isso mesmo, o Uruguai. Durante o período Joanino, a Província Cisplatina foi anexada por Dom João VI, antigo sonho português de tomar as rotas do rio da Prata. O atual Uruguai deixou de ser colônia espanhola para ser portuguesa e teve sua independência contra Portugal feita por Dom Pedro I. Metaforicamente, o riacho do Ipiranga chegou até o rio da Prata. A cidade de Montevidéu, capital da província, foi tomada dos portugueses em novembro de 1823, sob a liderança de um destacado militar, português de nascimento, mas fiel ao Imperador, com muita experiência acumulada inclusive nos conflitos contra Napoleão na Europa, Carlos Frederico Lecor, futuro Visconde de Laguna (hoje, uma cidade no sul do estado de Santa Catarina, onde era o ponto sul do extinto Tratado de Tordesilhas). Esse militar ainda teria mais uma tarefa em sua carreira: manter a mesma província Cisplatina no Império brasileiro, como veremos adiante.

Também houve conflitos militares no Nordeste e no Norte. Importante notar tal disparidade geográfica. Nos atuais estados de São Paulo, Minas Gerais e Rio de Janeiro não houve guerra. O que atesta a construção política do poder do imperador em relação às elites econômicas regionais. Estas tendiam a concordar com o imperador como figura de poder simbólica e discordar em relação ao poder político efetivo do poder centralizado. Mas não houve nessas províncias nenhuma liderança brasileira pró-Portugal, nem grande concentração de tropas portuguesas.

No Nordeste, os maiores conflitos ocorreram na Bahia, no Piauí e no Maranhão – e foram bastante violentos. Em definitivo, é falso dizer que não houve guerra de Independência. Pergunte principalmente aos baianos, e eles dirão uma data, em alto e bom som: dois de julho.

Era no dois de julho. A pugna imensa
Travara-se nos cerros da Bahia...
O anjo da morte pálido cosia
Uma vasta mortalha em Pirajá.
"Neste lençol tão largo, tão extenso,
"Como um pedaço roto do infinito...
O mundo perguntava erguendo um grito:
"Qual dos gigantes morto rolará?!..." (...)

Nesse trecho do poema de Castro Alves, "Ode ao Dois de Julho", o poeta baiano faz uma justa, e infelizmente esquecida, homenagem aos que lutaram contra Portugal na guerra de independência. As tropas lusitanas que estavam na capital da província, Salvador, resistiram à declaração de independência.

Tais tropas eram lideradas por Madeira de Melo, um experiente militar português, cuja carreira tinha começado nas guerras contra Napoleão na Península Ibérica. A primeira tentativa de ganhar a guerra por parte dos brasileiros foi pela corrupção: a Madeira de Melo foi oferecida generosa quantia em dinheiro, suficiente para o resto de uma vida confortável nas praias amenas da Bahia. A proposta veio por parte de um emissário de José Bonifácio, a mando de Dom Pedro I. Infelizmente, ele não era corrupto. E, ainda pior, fiel a Portugal e às Cortes.

Ele tomou a cidade, após dominar um motim no principal forte militar de Salvador, feito por brasileiros contra o seu comando. O líder desse motim, Francisco Sabino, seria depois o principal nome de uma revolta no período regencial, com caráter republicano. Os amotinados brasileiros fugiram do forte e da cidade: toda Salvador era agora um foco de resistência portuguesa. E para tornar ainda mais dramática a situação, Portugal enviou uma frota armada para reforçar a defesa da cidade.

A conexão entre o motim dos soldados brasileiros, abafado pelos portugueses, e a futura revolta republicana na Regência não é por acaso. Francisco Sabino não era apenas um nome em comum: sua posição política era partilhada amplamente nas províncias e, particularmente, no Nordeste. Aqui temos uma complexa situação social, política e ideológica, apenas esboçada na guerra e que depois teria grandes consequências: a relação poder central x poder descentralizado.

A Bahia era uma província com ampla autonomia durante o período colonial. Antiga capital da colônia, produtora de açúcar, tabaco e, claro, com uma elite de traficantes de escravizados rica e influente. Para os baianos de elite, o livre-comércio com a Inglaterra era fonte de lucros, e a volta do monopólio por Portugal, um empecilho.

No entanto, a população, maciçamente composta de escravizados, tinha sua própria visão sobre a construção da independência. As classes médias da cidade, mestiças em sua maioria, ainda tinham a influência de ideias jacobinas e republicanas, herdadas da Conjuração de 1798. Por que uma população pobre, excluída das decisões políticas e, muitas vezes, escravizada, iria lutar pela independência do Brasil? Tal extrato social via o império como uma libertação de sua condição social?

Sabemos que as ideias políticas da elite do Sudeste – mineiros, fluminenses e paulistas – e o próprio Dom Pedro não concebiam participação popular ativa. Muito menos uma república ou mesmo uma monarquia parlamentar com eleições amplas, no sentido moderno do termo.

Temos de entender a participação popular como um **ideal de liberdade contra o poder opressor colonial**, no caso, Portugal, uma esperança mais do que um projeto político bem definido. Mais uma vez, política é mais emoção do que razão. A população pobre da Bahia pegou em armas contra os portugueses pela independência do Brasil e, como coletividade, todos nós deveríamos pelo menos dar a esses anônimos, pobres, mulatos, negros – e muitos deles ainda em condição de escravidão – o respeito que merecem. Diminuir tal condição como uma luta motivada por uma "falsa consciência" social, ou seja, pobres lutando por ricos, é uma simplificação grosseira das motivações profundas que podem levar os povos a lutarem por um ideal. Do ponto de vista político, tais camadas excluídas podem ser entendidas, aos olhos de hoje, como motivadas por uma luta que não era sua, por um império que não lhes iria dar uma nova vida, ainda mais em se tratando dos escravizados (lembremos, a abolição foi apenas no final do II Reinado). Mas, de um ponto de vista deles próprios– e deixemos as pessoas do passado expressarem sua posição, sem que nós precisemos a todo momento julgá-las como certas ou erradas em nosso critério –, eles estavam lutando por uma visão simbólica de um país livre, ainda que sob a liderança de um imperador que iria manter a escravidão e a exclusão social. Tal contradição política vai se expressar em época posterior, já no período regencial, quando os ideais republicanos e jacobinos se chocam contra o império. Na guerra de independência, estes ideais tão contrários entre si: república, igualdade jacobina, abolição, escravidão, império e poder pessoal de Dom Pedro, estavam contraditoriamente ligados contra o inimigo comum, Portugal.

Do ponto de vista militar em si, nenhum dos dois lados tinha real condição de combater. Faltavam armas, munições, organização, estrutura às tropas brasileiras, que eram naquele momento apenas um pedaço do exército português colonial que tinha mudado de lado. E, se no lado brasileiro a situação militar era de penúria, por parte de Portugal o poderio militar não era tão mais brilhante. Claro, havia uma marinha organizada e tropas estruturadas. Afinal, tratava-se de um país já consolidado. Mas lembremos: um país em apuros econômicos e recém-saído de uma invasão em seu território, a francesa.

Portugal tinha bons militares, experimentados no campo real de batalha, como era o caso do próprio Madeira e Melo. Mas sem armas modernas, principalmente bons navios de guerra, e sem tropas em quantidade para manter um território imenso como o Brasil em seu poder. Para piorar, Portugal poderia contar com aliados internacionais? Nem isso ele conseguiria: interessava à maior potência bélica daquele momento no mundo, a Inglaterra, manter o livre-comércio com o Brasil. Portanto, contar com navios de guerra britânicos era apenas um sonho.

Muito ao contrário. A Inglaterra no fundo tinha uma simpatia com a independência brasileira, pelos motivos já expostos. Porém, como também tinha uma relação econômica e política antiga com Portugal, evitou entrar abertamente na guerra do lado brasileiro. No tabuleiro dos interesses entre metrópole e ex-colônia, o interesse único da Inglaterra era o seu mesmo. Veremos isso no item seguinte.

Do lado brasileiro, contar com algum apoio internacional também era só um sonho distante. Os EUA, já então uma potência industrial e militar crescente, não tinham motivação em entrar em um conflito que não era de sua área de interesse. Ao contrário dos inconfidentes mineiros, não houve sequer uma tentativa de aproximação entre o nascente Império do Brasil e a república dos EUA: como se vê, até mesmo nos sistemas políticos, os dois países eram distantes.

Restava a Dom Pedro I contar com a população: armar o povo e desejar que a guerra fosse curta. No caso baiano, os soldados amotinados no forte de Salvador se refugiaram no interior, enquanto a cidade estava sob domínio português. Foi uma guerra de cerco, não sem antes episódios de violência gratuita, como veremos a seguir.

No convento da Lapa, centro de Salvador atualmente, preserva-se a memória da primeira heroína da independência até os dias de hoje. A freira Joana Angélica foi morta com golpes de baioneta por tropas portuguesas. O prédio do convento não era uma estrutura militar, nem sequer estava na linha de frente dos combates durante o motim dos soldados brasileiros, que ocorreu no forte São Pedro, distante três quilômetros dali. As tropas portuguesas simplesmente quiseram entrar no convento, provavelmente com motivações sexuais, e a freira Joana, então uma senhora de mais de 60 anos, barrou a entrada, impedindo a invasão. Foi morta e tornou-se mártir da independência, aumentando ao extremo o ódio brasileiro contra os portugueses.

O cerco à cidade de Salvador foi longo e penoso, principalmente para a população civil, que tinha enormes dificuldades em obter alimentos básicos. Enquanto isso, a marinha portuguesa, ou o que restava dela, com vários navios em condições precárias, partia de Lisboa com a obstinação de manter Salvador e a Bahia. Muito provavelmente, as Cortes portuguesas sabiam que o Brasil como um todo era um caso perdido: as regiões Sul e Sudeste não iriam aceitar a volta do domínio comercial português. Mas havia uma esperança de que Portugal poderia manter pelo menos parte de sua colônia e a Bahia, com seu açúcar, seu tabaco e seu comércio de escravizados (fornecidos por comerciantes portugueses estabelecidos na África, garantindo sólidos lucros), poderia valer a pena a guerra. Ou seja, caso a marinha portuguesa ganhasse a batalha, não era o Brasil inteiro que iria voltar a ser colônia, mas um desmembramento do território colonial.

É aqui que surge uma figura fascinante, contraditória, heroica e violenta ao mesmo tempo: Pierre Labatut. Nascido em Cannes, hoje a cidade sofisticada do festival de cinema e na época apenas um porto pobre de pescadores, alistou-se no exército napoleônico e teve ativa participação nas guerras do imperador francês na península ibérica. Com a queda de Napoleão, seu nome ficou maldito no novo governo Bourbon absolutista e ele tornou-se um mercenário – aliás, fato comum em final de guerras, quando a situação política dos países muda bruscamente. Veio para a América e lutou na guerra de independência da Colômbia, ao lado do mítico Simón Bolívar. Com a decadência desse líder, veio ao Brasil literalmente tentar a sorte, já que o novo país precisava de oficiais experientes. Foi contratado pessoalmente por Dom Pedro I. Era um oficial disciplinador, que não hesitava em fuzilar escravizados alistados nas suas tropas, quando cometiam atos de indisciplina. Ao mesmo tempo, foi fundamental na derrota, tanto por mar quanto por tropas terrestres, em Salvador.

Partiu do Rio de Janeiro com uma marinha improvisada, com armas antigas e pouca munição. Ao invés de ir diretamente para Salvador, foi para o norte, na região de Alagoas. Dali voltou a Salvador por via terrestre, arregimentando soldados pelo caminho. Ele percebeu que derrotar a marinha portuguesa, maior e mais preparada, era impossível. Mas cercar Salvador por terra e tomar a cidade com tropas era viável, já que o número de soldados brasileiros era muito maior. Para conseguir tal número de soldados, Labatut insistia no recrutamento de escravizados. Podemos facilmente imaginar o pânico dos senhores de engenho em uma longa marcha, de Alagoas até a Bahia, com ex-escravizados, agora livres e armados, lutando pela independência. Mais uma vez, como apagar da memória brasileira a dignidade dessas pessoas, alistadas à força, privadas em vida da liberdade, lutando pela liberdade do país, ao dizer que não existiu guerra de independência?

Ao mesmo tempo em que arregimentava pessoas pobres e escravizados, Labatut teve uma surpresa: uma mulher soldado. Filha de pequenos agricultores, Maria Quitéria alistou-se como voluntária, utilizando um uniforme e escondendo seu gênero. Tinha os cabelos cortados curtos e apertava as roupas, para evitar mostrar os seios. A farsa durou pouco, mas, para sua surpresa, não foi expulsa da tropa por Labatut. Participou de vários combates e sempre demonstrou grande capacidade técnica e coragem. Terminada a guerra, foi condecorada pessoalmente por Dom Pedro I no Rio de Janeiro e terminou seus dias na sua Bahia natal, casada e com uma filha, sendo hoje reconhecida como Heroína da Pátria Brasileira. Também merece destaque a atuação de Maria Felipa, uma humilde marisqueira da ilha de Itaparica, negra livre que, junto a um grupo de outras mulheres e homens pobres, realizou ataques a embarcações portuguesas. Como se vê, a simbologia de uma luta pela independência, que não se liga direto com as possibilidades de atuação política no país saído da condição colonial, era um fato na mentalidade da população mais pobre da Bahia e de outras províncias.

Figura 1.1 – Maria Quitéria, a mulher soldado que lutou pela independência.

Fonte: Maria Quitéria – Domenico Failutti, 1920 – acervo do Museu Paulista da USP.

Labatut conseguiu derrotar as tropas portuguesas ao mesmo tempo em que uma nova marinha brasileira, vinda do Rio de Janeiro, agora organizada por Lord Cochrane, conseguia bloquear os navios vindos de Lisboa para ajudar a romper o cerco de Salvador. Em dois de julho de 1823, logo pela manhã, uma população faminta e assustada por 10 meses de guerra e cerco, viu soldados brasileiros não menos famintos e alguns descalços e com uniformes em farrapos entrarem em Salvador. Foram recebidos como libertadores e heróis. Estava fracassado o plano português de uma separação do domínio colonial brasileiro. Labatut, por sua audácia em recrutar escravizados, foi convenientemente deixado de lado após a derrota portuguesa na Bahia. Morreu em Salvador, onde há um mausoléu em sua homenagem.

Se temos hoje integridade territorial, é porque pessoas pobres, muitas delas escravizadas e, como vimos, mulheres de origem social muito baixa, pegaram em armas para defender a soberania brasileira em Salvador. Mas igualmente tivemos personagens que fariam horror ao mundo de hoje, como Labatut e Cochrane: militares mercenários, competentes estrategistas e cruéis disciplinadores, capazes de feitos que beiram o heroísmo ao mesmo tempo em que podiam ser brutais executores de pessoas, sejam seus soldados, sejam seus inimigos. Em definitivo, a História é um pântano quando se trata de julgamentos morais.

E por citar Cochrane, devemos visitar brevemente a biografia desse indivíduo. Escocês de nascimento, atuou também nas guerras napoleônicas na poderosa marinha britânica. Após a derrota do francês, teve carreira política, tendo sido eleito no Parlamento britânico. Talvez não surpreendentemente, Cochrane, que tinha ganhado o título de Lord, foi acusado de corrupção, tendo sido preso. Fugiu do cativeiro, foi demitido da Marinha e passou a oferecer serviços mercenários em diversos conflitos, nas independências do Chile e do Peru. Até na Grécia ele lutou, pois o país moderno com esse nome nasceu de uma guerra de independência contra o Império Otomano, de língua turca e religião islâmica, na mesma época do Brasil, após milênios de domínio externo, desde a conquista por Alexandre Magno.

É nítida nessa etapa sua vocação de mercenário: e o que classifica como tal? Lutar apenas por dinheiro, sem nenhum tipo de ideologia ou fidelidade. Nessa condição, assim como

Labatut, participou das guerras no Chile, onde lhe foi proposto o sequestro de Napoleão da ilha de Santa Helena, para que o francês fosse entronado imperador da América Latina, uma visão de Simón Bolívar. O mesmo Cochrane que fez carreira lutando contra Napoleão podia agora se tornar seu salvador. O mesmo que lutou contra a França agora lutava contra a Espanha, a favor do Chile e do Peru. E, por fim, o mesmo que lutou contra a França para proteger Portugal agora se voltava contra os portugueses em nome do Brasil... Moralidade não era exatamente a especialidade de pessoas como Cochrane. Por isso mesmo, entre uma batalha e outra, ele não pensava duas vezes em saquear para si e sua tripulação cidades portuárias. Para Cochrane, a guerra era apenas uma boa oportunidade de enriquecer.

E a guerra continuava no Norte e no Nordeste do país. Províncias como o Maranhão, um importante produtor de algodão, e o Pará, que naquela época incluía toda a Amazônia, tinham lideranças políticas e tropas fiéis a Portugal. Duas cidades eram fundamentais, do ponto de vista estratégico: Belém e São Luís. Em ambas, a atuação da marinha seria fundamental. Porém, de nada adiantava manter a sede das províncias se o interior tivesse aderido à causa brasileira.

Curiosa referência militar: um litoral conectado a disputas políticas atlânticas, Lisboa ou Rio de Janeiro. E um sertão, sempre ele, o mítico sertão brasileiro, com sua lógica própria, formado por pessoas livres, vaqueiros, camponeses, grandes e pequenos proprietários de terra, escravizados, indígenas e pequenas vilas ligadas entre si.

Em março de 1823, no sertão do Piauí, cuja economia era fortemente ligada à atividade da pecuária e com uma população miscigenada e livre, ocorreu um desses conflitos esquecidos que formaram a independência. Tropas portuguesas cercaram tropas voluntárias de brasileiros nas margens do rio

Jenipapo. Foi um massacre, pois os brasileiros estavam mal armados e pouco organizados. Apesar da derrota e das centenas de mortos, homens livres pobres da zona rural em sua maioria, sem que sequer tenhamos registro de seus nomes, as tropas portuguesas foram obrigadas a recuar e render-se pouco tempo depois, na cidade de Caxias, interior do Maranhão, quando da captura de São Luís por Cochrane. A memória da batalha de Jenipapo, lembrada em seu estado natal, Piauí, mas esquecida no sul rico do Brasil, mostra como pode ser cruel a História: seja pela derrota que custou a vida de pessoas pobres que lutaram por um ideal de independência que viam como seu, seja pelo esquecimento posterior de sua atuação.

Enquanto o interior do Piauí e do Maranhão eram fiéis à causa brasileira, a capital da província, São Luís, permanecia como portuguesa. Cochrane conquistou a cidade e, ato contínuo, saqueou-a, sem nenhum remorso. Um lorde com passagens pelo Parlamento britânico, um dos pilares da democracia moderna, lutava pela independência do Brasil por dinheiro. Enquanto isso, pessoas humildes morriam nos sertões tórridos do Piauí, sem que saibamos seus nomes.

Figura 1.2 – Bandeira oficial do Piauí.

Fonte: *Site* oficial do estado do Piauí. Disponível em: https://www.pi.gov.br/simbolos-do-governo.

A data da batalha do Jenipapo, que aparece na bandeira do Piauí, é uma justa homenagem à população mais pobre que lutou pela independência.

Belém também foi atacada pelos navios do mercenário escocês. O Norte estava unido ao Império. Após o saque da cidade de São Luís, Cochrane foi recebido e condecorado por Dom Pedro I no Rio de Janeiro. Sua carreira militar ainda teria outro feito: foi enviado pelo imperador para sufocar, com a usual violência, uma revolta contra o governo, a Confederação do Equador, em Recife, em 1824. Após essa missão, voltou à Europa, pois recebeu notícias animadoras: a Grécia estava em guerra contra os turcos. Na viagem de volta, aproveitou para "fazer negócios" em São Luís: saqueou a cidade pela segunda vez.

A guerra de independência existiu. O processo de construir um país unificado não foi apenas liderado pelas elites econômicas e por um imperador. Tal visão é equivocada. As disputas militares envolvendo gente muito simples que acreditava no ideal de independência foram decisivas: se a Bahia não tivesse sido mantida pela força, o Brasil hoje não seria um país unificado. Isso se pode dizer das províncias do Norte e do Nordeste, na Região Amazônica. Já não se pode dizer o mesmo do extremo Sul, pois o Uruguai, então província Cisplatina, será um país novo, como veremos em outro item.

Há duas trajetórias com sentidos diferentes nas guerras de independência: a primeira é política. Um imperador e sua elite política na capital, com mercenários caros e saqueadores, lutando contra uma metrópole militarmente decadente. Outra, social e simbólica: pessoas pobres e escravizados, excluídos de participação política, lutando por uma independência, que era uma promessa de uma vida melhor, mas que seria frustrada em grande parte. Porém, tal participação foi fundamental, pois **símbolos contam** – e muito.

Pode-se corretamente afirmar que a participação popular nas guerras não gerou em si mesma uma força política que pudesse alterar os destinos do país, que permaneceu escravocrata e conectado aos interesses da elite agrária. Mas ignorar que a população mais pobre entendeu, com sua visão de mundo na época, que estava lutando por algo que era seu, é apenas ter uma justa memória para aqueles que mataram e morreram para sermos o que somos hoje, um país unificado.

Restava, agora, com a derrota portuguesa em terras brasileiras, que o país fosse reconhecido pelos outros países do mundo. Aqui entram a diplomacia, os interesses econômicos de grandes potências e o contexto do início do século XIX, com suas ideias em disputa. É o que tentaremos desvendar a seguir.

1.2 O Brasil e o mundo: reconhecer e ceder

Uma consulta à maioria dos livros didáticos e professores de História têm uma resposta certeira à pergunta: qual foi o primeiro país a reconhecer a independência do Brasil?

Talvez seja o momento da desconstrução desse ponto de vista, quase um mito: o primeiro a reconhecer o Brasil como país foram os EUA.

É fato amplamente conhecido que, em 26 de maio de 1824, o emissário Silvestre Rebello foi recebido pelo presidente dos Estados Unidos James Monroe na qualidade de encarregado de negócios do Império do Brasil. Desde então, inúmeras declarações diplomáticas – tanto passadas quanto atuais – dão conta da suposta primazia dos Estados Unidos da América no reconhecimento do Brasil como Estado soberano. A audiência entre Silvestre Rebello e o presidente Monroe, no entanto, foi precedida em mais de um ano por decreto do governo de Bernardino Rivadavia, em 9 de novembro de 1822, que concedeu reconhecimento tácito ao Império do Brasil ao reconhecer o pavilhão brasileiro, hasteado na representação consular e comercial do país por Antônio Manuel Correa da Câmara, enviado pelo governo do Rio de Janeiro a Buenos Aires. No entanto, o contexto geopolítico de crescente tensão entre o Brasil e as Províncias Unidas do Prata, ocasionada pela disputa em torno da Província Cisplatina – atual República Oriental do Uruguai –, ofuscou os primeiros atos amistosos entre Brasil e Argentina. As Províncias Unidas tornaram-se, assim, não apenas o primeiro Estado a reconhecer o Brasil, mas também o primeiro a romper relações diplomáticas com o país, em 1825. A Guerra da Cisplatina (1825-1828), cujos contornos já se anunciavam em 1822, culminaria na independência do Uruguai e no reatamento – não no mero estabelecimento – de relações diplomáticas entre o Império brasileiro e a Argentina de Juan Manuel de Rosas (Oliveira; Lopes, 2023, p. 196).

No entanto, vale a leitura de um artigo essencial publicado pelo CEBRI, disponível em: https://cebri.org/revista/br/artigo/81/a-argentina-e-a-independencia-do-brasil-o-reconhecimento-tardio-de-um-reconhecimento-pioneiro

Nesse artigo, os diplomatas Felipe Antunes de Oliveira e Lucas Pavan Lopes, ambos com sólidas formações acadêmicas e de pesquisa, lançam uma instigante informação: a **Argentina teria sido o primeiro país** a reconhecer a independência do Brasil, ao permitir a bandeira do Império na sua capital, Buenos Aires, sendo que a Argentina já era independente da Espanha desde 1818, quando venceu a longa guerra iniciada em 1810. Porém, pouco tempo depois, em 1825, rompeu tais relações em função das tensões com o Brasil na região do rio da Prata, que culminaria na Guerra da Cisplatina, que veremos em item posterior. Portanto, não foram os EUA o primeiro a reconhecer o Brasil como independente, mas a Argentina, a mesma que conseguiu também a proeza de ser o primeiro país a romper relações com o Brasil. Como se vê, as relações com os nossos vizinhos *hermanos* são bastante complexas – e não estamos falando apenas do futebol.

No mesmo artigo, os autores prosseguem:

> É digno de menção, nesse contexto, o estudo do embaixador Alberto da Costa e Silva (2014) sobre a missão africana que visitou o Brasil em 1823, vinda do Benin. Essa missão sem dúvida é indicativa de que aquele Reino tinha em alta prioridade estabelecer relações com o Império do Brasil e, portanto, pode ter realizado anteriormente algum ato internacional cuja interpretação poderia também significar uma forma de reconhecimento político do Império (Oliveira; Lopes, 2023, p. 217).

Alberto da Costa e Silva foi um dos maiores especialistas nas relações entre Brasil e África, e suas obras são referências absolutas no tema. Na mesma linha de que **foram países africanos os primeiros a reconhecer o Brasil**, temos uma primeira fonte:

> Os dois primeiros monarcas a aprovar o Brasil independente foram os obás Osemwede, do Benin, e Oslinlokun, de Lagos, dois reinados situados na costa africana, por uma razão óbvia: eram junto com Luanda, em Angola, os maiores exportadores de escravos para as lavouras e cidades brasileiras (Gomes, 2010, p. 286).

Laurentino Gomes cita o historiador Hendrik Kraay, da Universidade de Calgary, Canadá, especialista em História do Brasil e nas relações Brasil-África, na obra coletiva **A Independência Brasileira** – novas dimensões, de 2006.

Osemwede foi um importante rei (*obá*, na língua iorubá) do Benin, cujo reinado de 32 anos marcou um período de estabilidade após crises sucessórias no reino. Muito ligado ao comércio com Portugal, o que incluía a venda de marfim e pimenta, além de escravizados. Quando tomou conhecimento da independência do Brasil, rapidamente fez um movimento diplomático de reconhecer o novo país, já que a venda de cativos era um dos seus principais pilares econômicos. Traficantes portugueses continuaram a obter os escravizados do Benin, mas agora vendiam para os traficantes brasileiros, a maior parte estabelecida no Rio de Janeiro.

Já o *obá* de Lagos, na atual Nigéria, Oslinlokun – ou na grafia Oxinlocum Ajã – era um soberano da cidade que foi um importante porto fornecedor de escravizados. Lagos, aliás, é o nome de uma cidade em Portugal, no extremo sul, de onde partiam as navegações de Dom Henrique ainda no século XV. Não há provas documentais disso, mas é provável que o nome da cidade seja na verdade uma denominação portuguesa, já que na língua iorubá a localidade era chamada originalmente de Eko. Como se vê, o forte enraizamento da rota escravocrata portuguesa ligava a costa africana e sua elite de reis e poderosos comerciantes ao Brasil: em resumo, saem os traficantes portugueses que faziam o comércio entre as duas regiões, entram os traficantes brasileiros, que realizam o mesmo comércio, mas agora com o novo país independente. Do lado africano, manter o fornecimento de cativos era fundamental para a economia dos seus reinos.

Talvez seja melhor chamar esses traficantes de luso-brasileiros. Fiéis mais aos seus interesses comerciais do que a nacionalidades, tinham sólidas conexões com os reis locais africanos e sabiam explorar as oportunidades de venda de cativos para quem melhor os comprasse. O maior exemplo foi Francisco Félix de Sousa, nascido em Salvador quando o Brasil ainda era colônia portuguesa e falecido na África, já com o país independente. Sua influência era tão grande que ajudou a dar um golpe de Estado, tirando do poder o rei Adanuzam e colocando o meio-irmão Guezô no cargo de rei do Daomé. Em troca, recebeu honrarias e a posse da antiga fortaleza portuguesa de São João Batista de Ajudá. Vendia escravizados ao Brasil e importava armas (fundamentais na construção do poderio militar do rei do Daomé sobre povos e reinos vizinhos), cachaça e tabaco. O tabaco, nativo da América e fonte de exportação desde a época colonial, era um dos produtos usados no comércio de escravizados. Um dos ramos de planta que adornavam a bandeira imperial era de tabaco. O outro, de café. Francisco Félix foi nomeado como *Xaxá*, seu apelido na verdade, pelo rei Guezô, um título de nobreza e de prestígio social e religioso que existe na comunidade do Benin até hoje.

Daomé e Benin eram reinos concorrentes na exportação de escravizados ao Brasil. Na atualidade, o país Benin ocupa o território do antigo reino de Daomé, hoje inexistente. Já o antigo reino de Benin corresponde aos atuais territórios de parte do Benin e da Nigéria atuais.

Para tornar ainda mais complexas as relações entre o nascente império brasileiro e os territórios africanos colonizados e reinos independentes, vejamos a posição da segunda fonte:

> (...) a emancipação do Brasil provocou reação em várias nações africanas, integradas ao Império português. Na Guiné, em Angola, Moçambique, grupos de mercadores de escravos propuseram a união com rebeldes do Rio de Janeiro. Não é coincidência, portanto, o fato de o reinado de Daomé ter sido o primeiro país a reconhecer o Império brasileiro. Em Angola, um panfleto impresso aqui convidava Benguela a se unir à "causa brasileira" (Schwarcz; Starling, 2015, p. 230).

Nesse trecho, as duas historiadoras usam como base os trabalhos de Luiz Felipe de Alencastro, outra referência em relações África-Brasil. A informação fundamental aqui se relaciona com a formação da própria identidade africana de países independentes. Como vimos, Daomé e Benin foram importantes reinos, mas seus territórios e governos hoje não mais correspondem aos da época, já que a África passou por uma colonização europeia no século XIX, que refez, quase sempre com violência, as fronteiras destes domínios. Daí uma dificuldade adicional em estabelecer claramente uma cronologia dos **países que primeiro reconheceram nossa independência. Sabemos que foram reinos africanos, Benin, Daomé e Lagos**, mas que não exatamente correspondem aos países atuais, Benin e Nigéria. O leitor deve então imaginar que daí veio o mito dos EUA como o primeiro país a reconhecer a independência brasileira, já que, do ponto de vista da unidade nacional, os EUA do século XIX ainda se mantém como um país soberano, embora nem mesmo suas fronteiras sejam exatamente as mesmas da época do presidente Monroe (Califórnia e Alasca foram incorporados posteriormente aos EUA).

A mesma situação se dá em relação a dois países com os quais os brasileiros têm fortes relações hoje: Alemanha e Itália. O leitor poderia se perguntar: quando eles reconheceram o Brasil independente? Resposta: não podiam reconhecer, porque, no século XIX, nem um nem outro existiam. A unificação da Alemanha foi efetivada somente em 1871, e a Itália nasceu como país um ano antes, em 1870. Na obra **História da política exterior do Brasil** – do período colonial ao reconhecimento do Império (1500-1825), o diplomata Renato Mendonça faz uma cronologia dos países que primeiro mantiveram relações com o império de Pedro I. O Ducado de Parma e o Ducado da Toscana reconheceram o Brasil em 1826, mesmo ano das cidades da Liga Hanseática, Lübeck, Bremen e Hamburgo. Parma e Toscana são hoje integrantes da

Itália, assim como as cidades citadas, hoje na Alemanha, eram independentes na época.

Bastante significativo que, na mesma obra, a cronologia coloque países europeus e americanos, mas nenhum africano. Seria apenas uma questão de dificuldade em estabelecer as identidades jurídicas de cada país? Mas se tal fosse o caso, então não teríamos os já citados ducados e cidades. Aparentemente é reflexo de uma dificuldade em entender as relações África-Brasil no nascimento do Império. Talvez fruto de um certo eurocentrismo na história brasileira. Ou dificuldade em pesquisas de arquivo, pois muito da documentação sob o tema nem sempre está disponível quando se trata das relações África-Brasil. Voltemos à segunda fonte sobre o tema: "Na Guiné, em Angola, Moçambique, grupos de mercadores de escravos propuseram a união com rebeldes do Rio de Janeiro" (Schwarcz; Starling, 2015, p. 230).

A expressão "rebeldes do Rio de Janeiro" significa no contexto o processo de independência do Brasil. Por isso, o leitor não deve interpretar errado: havia uma proposta de unir os territórios africanos citados ao Império do Brasil. A "causa brasileira" aqui era entendida como criar um grande império atlântico, unindo Brasil e África. O que poderia parecer um promissor movimento para os olhos atuais de uma suposta unidade de países não alinhados, como se fosse um "Sul Global" antes do tempo, um quase mítico *Terceiro Mundismo* no século XIX, está assentado em bases econômicas pouco nobres: era o desejo de manter as rotas escravocratas criadas e solidificadas por Portugal durante toda a expansão atlântica. Saído Portugal do domínio destas rotas, precisava-se mantê--las a todo custo, pois eram vitais aos dois lados do oceano: seja para a elite comercial africana, fosse ela reinante em países já independentes, fosse em portos comerciais coloniais portugueses, seja no lado brasileiro, notadamente no Rio de Janeiro.

É neste ponto que precisamos entender agora as relações com a maior potência do mundo naquele tempo e sua desafiante.

Por que é necessário o reconhecimento internacional da independência? Todo país está em um sistema internacional. O reconhecimento aqui não deve ser entendido no sentido restrito da palavra, mas em um contexto amplo que envolve relações comerciais, diplomáticas e até militares. Ter o reconhecimento de todos os países do mundo significa fazer negócios, estar presente nas discussões políticas que envolvem o exercício do poder no mundo, além de um sentido vital: não ter sua soberania ameaçada, ou seja, não ser invadido ou atacado. Por isso, a relação com as maiores potências econômicas e militares era o processo natural da independência.

E quem era o país mais poderoso do mundo no século XIX? A Inglaterra, sem questionamentos. A partir da derrota napoleônica, o país assumiu um papel de líder político e econômico, cujas indústria, a maior do mundo na época, e marinha, igualmente poderosa, representavam os dois pilares da posição de potência hegemônica. Praticamente todos os países do mundo tinham alguma relação comercial com a Inglaterra. E se não tinham, acabavam entrando na mira de suas poderosas canhoneiras: navios fortemente armados que eram os equivalentes aos porta-aviões americanos de hoje.

Porém, raramente um país é dominante sem uma potência, às vezes várias, ascendentes. **E, no século XIX, a potência ascendente eram os EUA**. Com uma indústria cada vez maior e um mercado interno em crescimento, isso sem contar os enormes recursos naturais disponíveis, o papel dos EUA já era notado no mundo, embora ainda não fosse o que seria no século XX. Naquele momento histórico, os EUA ainda eram isolacionistas, bem diversos do que seriam após a Segunda Guerra Mundial. Salvo na defesa de seus interesses bem específicos e localizados, como na América Central ou nos conflitos com a Espanha na Ásia pelas Filipinas, a diplomacia americana era menos intervencionista do que seria em época posterior. Porém, com a consciência de que eram uma potência em ascensão, os EUA precisavam cuidar dos seus interesses futuros, criando conexões com vários atores internacionais, entre eles, os novos países nascidos do processo de descolonização na América. O Brasil, sendo o maior deles, era um aliado potencial. Veremos em item específico, as relações entre o Império e os EUA e a construção de uma diplomacia específica na relação entre esses dois países. Neste momento, interessa especificar o processo de reconhecimento da independência.

O presidente americano no período da independência do Brasil, 1822, foi James Monroe. Ele mesmo um ex-combatente da guerra contra a Inglaterra, sua presidência foi marcada pela criação de uma doutrina de política externa, a Doutrina Monroe. Comumente resumida de forma um pouco simplista na frase "A América para os americanos", tal doutrina tinha um pressuposto que não era óbvio naquele contexto: uma possível recolonização da América pelas potências europeias. Por que dizemos que este pressuposto não era óbvio? Hoje é evidente que Portugal não vai recolonizar o Brasil. Ou a Espanha, a Argentina. Mas, naquele momento, uma possível recolonização não era uma possibilidade totalmente afastada. Afinal, as potências europeias passavam por um processo de reorganização política após a tempestade que foi Napoleão. E os regimes absolutistas estavam voltando com toda a força. Portugal em si não teria força militar para um novo domínio sobre o Brasil. Mas o conjunto de países europeus poderia ter. Trata-se do Congresso de Viena, um amplo acordo entre as principais potências que derrotaram Napoleão para refazer as fronteiras antes das mudanças feitas pelas conquistas do líder militar francês, e a volta das dinastias absolutistas ao poder. Para garantir essa posição política, o Congresso de Viena propôs uma organização militar, a Santa Aliança. Sua área de atuação era a Europa, para garantir a segurança dessas dinastias em caso de uma "nova revolução francesa" (que de fato ocorreu em 1830, quando outro processo revolucionário antiabsolutista tomou força). Mas não era impossível pensar em uma atuação militar fora da Europa. Ironicamente, como o Brasil era um Império e os herdeiros do trono, filhos de Dom Pedro I e Leopoldina, eram pertencentes à dinastia Habsburgo, o país era visto como uma continuidade do Estado dinástico, não como um alvo a uma possível recolonização. Mas outras repúblicas na América espanhola não tinham esta visão mais simpática do Congresso de Viena, ou seja, uma possível recolonização da Espanha, com apoio de outros países europeus, não era considerada impossível.

> Julgarmos propícia esta ocasião para afirmar, como um princípio que afeta os direitos e interesses dos Estados Unidos, que os continentes americanos, em virtude da condição livre e independente que adquiriram e conservam, não podem mais ser considerados, no futuro, como suscetíveis de colonização por nenhuma potência europeia (...) (Mensagem do Presidente James Monroe ao Congresso dos EUA, 1823 – disponível em: http://crmm.nepp-dh.ufrj.br/anterior_sociedade_nacoes3.html).

Assim, dentro de um contexto de defesa de interesses próprios frente à concorrência com a potência hegemônica, os americanos reconheceram a nossa independência, em 1824, assim como fizeram com os outros países de língua espanhola. Era o início de uma relação diplomática que só iria crescer no período imperial. Do ponto de vista de continuidade de identidade jurídica, como os EUA daquele tempo e os atuais são o mesmo país, podemos dizer que foi o primeiro a reconhecer o Brasil. Mas não nos esqueçamos dos reinos africanos que hoje não mais existem com a mesma identidade daquele tempo. Estes, sim, foram os primeiros a enviar embaixadores e reconhecer o Brasil.

Mais complicadas eram as relações com a Inglaterra. A maior potência do mundo tinha um ponto central na relação com o Brasil: a escravidão.

Sabemos que a Inglaterra era a maior liderança industrial da época, e que precisava de uma ampliação contínua do mercado consumidor mundial para seus produtos, principalmente, tecidos. Em um sentido muito prático, a presença da escravidão limitava tal mercado consumidor, prejudicando os interesses ingleses. Substituir a mão de obra escravizada pela assalariada era ampliar este mercado consumidor. Porém, há o outro lado desta visão econômica. O financiamento da lucrativa atividade escravocrata era feito por bancos internacionais, muitos deles, ingleses. Como o tráfico de escravizados era uma fonte de lucros garantida, os bancos mantinham abertos os canais de crédito a esta atividade, o que gerava restrições às atividades industriais, mais sujeitas ao alto risco do mercado. Um industrial britânico que quisesse aumentar sua fábrica teria de pagar mais juros do que um comerciante escravocrata. No Parlamento inglês, as críticas eram constantes. Por isso, eliminando a escravidão, liberava-se grande quantidade de crédito bancário para as atividades industriais.

Ambas as explicações sobre a posição da Inglaterra como antiescravidão são do ponto de vista econômico. E são coerentes. Mas devemos acrescentar outra, fora dos aspectos exclusivos da Economia.

Embora não fosse uma democracia com amplo direito ao voto nos moldes de hoje, mulheres ainda estavam fora das eleições, o sistema parlamentar britânico já era, no início do século XIX, bem estabelecido. Eleições regulares, partidos organizados, imprensa livre e rei sujeito ao poder do Parlamento: o sistema democrático britânico tinha suas raízes iguais ao atual. O que equivale a dizer que a chamada **opinião pública** tinha uma força significativa no poder político. Ao contrário de muitos países ainda absolutistas (após a queda de Napoleão, monarquias com poder total na figura do rei voltaram em vários países europeus), na Inglaterra, a imprensa podia mudar leis, pressionando as eleições ao Parlamento. E os índices de alfabetização eram altos, apesar de não universais como hoje. Curiosamente, os famosos tabloides ingleses, de ética duvidosa e fofocas inúteis, são exemplos atuais desta imprensa livre e disseminada, com raízes no século XIX, assim como os jornais e as revistas ingleses de alto nível até hoje, que tão contraditoriamente marcam a imprensa daquele país. Como este importante ponto da vida social, cultural e política, se relaciona com a escravidão? Pela campanha abolicionista da imprensa inglesa.

Não é razoável supor que apenas motivos econômicos e de interesse movem a História. Essa é uma deturpação de uma visão economicista que simplesmente não encontra eco na análise de um contexto histórico. Cultura, ideias, motivos religiosos e éticos, críticas sociais e até mesmo o papel de indivíduos contam. Tal parágrafo parece óbvio demais, mas é sempre bom reposicionar os holofotes onde eles precisam iluminar.

No palco histórico da sociedade britânica do século XIX, os horrores da escravidão eram noticiados, desenhados e expostos nas caricaturas, denunciados por uma imprensa livre de amarras ditatoriais ou absolutistas. E a sociedade civil inglesa, formada por ricos e remediados, pobres excluídos e proprietários, lia jornais, e se indignava. Um parlamentar britânico que não tomasse uma atitude diante do tema teria sérios problemas em ser reeleito. A conclusão é imediata: o Parlamento britânico, pressionado pela população, tomou o tema da abolição como um problema que a Inglaterra devia resolver.

O leitor deve estar já adivinhando qual país do mundo naquele momento mais comprava escravizados da África: isso mesmo, o Brasil. Neste ponto de nossa vida social, o Valongo, lugar do porto do Rio de Janeiro onde chegavam os navios negreiros, era o porto escravocrata mais movimentado do mundo. Um recorde nada heroico para o Brasil, e um problema central no reconhecimento da Independência pela maior potência do mundo.

Desde Dom João VI que a Inglaterra pressionava para a abolição da escravatura. Os tratados assinados logo após a vinda da família real já mencionavam o fato, ignorado pela elite portuguesa e por Dom João. O palácio de São Cristóvão, onde ficou alojada a família real portuguesa, era um presente de um comerciante escravocrata do Rio de Janeiro, o que é a demonstração evidente do grau de dependência da elite comercial luso-brasileira do tráfico. Tal conexão só ficou ainda mais forte no I Reinado.

Se a abolição era um problema na relação Brasil-Inglaterra, Portugal também era. Desde muito tempo, iniciando-se no contexto das guerras contra a Espanha e a Holanda que Portugal mantinha uma relação especial com a Inglaterra. Tal relação só se fortaleceu com o tempo, sendo como exemplo o muito citado Tratado de Methuen. Para a Inglaterra, o equilíbrio entre Brasil e Portugal, abolição e escravidão, abertura comercial e volta do monopólio, criava uma série de dilemas e escolhas difíceis. É nesse sentido que devemos entender a atuação determinante da Inglaterra em reconhecer o Brasil independente. Não como uma potência malévola e gananciosa, como de forma caricatural geralmente se vê, mas como uma potência que exerce seu poder, de forma maquiavélica, no sentido original do termo: racional, buscando seus interesses, manobrando a política internacional e utilizando, sem muitos escrúpulos morais, todos os meios disponíveis, militares até, se necessário. Alguma outra potência na História exerceu o poder de outro modo?

Para a Inglaterra, o reconhecimento passava por dois pontos centrais: 1- a abolição da escravatura; 2- a manutenção do livre-comércio. Podemos acrescentar outro ponto, este relacionado a Portugal: a antiga metrópole não podia sair falida totalmente da independência da sua mais rica colônia. Afinal, era com a Inglaterra que Portugal tinha as maiores dívidas.

E, de fato, a Inglaterra conseguiu boa parte do que queria. Aqui há um fato curioso: Portugal, que tinha perdido a guerra na Bahia, pediu uma indenização pela independência do Brasil. Isso mesmo, leitor: um país perde a guerra e, por isso mesmo, **pede** uma indenização. Estamos acostumados com o contrário, certamente: é o país vencedor que impõe uma série de dispositivos. O fato curioso fica ainda mais estranho quando ficamos sabendo que o Brasil pagou.

Precisamos repetir a frase: o Brasil, que ganhou a guerra contra Portugal, pagou por ter ganhado a guerra. Imagine então se pudesse ser o contrário? Por trás dessa bizarra relação, há o poderio britânico. Com um receio de uma falência portuguesa sem sua colônia mais rica, a Inglaterra impôs a seguinte posição diplomática: só aceitaria a independência brasileira caso sua antiga metrópole o aceitasse. E esta, Portugal, só aceitaria se o Brasil pagasse uma quantia.

De quanto estamos falando? "(...) o Estado português exigia que fosse pago o valor de todos os objetos deixados no Rio de Janeiro. A conta era extensa em itens e implicava debitar ao Brasil metade da dívida contraída até 1807 com a Inglaterra" (Schwarcz; Starling, 2015, p. 229).

Não foi um mau negócio para os portugueses. Quitar metade de sua dívida era uma boa saída, ao mesmo tempo, a Inglaterra conseguia evitar o pior para ela: uma falência portuguesa. O Brasil tinha dinheiro para pagar esta conta? O leitor já deve ter a resposta. E quem iria emprestar o dinheiro para o Brasil pagar Portugal? O leitor também já deve ter a resposta. Negociação feita: a Inglaterra simplesmente transferia para o Brasil parte da dívida portuguesa que seria impagável. O país nasceu já endividado.

Portugal reconheceu o Brasil independente em 29 de agosto de 1825, pela assinatura do Tratado de Paz e Amizade. Um ponto bastante simbólico desse tratado entre os dois países, e que é pouco lembrado, diz respeito ao papel de Dom João VI. Embora Pedro I do Brasil tivesse se revoltado contra as Cortes, ou seja, o Parlamento português, fazer a independência do Brasil era, de certo modo, entrar em conflito com seu pai, pois Dom João VI ainda era o rei português. Um rei sem poder efetivo agora, mas ainda assim, na posse simbólica do cargo. Nesse tratado, essa posição simbólica foi mantida, pois Dom João VI era reconhecido como rei do Brasil e de Portugal, mas cedia todo o poder de governar o Brasil a seu filho, Dom Pedro. Do ponto de vista jurídico, era como se Dom Pedro I estivesse no cargo de rei brasileiro apenas por obra e graça de seu pai. Um ato sem nenhum poder político efetivo, como se vê. Mas apenas um último gesto de afago ao velho pai português.

Ao mesmo tempo, a dinastia Bragança tinha garantida a continuidade, já que o tratado postulava que os herdeiros dos dois ramos da família, portuguesa e brasileira, seriam os legítimos herdeiros de seus tronos. Mais uma vez, entendemos como funcionava a mentalidade das dinastias nobres, nem sempre coincidentes com os Estados Nacionais. Para os Bragança, ainda manter seu poder, mesmo que simbólico, era vital. De fato, esta posição dinástica vai continuar, seja com Pedro II, no Brasil, seja com sua irmã, Maria II, em Portugal, como veremos adiante.

Com Portugal reconhecendo o Brasil independente, restava a Inglaterra. Foram assinados dois textos, o Tratado de Amizade, Navegação e Comércio e a Convenção para Abolição do Tráfico de escravizados, algum tempo depois, em outubro de 1825. Com eles, a maior potência militar, econômica e diplomática do mundo no século XIX, a **Inglaterra reconhecia o Brasil como um país soberano**, poucos meses depois de Portugal.

Com a anuência dos ingleses, os outros países do mundo passaram a reconhecer nossa independência na sequência. Apenas por curiosidade, a França reconheceu o Brasil oito dias depois da Inglaterra, em 26 de outubro de 1825. A poderosa Áustria dos Habsburgos, governada por Francisco I, pai de Leopoldina, esposa de Dom Pedro I, reconheceu o Brasil no final daquele ano. E no começo do ano de 1826, a Santa Sé, sede da Igreja Católica, fez o reconhecimento oficial.

Aliás, nos meses seguintes de 1826, vários países foram reconhecendo o Brasil independente e nomeando embaixadores aqui ou recebendo representantes brasileiros. A Rússia o fez com certo atraso, em 1828. E a Espanha, ainda mais tardiamente, em 1834, em parte devido aos seus próprios interesses coloniais na América. Afinal, reconhecer a independência de uma colônia portuguesa era aceitar, ainda que implicitamente, que as outras colônias de seu próprio império estavam no mesmo caminho ou já independentes. Nesse caso, pelos mesmos motivos já indicados no reconhecimento da independência pelos EUA, o México reconheceu o Brasil em 1825, antes mesmo de Portugal e da Inglaterra. Afinal, se a ex-colônia espanhola lutava para se afirmar na América como um país, fazia sentido já criar laços com a outra ex-colônia portuguesa no continente. Podemos por isso dizer que, com exceção dos reinos africanos que vimos e o problema que sua continuidade no tempo histórico, cria, entre os países com a mesma identidade jurídica e geográfica, depois dos EUA, foi o México o segundo país a reconhecer o Brasil.

Do ponto de vista do comércio exterior, tudo ficava igual aos ingleses, ou seja, o livre-comércio que já vinha desde a vinda da família real para o Brasil, se mantinha. Nesse ponto de vista, a independência tem mais um critério de continuidade do que de ruptura. A Inglaterra deu-se por satisfeita ao manter um importante fluxo comercial com o Brasil. Daqui, importava café (este, cada vez mais um produto em crescimento), algodão para suas indústrias e tabaco (nesse caso inglês, o tabaco não era usado para trocas com escravizados na África, mas para consumo interno e reexportação). E, para cá, vendia seus têxteis e seus produtos metalúrgicos. Como vimos, o mercado interno brasileiro já era bastante atraente para qualquer país que quisesse dele participar.

À Inglaterra ainda restava a abolição. Quanto ao tema, este vinha sendo colocado desde os tratados firmados com Dom João VI, em 1810. Em 1825, a mesma promessa era feita em outro tratado, agora por Dom Pedro I. E não foi cumprida. Ao contrário: na primeira década do século XIX, a média de importação de escravizados era de 40 mil por ano, quando ainda o Brasil era colônia. No final dos anos 30 do século XIX, já com a independência, 60 mil.

O discurso que era maioria no Parlamento brasileiro era de "abolição gradual", ou seja, a proposta geral era abolir a escravidão aos poucos, sem que houvesse uma "quebra" na agricultura brasileira, pela falta de mão de obra. Os interesses escravocratas eram dois, na verdade. De um lado, os produtores agrícolas que usavam a mão de obra. Mas muito mais importante, do ponto de vista da relação poder econômico-poder político, eram os comerciantes que vendiam os escravizados. Como tal comércio era lucrativo e a demanda pela mão de obra era constante, a presença destes interesses era muito forte na política brasileira, particularmente na capital do Império, pois o Rio de Janeiro concentrava naquele momento o maior porto escravocrata do Brasil, já superando em muito Salvador. E é exatamente este o ponto que precisamos agora analisar: as relações políticas e as disputas por interesses econômicos na criação da primeira Constituição brasileira.

1.3 A Constituição da Mandioca

Mandioca é um alimento popular. Também chamada de aipim ou macaxeira, ainda é um consumo fortemente presente na vida das camadas mais pobres e rurais do país. De origem nativa, muito utilizada pelos indígenas, a farinha de mandioca foi a base da alimentação brasileira por séculos, só mais recentemente sendo substituída pelo trigo, devido à imigração europeia do século XIX. E, do Brasil, ela foi para a África, onde continua a ser uma fundamental fonte de calorias de origem vegetal. Pode-se, aliás, dizer que duas raízes americanas mudaram o rumo da alimentação mundial após as navegações: a mandioca, na África, e a batata, na Europa.

O apelido da primeira Constituição ficou. Mas não era uma saudação à mandioca. Aliás, a "Constituição" não foi sequer aprovada. Expliquemos esse exótico nome e o porquê de a primeira constituição brasileira ter sido cancelada antes de entrar em vigor.

Após o 7 de setembro e ainda durante os conflitos militares contra tropas portuguesas, reuniu-se no Rio de Janeiro a partir de maio de 1823, uma Assembleia Constituinte. A ideia central de uma Constituição é ser a lei suprema de um país, lei essa que deveria estar até mesmo acima do poder do rei. É o modelo de monarquia parlamentar, quase sempre referenciado pelo exemplo britânico, estabelecido desde 1688 com a Revolução Gloriosa. Há um monarca, mas ele tem poderes limitados, simbólicos. Do ponto de vista jurídico, quem de fato governa é o parlamento: uma reunião de representantes eleitos, podendo ser chamada de assembleia, denominação de origem francesa, ou como os americanos chamam, congresso.

Vimos como a presença de um rei era fundamental na manutenção de uma unidade nacional brasileira. O próprio nome do país indicava esta extensão territorial imensa e unida por um poder simbólico comum: Império do Brasil. Foi José Bonifácio quem construiu essa visão, profundamente enraizada na identidade coletiva brasileira. Ao mesmo tempo, um poder político de referência, o imperador em pessoa, em caso de disputas regionais ou mesmo de debates dentro de um parlamento. Um grande juiz que poderia intervir no limite de uma disputa que pudesse até mesmo dividir o Brasil.

Poucos eram os republicanos naquele momento histórico. Alguns liberais mais inclinados ao modelo americano de república federalista. Outros imaginavam uma espécie de império transitório: consolidadas a independência e a unidade nacionais, o imperador sairia de cena para a criação de uma república. E havia até alguns na direção política contrária, que desejavam um império centralizado na figura do imperador, como uma continuidade da tradição absolutista, sendo que o parlamento teria apenas uma função consultiva, sem poder efetivo. Nessa posição minoritária, estava, por exemplo, a rainha Leopoldina, uma Habsburgo.

Essas duas últimas correntes eram minoritárias. A maioria dos parlamentares era monarquista constitucional. O tema central a ser discutido não era a presença ou não dos dois elementos, imperador e parlamento, mas qual o poder político efetivo de cada um deles.

Sob liderança do irmão de José Bonifácio, Antônio Carlos, os constituintes se reuniram por cerca de seis meses. Eram basicamente a elite brasileira, composta por proprietários de terra, altos funcionários da Corte portuguesa que agora se tornaram a burocracia do novo país, como juízes e cobradores de impostos, além de médicos, alguns já formados no Brasil, nas escolas fundadas por Dom João VI em Salvador e no Rio de Janeiro, muitos militares e alguns professores, estes, quase todos, padres. Também se destacam os grandes comerciantes, aqueles que tinham empresas de importação e exportação de vários produtos. E, na categoria dos maiores comerciantes, os traficantes de escravizados, os mais ricos dentre eles.

Não havia nenhum representante do "povo". E o que isso queria dizer naquele momento? Pequenos proprietários de terra, pequenos comerciantes, como caixeiros viajantes, que andavam de casa em casa, cidade em cidade, com suas mulas vendendo produtos. Homens livres e pobres, quase todos analfabetos, artesãos urbanos ou trabalhadores rurais, e escravizados. A linha divisória social era muito clara: saber ler e escrever. Ter algum curso superior, muitos em Coimbra antes da independência, era para muito, muito poucos. E um fato que naquele momento histórico era recorrente em todas as assembleias ou eleições mundo afora: a exclusão por gênero, já que só homens podiam votar ou ser votados.

Qual era o projeto dessa constituição? Um modelo britânico em sua essência, ou seja, o imperador Dom Pedro I teria poderes bastante limitados, cabendo ao parlamento a quase totalidade das decisões. E como seriam eleitos seus membros? Pelo voto.

O voto pode ser universal, quando todos votam, ou censitário. Este último tem origem no termo latino *census*, que significa a contagem de dados e pessoas que era feita na Roma antiga. Os funcionários romanos que realizam essas contagens para fins de pagamento de impostos eram chamados de censores. Daí vem o termo censura, uma forma de arbítrio de um poder estatal sobre alguém ou alguma informação. Voto censitário significa que nem todos podem votar: há uma contagem, uma separação. Ou, se o leitor preferir, de forma metafórica, mas não menos verdadeira, uma censura...

E sempre que temos um voto censitário, devemos perguntar: qual o critério? Cor da pele? Religião? Gênero? Liberdade ou escravidão? No caso brasileiro, o apelido indica uma quase anedota: pela quantidade de mandioca que o eleitor podia ter. Havia uma separação em três níveis: eleitor de paróquia, equivalente ao município, com no mínimo 150 alqueires de produção de farinha de mandioca por ano. O eleitor de província, equivalente aos atuais estados, com 250 alqueires. E os eleitores de terceira instância, no poder central do Rio de Janeiro, Câmara dos Deputados e Senado, com 500 e 1.000 alqueires, respectivamente. Isso valia para o eleitor e para o candidato. Ou seja, se alguém tivesse 150 alqueires, poderia votar somente em vereadores e no máximo ser candidato a vereador, e assim, nessa sequência, até o Senado. Ao contrário do que poderíamos pensar hoje, na época imperial **o alqueire era uma medida de volume**, não de extensão de terra como é hoje. Alqueire, palavra de origem árabe, com raiz medieval portuguesa, no Brasil significava uma grande saca, com um volume aproximado de 40 litros, quase sempre transportado por mulas. De forma aproximada, uma mula carregava dois alqueires, um de cada lado.

E por que a mandioca? Por dois motivos. Se fosse escolhida a produção de açúcar, os senhores de engenho do Nordeste seriam muito favorecidos, enquanto os fazendeiros de gado do sul seriam totalmente excluídos. Se fosse o café, Rio de Janeiro e São Paulo teriam quase todos os assentos no parlamento, enquanto os nordestinos ficariam de fora. Qual era o único produto rural amplamente distribuído pelo Brasil inteiro? A mandioca, base da alimentação nacional, do mais rico ao mais pobre brasileiro. E, igualmente, base da alimentação dos escravizados. Não há uma prova documental absoluta sobre o tema, mas podemos inferir que a produção de mandioca de uma fazenda indicava claramente a quantidade de escravizados que este proprietário tinha. E para o questionamento do leitor: então, não seria mais óbvio colocar logo o critério censitário como a posse de certo número de escravizados?

Agora chegamos ao segundo motivo: a Inglaterra. Vimos como o reconhecimento da independência pelos ingleses estava condicionado a um tratado e a Convenção para Abolição do Tráfico de Escravizados. Era impossível manter as aparências de cumprir a promessa de abolição e ter na Constituição a posse de escravizados como critério central do voto censitário. Assim, a mandioca substituiria a escravidão. É de se perguntar se os ingleses perceberam o teatro. Como não houve uma reclamação formal da Inglaterra sobre o assunto e como a independência já estava reconhecida, ou eles não perceberam ou simplesmente ignoraram.

O projeto da Constituição da Mandioca teve um líder político: Antônio Carlos de Andrada, irmão de José Bonifácio. Os Andrada eram a maior força política daquele momento, junto com o terceiro irmão, Martim Francisco. Sua posição política era a de uma monarquia parlamentar centralizada, ou seja, um poder parlamentarista no Rio de Janeiro, com diminuição drástica dos poderes políticos provinciais (lembrando ao leitor: província equivalia ao estado, como Rio de Janeiro, Minas Gerais, São Paulo, embora o número de províncias da época fosse menor que os atuais estados).

Essa tese desagradava muitos líderes políticos regionais, que desejavam mais autonomia às suas províncias, incluindo até mesmo a criação de possíveis assembleias provinciais, que ainda não existiam. No entanto, os Andrada queriam um modelo inglês, com diminuição do poder do imperador, cabendo ao parlamento nacional as prerrogativas de criar leis. Com essa posição, o grupo dos Andrada teve dois fortes opositores: líderes regionais e o próprio imperador.

Dom Pedro I não era um absolutista. Há sólidas evidências de sua vinculação com as ideias liberais de seu tempo. Porém ele não renunciava a uma certa dose de poder político em sua pessoa. Em parte, porque temia uma possível fragmentação do país, já que naquele momento a guerra contra Portugal ainda estava em curso. Mas ele era cioso de seu papel dinástico e não lhe concebia ser apenas um rei decorativo. Entre o absolutismo puro e simples e o liberalismo inglês clássico, Dom Pedro I tinha uma formação inclinada ao segundo, mas isso não queria dizer, em seu entendimento, que ele desejava ser um rei inglês no Brasil. O imperador deve ter poder e exercê-lo, sem que isso exclua totalmente o parlamento. É uma posição política bastante pessoal que nem sempre cabe nas caixas quadradas das definições precisas dos manuais de teoria de Estado. Uma boa parte dessa posição se relaciona com seu temperamento pessoal. Pedro I em definitivo não era como seu pai, dado a longas indecisões e posições duvidosas. Mais impulsivo que reflexivo, para ele, o cargo de imperador tinha de ser exercido.

A gota d'água ocorreu na discussão sobre – ora, como política é irônica – a abolição. Nesse ponto, particularmente, José Bonifácio era um ardoroso defensor do fim da escravidão. Fruto de sua sólida formação intelectual e de suas viagens pela Europa, ele sabia que a escravidão estava condenada como forma de trabalho e como base social no século

XIX. Sua visão era a de uma abolição gradual, em parte para não prejudicar a produção agrícola e os fazendeiros, em parte para não se contrapor aos ricos e poderosos traficantes brasileiros. Tal posicionamento gerou o maior confronto político daquele momento. Enquanto José Bonifácio era demitido do ministério por Dom Pedro I, seu irmão perdia a liderança da assembleia constituinte.

Dom Pedro I dissolveu a assembleia em um episódio conhecido como **Noite da Agonia**, 12 de novembro de 1823. Cercado militarmente por ordem do imperador, o prédio onde se reuniam os parlamentares era a Casa da Câmara e Cadeia, um amplo edifício que ficava no atual local do Palácio Tiradentes, no Rio de Janeiro. Por ironia, como o prédio era também uma cadeia, era facilmente cercado. Dom Pedro I deu ordens para a dissolução da assembleia, recusadas pelos deputados. Então, eles foram literalmente cercados por toda a noite. No alvorecer do dia, cansados, sem água ou comida, e sabendo que não havia como resistir, aceitaram a dissolução. Foi um final bastante humilhante para a primeira Constituição do Brasil, a da Mandioca, que, afinal, nunca foi aprovada ou finalizada.

Os Andrada, a principal liderança política daquele projeto constitucional, foram exilados e passaram a residir na França. Alguns anos depois, Dom Pedro I nomearia José Bonifácio como tutor de seu filho Pedro, indicando que as lutas políticas podiam afetar as questões pessoais, mas não para sempre.

1.4 Afinal, que Brasil queremos?

Fazer a independência e construir o país. São dois atos bastante distintos. O processo de construir as instituições brasileiras não seria imediato ou fácil. Vimos algumas das disputas políticas. E, por política, aqui se entende visões distintas não apenas do governo ou de como fazer leis, mas qual tipo de construção jurídica e institucional o novo país teria. O que se entende por instituição? Uma estrutura de poder, regulamentada por leis e com duração no tempo, independente de pessoas ou de mudanças de governo.

Um parlamento é uma instituição: ele se mantém enquanto tal, mesmo que as pessoas, os deputados eleitos, saiam do cargo. Ele se diz de uma estrutura burocrática pela qual se organiza um Estado. A polícia ou a Receita Federal são independentes de desejos pessoais ou de interesses de curto prazo. Quando se perde a impessoalidade, a instituição deixa de ter o poder legítimo que lhe cabe. Imagine se as regras de imposto de renda mudassem de acordo com os interesses de quem está no poder: "meus amigos não vão pagar imposto". Ninguém pagaria então. Poder e legitimidade não necessariamente andam juntos. Quando o primeiro perde a essência do segundo, ele perde sua sustentação.

Se isso é uma verdade em qualquer forma de governo, imagine o leitor o desafio de se criar instituições a partir de um novo país. Como tornar o Parlamento legítimo? Ou mesmo o cargo de imperador? Não é somente pela força, pela repressão, que um poder se legitima. Ele precisa de um sentido, uma coerência aceita pela população. Tais reflexões sobre poder e burocracia, leis e instituições foram amplamente desenvolvidas pelo sociólogo Max Weber.

No caso brasileiro, os debates sobre as instituições tinham uma origem: qual tipo de país se quer? Uma monarquia constitucional, cujos poderes reais eram limitados ou uma monarquia com centralização de poderes políticos no cargo de rei? Voto universal ou censitário? Absolutismo o liberalismo?

Somem-se a esse debate, os interesses econômicos das várias camadas da complexa sociedade que tinha emergido dos séculos de colonização. Abolição ou escravidão? Se abolição, gradual ou imediata? Manutenção da liberdade comercial ou volta de monopólios para grupos específicos? Interesses econômicos e sua conexão com a sociedade, criando as diversas correntes políticas que defendem tais interesses, é campo da reflexão feita por Karl Marx.

Por último, mas não menos importante. Há profundos aspectos culturais envolvidos nesses debates sociais. Liberdade de imprensa ou algum tipo de censura ou controle é mais do que apenas um debate político, também é uma forma de entender o mundo. Nesse sentido, ao contrário de um certo marxismo muito raso, a ideologia liberal que tinha grande força no século XIX não era apenas a expressão de uma consciência burguesa, mas um modo de crítica profunda ao poder real de origem divina, rompendo com uma tradição de séculos de legitimidade do rei pela Igreja.

A História Cultural, solidamente ancorada em trabalhos de historiadores franceses do início do século XX, consegue coordenar, com rara sensibilidade, motivações culturais profundas e suas conexões com a sociedade, a economia e a política. Historiadores como Lucien Febvre, Marc Bloch e Fernand Braudel, além de uma riquíssima corrente de discípulos, tornam a análise da História um exercício de leituras de curto, médio e longo prazos.

Tudo isso para dizer em poucas linhas: construir o Brasil significava construir instituições. Mas essa construção tinha motivações e conflitos dos mais diversos tipos: econômicos, sociais e culturais.

Após o encerramento da "Constituição da Mandioca" (usa-se aspas aqui por ser um apelido, já que ela de fato foi apenas uma assembleia constituinte que não terminou seu trabalho), precisava-se de uma nova Constituição. E ela foi outorgada por Dom Pedro I. O verbo outorgar significa atribuir, dar, transmitir. Uma Constituição pode ser *outorgada* ou *promulgada*. O segundo verbo tem um caráter de tornar público, fazer valer uma lei debatida em um colegiado, em uma assembleia. Simplificando os termos, podemos aproximar o verbo *outorgar* como vontade pessoal, quase uma imposição. Enquanto o verbo *promulgar* expressaria mais um sentido de votação colegiada, um debate mais amplo e coletivo.

A "Constituição da Mandioca", se tivesse sido aceita, teria sido promulgada. Já a nova Constituição, por iniciativa de Dom Pedro I, foi outorgada. E como foi o processo de construir esta nova Constituição?

Dom Pedro I cancelou o projeto "da mandioca" porque não aceitava ser um rei sem poder, mesmo não sendo absolutista. E essa contradição está expressa de modo exemplar na Constituição entre ser ou não ser liberal, ser ou não ser absolutista.

A primeira da história do Brasil, outorgada em 25 de março de 1825. E, também, a que mais tempo se manteve – 65 anos – até a República, em novembro de 1889. O imperador nomeou uma comissão de juristas e pessoalmente participou da elaboração da nova Carta. Nesse sentido, é fundamental uma informação. Dom Pedro não tinha formação jurídica, mas foi influenciado pelas ideias de um importante jurista de língua francesa, Henri-Benjamin Constant de Rebecque, conhecido como *Benjamin-Constant*. (No Brasil, teríamos outro Benjamin Constant alguns anos mais tarde, engenheiro militar e o principal nome do Positivismo na transição para a República.)

O que esse jurista, um dos maiores intelectuais de seu tempo, propunha? Um quarto poder, somado aos três elaborados por seu colega francês e iluminista Charles-Louis de Secondat, barão de Montesquieu: Executivo, Legislativo e

Judiciário. Benjamin-Constant propôs o **Poder Moderador**. Qual é a ideia referente a esse novo poder? A ideia era que ele teria a função de ser o chefe de Estado, a representação máxima do país no exterior (nas repúblicas presidencialistas, isso equivale ao presidente e seu chanceler ou ministro de Relações Exteriores).

Internamente, o rei teria a capacidade de "moderar", ou seja, evitar os conflitos entre os dois principais poderes eleitos, o Legislativo e o Executivo. Nesse sentido, o Legislativo seria o parlamento eleito. E o Executivo, o ministério, escolhido pelo rei para governar. Quando o ministério (Executivo) não conseguia se harmonizar com o parlamento (Legislativo), resultando em uma paralisia do processo decisório, o rei poderia intervir dissolvendo o parlamento e convocando novas eleições. Em tal modelo, o rei não iria interferir no dia a dia da administração do país, pois esse trabalho ficaria a cargo do seu ministério. O Poder Moderador seria invocado apenas em casos específicos de embates entre os dois poderes citados.

Nesse tipo de formulação, o rei mantém um grande poder em sua mão, pois pode convocar nova eleição para um novo parlamento, o que nunca ocorre nos sistemas atuais. No modelo parlamentarista clássico, de origem britânica, o próprio ministério, nomeado pelo parlamento e nunca pelo soberano, pode pedir uma nova eleição em caso de alguma crise política. O contrário também ocorre: o parlamento pode, por sua maioria, pedir uma nova eleição, quando ele mesmo reconhece que não consegue chegar a um consenso sobre a formação de um ministério. O rei nunca intervém nesses casos. As crises políticas que resultam em paralisia do processo decisório são resolvidas pelo próprio parlamento, sem poder externo. Para Benjamin-Constant, o poder moderador era necessário para evitar crises e dar uma sustentação e uma estabilidade externa ao parlamento. Nesse sentido, tal poder poderia, caso invocado, dissolver o parlamento e convocar nova eleição, em caso de crise política. Era essa a crença de Dom Pedro I.

Criou-se o termo **"parlamentarismo às avessas"** para descrever tal situação. Afinal, do ponto de vista inglês, um rei que poderia dissolver o parlamento era uma realidade exótica. Dom Pedro I e seu filho, Pedro II, governaram com a mesma Constituição. Mas o uso do Poder Moderador, ou seja, a dissolução do parlamento, foi bem diferente entre os dois. Pedro II raramente usou de sua prerrogativa, pois preferia negociar até o limite. Mais por temperamento do que por ideologia, Pedro I reforçou seu poder pessoal sem hesitação. Dom Pedro II dissolveu o parlamento, ou seja, usou seu Poder Moderador 11 vezes em seu longo reinado de 49 anos. Mas uma média simples de um parlamento a cada quatro anos e meio é uma conta errada. Em alguns momentos mais tensos o parlamento era dissolvido seguidamente, em outros, permanecia longos períodos pacificado. Veremos esta dinâmica mais adiante.

O que chamamos de parlamento aqui era dividido em dois: uma câmara de deputados, com mandatos temporários, e um senado, eleito como representante das províncias (como os senadores atuais são representantes dos Estados) mas cujo mandato era vitalício.

Pedro I outorgou a Constituição, após cancelar a assembleia e até mesmo exilar deputados. Isso o torna um absolutista? Não. Por definição, absolutismo não admite um parlamento ou uma constituição, porque o poder político do rei se basta, a fonte da soberania é o rei em si mesmo. Dom Pedro I, para desespero de sua esposa Leopoldina, como vimos, era adepto do **liberalismo**. E tais predileções são evidentes na Constituição de 1824.

Aliás, com exceção do Poder Moderador, a Constituição de 1824 retoma em essência o projeto "da mandioca", incluindo o voto censitário. O que claramente indica uma contradição em relação a uma lei liberal ou igualitária, no sentido democrático atual. Também mantinha a escravidão, e as propostas de José Bonifácio de incluir uma abolição gradual foram suprimidas – mais um ponto, fundamental, aliás, para tornar aquela Constituição incompatível com os padrões políticos atuais. Por último, como já vimos, mulheres estavam excluídas da eleição.

Um ponto importante a ser discutido é o voto censitário. A pergunta que sempre devemos fazer é: *qual o critério da exclusão?*. O projeto da "mandioca" nesse caso foi alterado. Ao invés de uma renda anual em alqueires de mandioca, o voto era censitário por um valor monetário fixo: renda de 100 mil réis anuais, o que para os padrões da época **não excluía a maioria da população**, pois mesmo pessoas mais pobres tinham esta renda. Um ponto que realmente destoa dos padrões de outras constituições do período é a **abertura ao voto dos analfabetos**. Embora na prática poucos votassem (o voto não era obrigatório), o fato de permitir um amplo acesso da população às eleições era um fator muito avançado na época. Aliás, ironia amarga: quando veio a República, o voto dos analfabetos foi suspenso, o que significou a diminuição dos votantes. Para o espanto do leitor que tem atenção aos embates pela cidadania em nossa trajetória histórica, na **Constituição outorgada do Império a participação eleitoral era maior do que na primeira Constituição republicana**.

Por volta de 1870, de acordo com estudos estatísticos comparativos, metade dos homens brasileiros podiam votar (os excluídos eram os homens pobres que não atingiam a renda anual de 100 mil réis), o significa em torno de 13% da população total. Em tal conta, excluem-se os escravizados, as mulheres e os menores de 25 anos (era essa a idade mínima dos votantes, em uma época na qual a população jovem brasileira era muito maior, em termos proporcionais, que hoje e a própria idade média da população também era muito menor, devido à baixa expectativa de vida). Na democrática Inglaterra, apenas 7% votavam. E mesmo nos EUA, por uma série de exclusões, incluindo os estados escravocratas do Sul, 18% era a média dos votantes. Somente a França, com a tradição que veio do período jacobino, e depois reafirmada por Napoleão, havia um sistema de votação universal como conhecemos hoje. Quando comparamos esses números, chegamos a conclusões contraditórias: poucos votavam em relação aos números de hoje, mas a abertura para a participação nas eleições era considerada alta, quando vista em comparação a outros países, embora menor do que na principal república democrática do mundo naquele tempo, os EUA.

Mesmo assim, *para os padrões daquele momento histórico*, era uma lei avançada e liberal. Talvez o maior exemplo seja o da liberdade religiosa. Um item que parece um direito universal e que sempre existiu, mas que na prática é uma conquista recente e nem sequer tão universal como se pensa. A Igreja Católica era reconhecida como oficial, mas era garantido o livre culto religioso a todos, embora o registro civil (nascimento, casamento e óbito) só tenha sido criado na República.

Outro ponto de modernidade era o da liberdade de imprensa e opinião, assegurada na Constituição e que era mais exceção do que regra naquele momento histórico. Na própria história brasileira mais recente, um ponto sempre problemático, como atestam os longos períodos autoritários de nossa história. Por último, embora a enumeração total seja bem maior do que o espaço deste livro permite, era assegurada a propriedade privada e os direitos individuais como proteção contra prisão arbitrária, invasão de sua residência, prisão por crime de opinião e independência do Poder Judiciário.

Uma breve leitura do artigo 179, "A inviolabilidade dos Direitos Civis, e Politicos dos Cidadãos Brazileiros, que tem

por base a liberdade, a segurança individual, e a propriedade", indica quão liberal e moderna era para sua época a
Constituição. Por exemplo, leiam-se estes incisos:

> VIII. Ninguem poderá ser preso sem culpa formada,
> excepto nos casos declarados na Lei; e nestes dentro
> de vinte e quatro horas contadas da entrada na pri-
> são, sendo em Cidades, Villas, ou outras Povoações
> proximas aos logares da residencia do Juiz; e nos lo-
> gares remotos dentro de um prazo razoavel, que a Lei
> marcará, attenta a extensão do territorio, o Juiz por
> uma Nota, por elle assignada, fará constar ao Réo o
> motivo da prisão, os nomes do seu accusador, e os
> das testermunhas, havendo-as.

> X. A' excepção de flagrante delicto, a prisão não póde
> ser executada, senão por ordem escripta da Autoridade
> legitima. Se esta fôr arbitraria, o Juiz, que a deu, e quem
> a tiver requerido serão punidos com as penas, que
> a Lei determinar.

> XIX. Desde já ficam abolidos os açoites, a tortura, a
> marca de ferro quente, e todas as mais penas crueis.

> XXI. As Cadêas serão seguras, limpas, o bem arejadas,
> havendo diversas casas para separação dos Réos, con-
> forme suas circumstancias, e natureza dos seus crimes.

A íntegra da Constituição pode ser consultada no seguinte *link ou Qr code abaixo*. O leitor pode tirar suas próprias conclusões com a leitura do texto.

https://www.planalto.gov.br/ccivil_03/constituicao/constituicao24.htm

Tudo óbvio, aos olhos de hoje (será mesmo?). Mas avançado e liberal em sua época. Poder Moderador? Sim. Rei com poderes até mesmo para dissolver o parlamento? Também. Voto censitário, masculino e manutenção da escravidão? Um definitivo sim. Amplas liberdades individuais? Também. É contraditório e por isso mesmo desafiador entender as raízes de nossa trajetória, ainda que seja em um breve exame de nossa vida jurídica. Neste momento, com a Constituição já pronta, precisamos trazer ao centro de nossa História uma personagem que foi esquecida por muitos anos e, justamente, em épocas mais recentes, passou a ter seu papel reinterpretado. Ela também é complexa e exibe contradições fascinantes em sua atuação. E sua trajetória começa nos distantes jardins de um palácio na Áustria.

1.5 A RAINHA AUSTRÍACA SONHOU COM O BRASIL

Na elegante cidade de Viena, há um palácio chamado Hofburg. Ele foi o centro do poder de uma das famílias mais poderosas de toda a história europeia, os Habsburgo. A trajetória dessa dinastia praticamente se confunde com a de toda a Europa durante mais de 600 anos. Ser aliado ou inimigo da dinastia era quase o eixo central da articulação política de muitos países. Napoleão, por exemplo, foi inimigo, derrotou os exércitos do rei austríaco e, ato contínuo, casou-se com a filha dele... A trajetória dessa dinastia é um impressionante desfile de casamentos consanguíneos, construção de palácios e patrocínio de artistas, disputas religiosas e políticas, e várias dezenas de guerras.

Figura 1.3 – Castelo de Hofburg, onde nasceu Leopoldina. Centro do poder da dinastia Habsburgo por séculos.

Fonte: Acervo do autor.

Para se ter uma ideia, foi a morte de um Habsburgo que precipitou a Primeira Guerra Mundial, em 1914, quando o herdeiro do império, Francisco Ferdinando, foi assassinado em Sarajevo. Foi também um Habsburgo, Filipe II, quem se apoderou de Portugal e de suas colônias, o Brasil, com a morte trágica do jovem rei português Dom Sebastião, levando a União Ibérica, a partir de 1580.

Foi nesse palácio que nasceu uma herdeira do trono, princesa Habsburgo, cuja trajetória incomum seria o distante Brasil, país com o qual ela talvez tivesse apenas sonhado enquanto vivia sua infância e adolescência entre jardins, concertos, bibliotecas e cavalos de raça pura, até se casar, por procuração, com um jovem príncipe português que iria construir um novo país. Em sua vida, fugiu da Europa, foi amada por um povo que não falava alemão e morreu triste e distante de sua terra natal. Como teria sido o primeiro sonho de Leopoldina sobre o Brasil, quando recebeu a proposta de casamento de Dom Pedro?

Leopoldina Carolina Josefa, da dinastia Habsburgo, passou a usar o nome Maria. Era uma forma de aproximar sua identidade austríaca da cultura portuguesa, já que o nome era tão comum na cultura ibérica e, também, na brasileira. Seu pai foi obrigado a mudar de título, inicialmente Francisco II do Sacro Romano Germânico, que incluía praticamente toda a Europa entre a França e a Rússia, para Francisco I da Áustria. Essa mudança indica a derrota para Napoleão, que tomaria porções do território e reduziria o poder do imperador. Como vimos, um dos atos de Francisco I foi casar a irmã mais velha de Leopoldina, Maria Luísa, com Napoleão, para selar a paz entre os dois reinos. Para o francês, era uma forma de dar legitimidade simbólica a seu poder conquistado pela força. Os casamentos sempre foram um instrumento de política fundamental na dinastia Habsburgo, o que explica uma impressionante série de relacionamentos consanguíneos por toda a história dessa família.

Não foi diferente com a outra filha de Francisco I, Leopoldina. O pai de Dom Pedro, Dom João VI, já no Brasil, viu o casamento de seu filho com a mais importante família dinástica europeia como uma estratégia fundamental para a sobrevivência de sua própria, a Bragança. E temos aqui um ponto muito especial de reflexão: enquanto uma das filhas do rei austríaco se casava com um destruidor de governos absolutistas (contraditoriamente, Napoleão tornara-se imperador), a outra se casava com um governante absolutista português exilado fugido de Napoleão. Era uma forma dos Habsburgo de manter seus dois pés nos dois sistemas políticos em disputa na Europa, liberalismo e absolutismo, e nos dois continentes onde poderia haver alguma forma de continuidade da monarquia, a Europa e esta novidade estranha, uma monarquia na América.

O casamento foi feito por procuração em Viena. Leopoldina tinha 20 anos. Veio para o Brasil no mesmo ano do casamento, 1817. Por uma coincidência, é este o ano de uma das maiores rebeliões contra o governo monárquico no Brasil, a Revolução Pernambucana, reprimida por Dom João VI. Como se vê, a continuidade do poder monárquico e da própria dinastia era uma real preocupação. A sombra ameaçadora de movimentos republicanos inspirados no Iluminismo e na Revolução Francesa era intensa. E, por trás dessa sombra, outra ainda maior: a independência americana de 1776, criando um país com um sistema de governo até então inédito. Os pais dos recém-casados, reis que enfrentaram Napoleão e sua bandeira tricolor revolucionária, sabiam exatamente o que estavam fazendo e tinham muita esperança em um casamento como aquele.

Sua chegada no Rio de Janeiro foi uma festa. A população brasileira sempre viu a monarquia não como um poder político, mas como uma construção simbólica: reis e rainhas estimulavam a imaginação popular, exaltavam fascínio e um sentimento de pertencimento, poderíamos quase dizer, identidade, embora o Brasil formalmente sequer existisse.

O papel de Leopoldina na independência em si já foi explorado em livro anterior. Agora cabe entender a atuação dela no I Reinado. E podemos adiantar: foi importante. A tal ponto que sua morte colaborou, e muito, para a abdicação do imperador.

No entanto, não podemos romantizar ou heroicizar esse papel. Leopoldina sempre foi uma absolutista, como vimos no item sobre as disputas ideológicas na Constituição. Por isso, seu círculo de amizades políticas era bastante diminuto, a começar pelo próprio marido, pois Pedro I, no sentido político, não concordava com as ideias de Leopoldina. Podemos dizer que, politicamente, sua maior relação foi com José Bonifácio, ele mesmo um defensor de um império centralizado. O domínio do idioma alemão pelos dois também facilitava tal amizade, assim como os interesses em comum por ciências naturais: Leopoldina era uma colecionadora de plantas e minerais, área de formação do político santista. Porém, o exílio de Bonifácio após as disputas pelo texto constitucional fez a rainha ter poucos interlocutores, tanto para discutir política como para trocar estudos e observações científicas.

O leitor neste ponto deve estar ciente de que os interesses do marido de Leopoldina não eram exatamente intelectuais: Pedro gostava de cavalos e farras. Não era apenas uma diferença política que afastava os dois, mas comportamental: ela era uma legítima descendente de uma linhagem aristocrática com rígidas regras de sociabilidade. Pedro se via como um rei do povo e não fazia muita cerimônia em frequentar lugares pouco recomendáveis para uma nobre nascida em Hofburg...

Apesar da distância, muitas vezes física devido às viagens constantes de Pedro, o casal teve filhos: a mais velha, Maria da Glória, seria rainha de Portugal, como veremos adiante; Miguel, o segundo filho, morreu logo ao nascer. Partos eram processos complexos e arriscados naquela época. O segundo filho homem, João Carlos, morreu com um ano. Essa morte foi particularmente cruel para Leopoldina, pois ocorreu justamente no ano da Independência do Brasil, 1822, enquanto a família fugia do palácio Boa Vista para a fazenda imperial, em Santa Cruz, durante a pressão das tropas portuguesas no Rio de Janeiro para fazer valerem as ordens de recolonização, conhecida como Rebelião de Avilez. Podemos dizer que a criança foi, em um contexto simbólico, a primeira vítima da guerra de independência que ocorreria mais tarde. Saindo às pressas do palácio para proteger a família, o bebê morreu logo ao chegar na fazenda, após uma viagem de carruagem em um calor de quase 40º. Leopoldina já estava grávida da segunda filha, Januária. Ela teve uma trajetória dinástica bastante longa, casando-se com o irmão da esposa de Pedro II. Está enterrada em Paris.

Paula, sua quinta filha, faleceu aos 10 anos, de causas não conhecidas até hoje. Francisca casou-se com o príncipe de Joinville, morou e faleceu na França. É em homenagem a ela que foi fundada a colônia Dona Francisca, e que hoje tem o nome de seu marido, em Santa Catarina. E, finalmente, nasceu Pedro, o futuro Pedro II. Podemos afirmar com certeza que esse filho homem sobrevivente **foi o maior legado que Leopoldina poderia conceber**, **a continuidade da dinastia Habsburgo**. E, para sedimentar ainda mais a conexão entre ela e Bonifácio, será ele o tutor do jovem Pedro, quando o pai, Pedro I, abdicar o trono brasileiro e voltar a Portugal.

Há uma lenda que corre até hoje nas salas de aula e nos livros de História do Brasil: Pedro I teria literalmente assassinado Leopoldina. Explica-se.

A relação entre os dois tinha se tornado distante e protocolar, e não era apenas uma questão de divergências políticas ou formação intelectual. Era por um motivo muito mais concreto: **a amante do imperador, Domitila de Castro, Marquesa de Santos**.

Há livros especializados sobre o tema, apoiados em sólidas pesquisas documentais. Por sorte, em um país onde a memória costuma ser maltratada, as cartas envolvendo os dois amantes foram preservadas. Algumas delas contam situações muito íntimas, como a descrita pelo pesquisador Laurentino Gomes, na obra **1822**, citando o historiador Alberto Rangel:

> Em tom mais carinhoso, D. Pedro comunica o envio de um presente em 12 de outubro de 1827 (data do aniversário dele): "Minha filha, já que não posso arrancar meu coração para te mandar, recebe esses dois cabelos do meu bigode, que arranquei agora mesmo". Alberto Rangel conta que junto da correspondência de D. Pedro conservada na Biblioteca Nacional do Rio de Janeiro existe um "pacote de papel, encerrando cabelos de suspeita origem", que seriam "mais recônditos" do que os do bigode citados nesta carta (Gomes, 2010, p. 273).

O fato de essas e outras revelações íntimas estarem descritas não significa que necessariamente a Corte brasileira fosse mais promíscua ou inferior moralmente a outras Cortes europeias. A sociabilidade das maiores e mais sofisticadas dinastias permitia exemplos ainda mais escandalosos do que esse. *Desde que não se tornassem públicos* (as cartas em questão eram íntimas e, só agora, 200 anos depois, podem ser lidas publicamente). O maior problema de Dom Pedro não era suas aventuras sexuais em si, mas a ausência de uma consciência da sociabilidade da Corte, que ele ignorava com orgulho.

É nesse sentido que a observação do pai de Leopoldina, Francisco I, rei da Áustria deve ser entendida: em carta enviada pelo barão Wenzel de Mareschal ao rei austríaco comunicando os casos públicos de Pedro, o pai de Leopoldina anotou à mão "que homem miserável é meu genro", em pesquisa feita por Octávio Tarquínio de Sousa, em **A Vida de Dom Pedro I**, obra de 1952. Os casamentos consanguíneos da dinastia Habsburgo não eram vistos em absoluto como moralmente errados, pois estavam na estrutura lógica de poder daquela família. Os casos amorosos dessa dinastia e de outras, também. Nesse sentido, Dom Pedro era por demais rebelde para entender tais condutas.

Pedro conheceu sua amante em pleno processo de independência, em São Paulo, quando com ela se encontrou, por intermédio do irmão de Domitila, um militar a serviço da guarda pessoal de Pedro (uma das testemunhas oculares do 7 de setembro, aliás). No momento do encontro, ela tinha um enorme problema pessoal. Casada com um alferes, militar, e já mãe de três filhos, ficou grávida em um caso extraconjugal. Não havia divórcio no Brasil naquele tempo, e eram comuns os crimes de honra contra as mulheres adúlteras. O alferes tentou matá-la a facadas, e ela estava literalmente fugida na casa de seu pai. O irmão pediu a Pedro que a ajudasse. Ele ficou por ela apaixonado.

É um fato bastante revelador da índole de Pedro: sua absurda espontaneidade e seu quase nenhum apreço a normas de sociabilidade da nobreza. O que pode ser visto em dupla visão: um homem bruto e sexualizado ao extremo ou alguém simplesmente sincero demais. E, sem dúvida, profundamente apaixonado. Não era comum um príncipe herdeiro e já casado se relacionar com uma mulher adúltera, fugida do marido. Para os padrões da época, uma mulher com esse tipo de comportamento seria socialmente condenável e se seu ex-marido tivesse concluído a tarefa macabra de matá-la a facadas, poucos naquela sociedade daquele tempo iriam lamentar o episódio. Dentro desse contexto social, não podemos duvidar: Pedro realmente amou Domitila ou não iria se dar ao trabalho de se envolver em uma questão pessoal por ela.

O primeiro encontro dos dois ocorreu em agosto de 1822, na cidade de São Paulo. Pedro foi então a Santos para conversar com a família de Bonifácio, natural daquela cidade. E, na volta dessa viagem, declarou a independência. Fato notável: a casa do pai de Domitila ficava exatamente na colina do Ipiranga, onde ocorreu a independência. Teria sido o local do grito um encontro amoroso entre os dois amantes?

Fato é que poucos meses depois da independência, Domitila e boa parte de sua família estavam alojadas na Corte do Rio de Janeiro, para constrangimento de Leopoldina e dos representantes estrangeiros, particularmente os austríacos. Ganhou o título de Marquesa de Santos e durante sete anos ocupou espaços de poder e espaços públicos, incluindo aí uma bela residência, presente do imperador: a Casa Amarela, hoje chamada de Casa da Marquesa, onde funciona o Museu da Moda Brasileira. É uma construção literalmente ao lado da Quinta da Boa Vista, a residência oficial da família real, assim como o *Petit Trianon* foi construído perto do Palácio de Versalhes para a amante do rei Luís XIV, Madame Pompadour (embora a versão carioca seja, claro, um pouco mais modesta).

Inclusive, o futuro Pedro II, nascido em 2 de dezembro de 1825, tinha um meio-irmão com Domitila, também de nome Pedro, nascido cinco dias depois. Com ela, Pedro teve filhos, todos reconhecidos por ele e que tiveram suporte social e financeiro em suas vidas.

Descrito o mais famoso caso de Pedro I, voltemos para a esposa oficial, para entendermos a questão do suporto ataque físico a Leopoldina. Vamos nos ater a um dado temporal: em 1826, o casal imperial fez uma escandalosa viagem à Bahia. O objetivo era apaziguar tensões políticas no Nordeste e melhorar a imagem do Império. O resultado final foi o oposto. Pedro sequer fez questão de esconder a amante, que viajou no mesmo barco que Leopoldina, expondo-a a uma situação humilhante. Em todas as ocasiões oficiais, como festas e teatros, Pedro ficava ao lado da amante e não da Imperatriz, que aguentava tudo calada, com frieza e obediência aos protocolos, como aprendeu na sofisticada corte vienense. Depois de tanto escândalo, nem a disciplinada Leopoldina aguentou e, em 1826, já de volta ao Rio de Janeiro e antes de uma viagem ao Uruguai para observar de perto a situação da guerra que veremos no próximo item, ela teria discutido com Pedro. Ele teria também perdido a paciência, coisa aliás comum em seu comportamento, e a teria empurrado da escada do palácio da Boa Vista (onde era o Museu Nacional, destruído por um incêndio em 2018). Neste momento, ela já estaria grávida.

O fato chocante é que, pouco tempo depois, Leopoldina cai doente. O suposto ataque teria ocorrido em novembro de 1826. Ela abortou um feto com três meses de gestação em dezembro. Logo a seguir, em 11 de dezembro de 1826, com 30 anos, faleceu no Rio de Janeiro.

Pedro estava em viagem quando sua esposa faleceu. Ao saber da notícia, voltou ao Rio de Janeiro, e imaginemos como foi recebido. Leopoldina era muito amada pela população, principalmente a mais pobre. Sempre que saía à rua distribuía esmolas, conversava com as pessoas, incluindo escravizados. Curiosa contradição: uma sofisticada austríaca, de uma linhagem absolutista, profundamente popular e sem nenhum pudor em ter contato com a população negra, escravizada, mestiça e pobre. Em contrapartida, um imperador com pendores liberais que não tinha muito apreço pela conduta do cargo, expondo sua amante aos olhos de todos. Entre os dois, a população preferia Leopoldina.

O que reforça o caráter simbólico do cargo de rei. Reis o são por *legitimidade*, e tal elo simbólico deve sempre ser reforçado pelo apreço e pela conduta ao cargo.

Júlio César, líder militar romano que tentou ser imperador, sendo morto por isso, disse uma vez: "A mulher de César não basta ser honesta, deve parecer honesta".[1] O fato a que essa frase se refere ocorreu em um ritual religioso só para mulheres, ao qual compareceu a esposa de César, Pompeia Sula. Infiltrado no ritual, disfarçado de mulher, estava o apaixonado de Pompeia, Publius Clodius. Eles nunca tiveram um caso amoroso de fato, mas o simples fato de ele estar em um mesmo ambiente com a esposa de César foi motivo suficiente para que ele dela se divorciasse. A frase e o fato são descritos por ele mesmo, em sua autobiografia. Qual a relação entre a aparência e o ato político? Eis um tema de grande reflexão que foge ao limite deste livro. Mas podemos afirmar que, em um regime cuja sustentação de poder é o caráter simbólico, o rei deve *parecer* ser rei. Ou, pelo menos, fingir o suficiente. Leopoldina era nesse sentido uma fiel servidora dos parâmetros da monarquia absolutista europeia: ela não apenas era, mas *parecia* ser rainha.

Domitila inclusive ultrapassou todos os limites quando quis entrar no quarto de Leopoldina doente.

---

1   "Uma mulher casta não apenas deve não errar, mas não causar suspeita de erro", de acordo com Dião Cássio, História Romana, Livro XXXVII. A versão da frase ficou mais conhecida na tradução menos literal do latim e é bastante consagrada entre historiadores.

> Com a ausência de d. Pedro da Corte e a doença de d. Leopoldina, Domitila percebeu que cargo e título não compravam respeito. A camareira-mor, marquesa de Aguiar, proibiu que qualquer pessoa entrasse nos aposentos da imperatriz, a fim de evitar que a amante perturbasse a doente. Os ministros chegaram a cogitar que a marquesa fosse enviada para fora do Rio de Janeiro, mas não conseguiram aprovar a moção por unanimidade e desistiram da ideia. Informada do fato pelo ministro da Justiça, Domitila enfureceu-se. Segundo o negociante inglês John Armitage, ela teria tentado forçar a passagem para entrar nos aposentos de d. Leopoldina, sendo, porém, barrada pelo marquês de Paranaguá, que se postou diante da porta do quarto e afrontou-a: "Tenha paciência, senhora marquesa, vossa excelência não pode entrar" (Rezzuti, 2015, p. 223).

Ela percebeu naquele momento que nunca iria ser Leopoldina.

O funeral da rainha comoveu o Rio de Janeiro. Maria Graham, inglesa que acompanhou Leopoldina no Brasil e deixou o excelente livro **Diário de uma Viagem ao Brasil**,[2] relata que os pobres negros andaram pelas ruas por muitos dias gritando: "Quem tomará agora o partido dos negros? Nossa mãe se foi!" (Rezzuti, 2015, p. 228).

Leopoldina era abolicionista e nunca escondeu seu ponto de vista. Tal visão a deixava ainda mais próxima da população. Devemos notar que Pedro também era, mas não conseguiu impor seu ponto de vista na Constituição, mesmo que ela tenha sido por ele outorgada. A elite dos comerciantes de escravizados e a elite agrária que usava esta mão de obra não iriam

---

2   Disponível em: https://bdor.sibi.ufrj.br/bitstream/doc/444/1/GF%2008%20 PDF%20-%20OCR%20-%20RED.pdf.

permitir isso. Curiosa esta relação: entre o casal abolicionista, um liberal e a outra absolutista havia uma concordância, mas a imagem de protetor dos negros ficava com quem respeitava o poder simbólico do cargo.

Mas agora voltemos à lenda: é verdade que Dom Pedro I teria empurrado Leopoldina da escada e causado sua morte? Em 2013, a arqueóloga Valdirene do Carmo Ambiel[3] conduziu pesquisas na cripta imperial, na região do Museu do Ipiranga. Os ossos dos três membros da família real, Pedro, Leopoldina e Amélia, sua segunda esposa, foram levados a exame com técnicas modernas. E não há nenhum indício sobre o suposto ataque ou empurrão. Uma queda da escada teria levado a algum osso quebrado, o que não corresponde ao exame. Desde muito, historiadores têm criticado a lenda do suposto ataque físico de Pedro, indicando que esse boato foi criado naquele momento histórico, de intensa impopularidade do imperador. Era conveniente diante da morte trágica da rainha que toda a culpa fosse imputada a Pedro. Como se vê, boatos são parte da História, às vezes por décadas, até serem desmentidos.

Mas o fato que descrevemos não é boato: a morte da rainha foi um golpe profundo na imagem e no poder simbólico de Pedro. A imperatriz, que morreu jovem, articulou ativamente pela independência, deu à luz o herdeiro do trono e da dinastia, e era culta, ciosa de seu dever, morreu triste, solitária e humilhada pela amante de seu esposo. Talvez este não tenha sido o sonho de Brasil que ela teve quando ainda estava no distante Hofburg de Viena.

Com a morte de Leopoldina, a Marquesa de Santos imaginou que poderia se tornar rainha. Mas rapidamente percebeu que Pedro apaixonado sabia diferenciar temas dinásticos

---

3   Disponível em: https://www.youtube.com/watch?v=KL106Gy1K5I&t=3s.

de temas pessoais. Casar-se com a amante seria um golpe fatal em sua legitimidade imperial já abalada. E procurou outra nobre europeia para seu segundo casamento.

O problema é que a má fama de suas aventuras amorosas já era bem conhecida em toda a Europa. E não pense o leitor que era somente a Marquesa de Santos:

> Dos filhos legítimos reconhecidos ou citados em seu testamento, há um total de nove, assim distribuídos: de seu casamento com d. Leopoldina, quatro;[4] de sua união com d. Amélia, uma. De seus relacionamentos extraconjugais: com a Marquesa de Santos, duas; com a baronesa de Sorocaba, um; e com madame Saisset, um filho (Rezzuti, 2015, p. 374).

Ou o número pode ser ainda maior:

> Antigos funcionários do Arquivo Nacional, no Rio de Janeiro, sob a supervisão de José Gabriel Calmon da Costa Pinto, à época diretor da Divisão de Pesquisa e Atividades Técnicas, trabalharam na investigação e levantamento de todos os nobres brasileiros e teriam localizado diversos bastardos de d. Pedro. Eles chegaram à conclusão de que diversas crianças batizadas na igreja de São Francisco Xavier do Engenho Velho, cujo padrinho era d. Pedro, poderiam ser seus filhos (Rezzuti, 2015, p. 373).

---

4   Em parágrafo anterior, contaram-se sete filhos com Leopoldina, mas três faleceram precocemente. O mesmo se diz dos filhos de Domitila, duas sobreviveram, Isabel Maria de Alcântara e Maria Isabel de Alcântara Bourbon, sendo os outros três, também, falecidos precocemente.

Como conseguir uma princesa de alguma dinastia sólida europeia com uma fama dessas? Ainda mais depois da morte em condições suspeitas (para a época) de Leopoldina. O encarregado de encontrar uma noiva foi o Visconde de Barbacena, homem de grande confiança do imperador. Ele conseguiu a sobrinha do rei da Baviera, Amélia de Leuchtenberg, de uma família nobre originária da França. As ligações dessa família com Napoleão tinham-na tornado uma espécie de pária naquele momento histórico da Europa, e o casamento com Pedro poderia ser a saída para a situação financeira precária a que eles estavam expostos.

Amélia casou-se com Pedro e veio para o Brasil em 1829. Antes mesmo disto, a Marquesa de Santos já tinha sido retirada da Corte por Pedro. Radicada em sua cidade natal, São Paulo, e já com posses bastante razoáveis pelos anos de favores reais, adquiriu uma bela propriedade ao lado do Pátio do Colégio. E ali viveu ainda muitos anos, agora casada com o Brigadeiro Tobias de Aguiar, importante político paulista, patrono da Polícia Militar do Estado de São Paulo. Sua trajetória pessoal é impressionante: de uma adúltera quase condenada à morte pelo marido traído a amante oficial do imperador, casada posteriormente com o nome mais ilustre de sua cidade.

Está enterrada no cemitério da Consolação. Leopoldina está enterrada na cripta imperial, nos jardins do Museu do Ipiranga. Pouco mais de quatro quilômetros separam as duas mulheres mais importantes da vida de Dom Pedro. Ambas, com trajetórias pessoais improváveis.

Quanto a Amélia, sua vida ainda acompanharia a de seu marido real, mas agora em outras terras, Portugal.

Em se tratando de outras terras, precisamos agora voltar brevemente no tempo e entender a complexa situação do extremo sul do Império brasileiro, uma parte do império que não falava português e colaborou tanto para a impopularidade de Pedro quanto seus relacionamentos amorosos.

Figura 1.4 – Marquesa de Santos, Dom Pedro I e Leopoldina, com os filhos.

Fontes: Domitila de Castro – autor Francisco Pedro do Amaral – 1820-1829 – Museu Histórico Nacional – RJ; Pedro I – autor desconhecido – 1835 – Pinacoteca de São Paulo; Leopoldina – Domenico Failutti – Museu Paulista – USP.

1.6 A Cisplatina e o Maracanã: a guerra do Uruguai

Na trajetória brasileira, o futebol foi importante elemento de construção de uma identidade coletiva, desde sua introdução, no final do século XIX. Ao mesmo tempo em que valorizamos nossas conquistas de campeonatos, nossos melhores jogadores e um senso de pertencimento e orgulho, também temos uma memória trágica sobre o tema. E, curiosamente, nas duas copas mundiais que ocorreram no Brasil, a memória trágica superou o orgulho. Em 2014, em Belo Horizonte, sofremos uma humilhante derrota de 7 x 1 da Alemanha. Mas isso parece pouco quando comparado com a primeira vez em que se disputou um campeonato mundial no Brasil, em 1950. O chamado *maracanazo*, em espanhol, foi uma derrota, de virada, aliás, por 2 x 1 contra o Uruguai e exatamente na final, com o país tornando-se campeão mundial. O estádio do Maracanã tinha sido inaugurado justamente para aquele campeonato.

Pois o hoje tão pacífico e turístico Uruguai tem outro motivo para relembrar uma derrota do Brasil. E essa foi mais importante do que uma partida de futebol, mesmo sendo final de uma copa do mundo. Esse pequeno país derrotou o Império do Brasil em uma guerra e fez sua independência a partir daí. Pelo menos, não perdemos uma guerra contra a Alemanha...

A cidade de Colônia do Sacramento, a oeste da capital Montevidéu, foi fundada por portugueses em 1680. Naquele momento, o fluxo de prata e ouro das ricas regiões dos Andes era todo dirigido ao porto de Buenos Aires, que fica exatamente na outra margem do rio da Prata. Uma cidade estratégica para que Portugal pudesse contrabandear esta riqueza. Na sequência, a Espanha fundou Montevidéu, como um ponto de interceptação deste contrabando, mais a leste. Como se vê, muito antes do Império brasileiro, os interesses de espanhóis e portugueses colocavam o Uruguai como uma região disputada.

Anos mais tarde, em 1750, com a assinatura do Tratado de Madrid, a Espanha exigiu a retirada do domínio português naquela cidade, desde que espanhóis reconhecessem a ocupação portuguesa nas regiões a oeste do Tratado de Tordesilhas, já muito tomadas por colonos brasileiros. Mais uma vez, entende-se a importância de Sacramento: cedendo enormes regiões do interior do Brasil, hoje correspondentes a parte da Amazônia e Centro-Oeste, a Espanha preferiu manter o domínio dos dois lados do rio da Prata.

Finalmente, nessa longa trajetória de disputa, Dom João VI, após a chegada da família real no Brasil, em 1808, **invadiu o Uruguai, anexando-o ao seu império americano como Província Cisplatina em 1816**. Mesmo três séculos depois do início da colonização, ainda fluíam ouro e prata pelo rio que leva esse nome. A figura caricata de Dom João VI, quase sempre retratado como um bobalhão, está muito longe da realidade. Podemos dizer que Portugal nunca aceitou plenamente a perda de uma das margens do rio tão estratégico. E, mesmo após ter conseguido uma ampliação imensa do território brasileiro, os olhos de cobiça pelo ouro e pela prata ainda brilhavam com força nas águas ao sul do Uruguai.

Neste ponto, precisamos olhar mais de perto a **Espanha**. O que ocorria naquele país enquanto o Uruguai estava sob domínio português? Até 1814, a Espanha ficou sob domínio francês, quando então as tropas de Napoleão foram derrotadas. Na sequência da restauração do trono espanhol, as guerras de independência das colônias já estavam bem avançadas. No caso da Argentina, a guerra contra o domínio espanhol tinha começado em 1810. E daquele momento até o domínio português, em 1816, o território do Uruguai era parte da Argentina em guerra contra a Espanha. Era o território conhecido como vice-reinado do Prata, que também abrangia o Paraguai, ao norte.

Ao mesmo tempo, internamente a Espanha passava por uma imensa crise política, entre constitucionalistas e absolutistas, com uma guerra entre os dois grupos. Aliás, as consequências desse conflito são sentidas também em Portugal, como veremos quando Dom Pedro I abdicar o trono brasileiro. Em resumo, em guerra interna e em guerras para manter seu império americano, a Espanha tinha poucas condições de manter o Uruguai sob seu domínio ou evitar que a região fosse dominada pelo Brasil português de Dom João VI.

O argumento jurídico e diplomático que Dom João VI usou foi bastante peculiar. Sua esposa, Carlota Joaquina, era espanhola. E justamente pela Espanha estar impedida de defender seu território, Dom João VI não estava "invadindo" o Uruguai, mas apenas preservando o domínio legítimo de uma herdeira do trono espanhol, já que a própria Espanha não tinha condições militares de o fazer. Como vemos, Dom João VI estava fazendo um "favor" à Espanha...

Tão cobiçado, esse pequeno Uruguai. Estava sendo disputado por Espanha, Argentina, Portugal e, em breve, Brasil.

O riacho do Ipiranga uniu-se ao rio da Prata, distante quase dois mil quilômetros. Desde 1816 que a Província Cisplatina era parte do Império de Portugal e do Brasil. E agora, com a independência brasileira em 1822, fazia parte do Império brasileiro. A Espanha não conseguiu evitar que esta parte de seu antigo domínio colonial voltasse ao seu poder. No entanto, a Argentina tinha encerrado sua guerra de independência contra a Espanha, em 1816, justamente no ano em que o Uruguai era invadido. Na sequência, a Argentina declarou que o território uruguaio era argentino. Podemos dizer que, nesse caso, as disputas espanholas e portuguesas foram herdadas por argentinos e brasileiros.

Entre 1816 e 1822, a situação do Uruguai era complexa: podemos resumi-la como parte do Império português, mas em disputa com a Argentina. Com a Espanha fora do jogo, o governo de Dom João VI, sediado no Rio de Janeiro, e a Argentina já independente queriam ter a posse da região. Porém, a Argentina não tinha condições de se impor militarmente, muito em virtude da complexa e difícil construção de sua nação. Ao norte, a região do Paraguai, então parte do Vice-Reinado do Prata, declarava sua independência da Espanha e não queria fazer parte da Argentina, levando a conflitos militares. Internamente, as disputas entre as várias correntes políticas tornavam impossível tomar o Uruguai do domínio português. Após a independência do Brasil, em 1822, o Uruguai manteve-se como parte do Império do Brasil. Aliás, dado muito interessante: havia até mesmo deputados uruguaios na primeira assembleia constituinte de 1823, a da mandioca.

A situação argentina estabilizou-se, temporariamente, e, a partir de 1822, o país passou a demandar o domínio da margem oriental do Prata, ou seja, Sacramento e Montevidéu no litoral e toda a região do atual Uruguai, no interior. Como vimos, a Argentina foi o primeiro país a reconhecer o império brasileiro independente, de acordo com pesquisas dos diplomatas Felipe Antunes de Oliveira e Lucas Pavan Lopes. Mas essa aceitação durou pouco, quando as hostilidades começaram. E por hostilidades devemos entender uma guerra aberta, iniciada em 1825.

Para Dom Pedro I, a permanência no Uruguai era mais uma questão de honrar seu pai do que uma real necessidade estratégica. As chances de o Brasil tomar algum navio com ouro e prata naquele momento eram diminutas, e o motivo era bem simples: Buenos Aires agora era um porto argentino, e não espanhol. A Argentina já independente não enviava ouro dos Andes, pois o Peru também era independente. Aquele fluxo tão estratégico era apenas passado. Por que manter uma guerra por uma posição que não tinha mais a importância que teve no período colonial? Foi esse o conselho dos ministros para Dom Pedro. Vimos como ele era liberal na sua concepção geral de governo, mas extremamente personalista e centralizador. Ele manteve sua posição até o final. E o que conseguiu foi uma derrota militar seguida de uma crise econômica.

Alguns nomes merecem destaque neste momento, todos fortemente ligados à construção do Uruguai como um país independente. O pioneiro nesse movimento foi **José Artigas**, cuja carreira militar e política segue um padrão encontrado em outros líderes uruguaios: lutou contra a Espanha pela independência da Argentina e, posteriormente, contra Portugal, pela Província Cisplatina. É ele que batiza o movimento militar que iniciou o processo de independência do Uruguai: *Guerra contra Artigas*. É o nome que se dá ao marco histórico que tem algumas datas, entre 1808 e 1810, as datas que marcam o início do processo de independência da Argentina e vai até 1816, a invasão do Uruguai por tropas luso-brasileiras ainda no reinado de Dom João VI, e, finalmente, até 1820, quando as tropas de resistência uruguaias foram derrotadas, levando à anexação do território pelo Império português e, posteriormente, Brasil.

Neste ponto, podemos apenas descrever brevemente as complexidades políticas e militares da região, que exigiriam um estudo detalhado, fora do âmbito deste livro. Artigas era um federalista, ou seja, desejava um governo descentralizado na região, na qual os interesses locais fossem preservados enquanto se fazia a independência da Espanha. Seu ideal político se chocou com os centralistas de Buenos Aires, que desejavam exatamente o oposto: a criação de uma república que englobasse as atuais regiões de Argentina, Paraguai e Uruguai, mas com um governo forte e centralizado em Buenos Aires.

Artigas lutou contra a Espanha, mas em pouco tempo tornou-se um personagem perigoso para os comerciantes de Buenos Aires, os propositores da visão centralista. A invasão da Cisplatina por tropas portuguesas foi feita por um apoio tácito dos argentinos: para eles, era preferível um domínio português em Montevidéu a um Artigas vencedor. Artigas não chegou a ver seu sonho de um Uruguai independente se tornar realidade, já que foi exilado no Paraguai depois da derrota em 1820, e nunca mais retornou ao país.

Juan Antonio Lavalleja foi um líder político e militar uruguaio, nascido em Montevidéu e que tomou parte das lutas pela independência da Argentina, lutou contra as tropas portuguesas de Dom João VI (falamos aqui portuguesas, mas, na prática, com exceção do comandante Carlos Lecor, os soldados eram todos brasileiros). Preso, foi levado ao Rio de Janeiro e ali permaneceu até ser liberado com a independência do Brasil. Ironicamente, foi enviado ao Uruguai, então Província Cisplatina, sob o comando do seu antigo inimigo, general Lecor. Aliás, o mesmo general português que tomou a Cisplatina para Dom João VI, mudou de lado e passou a apoiar Dom Pedro I. Como vemos, as lealdades políticas e militares eram complexas nesses momentos de construção de países e suas identidades. Lavalleja voltou-se mais uma vez contra Lecor e foi um importante líder militar na guerra com o Brasil.

Por fim, **Frutuoso Rivera**, este com uma carreira política e militar mais complexa, foi o primeiro presidente do Uruguai, após a derrota definitiva das tropas brasileiras, levando à independência daquele país.

Se a posição da Espanha é conhecida, devemos agora pensar a posição da **Argentina**: qual a influência deste país na construção do Uruguai como país independente? O mesmo desejo da Espanha em fechar os dois lados do rio da Prata foi herdado pelos argentinos: o poder de Buenos Aires era centralizado em comerciantes que sabiam a importância do rio como eixo de articulação da economia em toda a região. E, neste ponto, devemos pelo menos adiantar o fato militar mais importante da região em todo o século XIX: a Guerra do Paraguai. Veremos neste livro as causas, os processos e as consequências desta importante guerra, mas desde já é fundamental reforçar este ponto: a livre-navegação na bacia platina era condição de sobrevivência econômica básica para toda a região, incluindo aí territórios no centro-oeste brasileiro, já que não havia comunicação terrestre entre esta região e o litoral, com os portos de Santos ou Rio de Janeiro. Para brasileiros e argentinos, a foz do rio da Prata era vital. Essa importância também era para o Paraguai. Qualquer produto de exportação paraguaio, como o chá, usava o porto de Buenos Aires como rota de exportação. O gado do Centro-Oeste brasileiro e das regiões da Argentina e do Uruguai, também.

Mas não só para esses atores regionais o rio da Prata era estratégico. Mais uma vez, devemos colocar a **Inglaterra** no contexto geopolítico do século XIX. Para os interesses ingleses, não era conveniente que nenhum país tomasse o rio em sua totalidade. Isso daria um poder imenso sobre boa parte da América do Sul, e a Inglaterra tinha um eixo articulador em sua visão geopolítica: **abrir mercados, deixar fluir tanto as exportações quanto as importações**. Se Buenos Aires, com sua poderosa elite de comerciantes, tomasse o rio da Prata, os comerciantes ingleses teriam dificuldade em manter seus interesses, muito provavelmente cedendo parte de seus lucros para um intermediário bem posicionado. Nesse caso, literalmente, nos referimos à geografia da região. É declarado o interesse inglês em apoiar qualquer alternativa para evitar o domínio da região por argentinos e, em menor escala, por brasileiros:

> Segundo o representante brasileiro em Londres, Canning (ministro inglês) queria a guerra para obrigar o Brasil a "dar a Montevidéu a forma de uma cidade hanseática, sob sua proteção, para ter assim a chave do Rio da Prata como tem no Mediterrâneo e no Báltico (Eggers-Brass, 2007 – tradução nossa, p. 207).[5]

O que significaria na prática uma "cidade hanseática"? Liga Hanseática foi uma união de cidades-estados de origem

---

5 *"Según el representante brasileño en Londres, Canning (ministro inglés) quería la guerra para obligar a Brasil 'a dar Montevideo la forma de una ciudad hanseática bajo su protección para tener así la llave del Río de la Plata como tiene la del Mediterráneo y del Báltico"* – texto original.

alemã, independentes, no Mar Báltico. Era uma comunidade de cidades com objetivos comerciais comuns, como se fosse um bloco econômico nos moldes de hoje. Resumindo a posição britânica: um Uruguai como uma área de livre-navegação no Prata, sem domínio nem argentino, nem brasileiro.

A guerra da Cisplatina começou com um ato considerado heroico pelos uruguaios: em 1825, 38 *orientais*, saindo de Buenos Aires, desembarcaram no território uruguaio. Por que este nome, "orientais"? Porque, do ponto de vista de Buenos Aires, a margem oriental do rio Uruguai é a região do território em disputa e que batiza o nome do país até hoje: República Oriental do Uruguai. Agora com apoio argentino, iniciaram a guerra contra o domínio brasileiro. Era uma guerra tripla: de um lado, uruguaios querendo sua independência, de outro, argentinos querendo a anexação do território e, por último, brasileiros querendo manter a província como parte do Império.

A Argentina teve dificuldades em sustentar a sua posição por disputas internas intensas entre as várias correntes políticas e uma verdadeira guerra civil entre centralizadores e federalistas. Inicialmente, a guerra da Cisplatina foi entre Argentina e Brasil, mas logo se tornou localizada entre uruguaios e brasileiros. O apoio argentino foi diminuindo ao mesmo tempo em que tropas uruguaias conseguiam importantes vitórias militares contra o Império do Brasil. A mais importante delas foi Sarandy, 1825.

E, por fim, os ingleses, querendo apenas manter seus interesses comerciais. E é esta a atuação mais firme da maior potência mundial que, a partir de 1827, se torna determinante:

> Lord Ponsonby, enviado de Londres, propôs como solução a independência total da Província (meio de restabelecer a paz no Prata que consolidaria o comércio inglês e forma

de impedir que fossem dois grandes Estados – Brasil e
Argentina – os que dominariam com exclusividade o estuá-
rio do rio (Nahum, 2011, p. 21).[6]

Do ponto de vista brasileiro, as derrotas sucessivas foram custando popularidade a Pedro I, como já vimos. Sem condições de manter o esforço de guerra em uma região pouco povoada e ainda com o risco de tropas uruguaias até mesmo avançarem na fronteira do atual Rio Grande do Sul, em 1828, Brasil e Argentina aceitam a independência do Uruguai. O presidente argentino era Manuel Dorrego, e a derrota custou-lhe caro: o general Lavalle, que já queria o cargo, ao retornar do campo de batalha do Uruguai, organiza um golpe com outros opositores ao governo. Dorrego desejava ser exilado nos EUA, mas o novo presidente argentino lhe deu um destino diferente: Dorrego foi fuzilado. Dom Pedro I, na derrota uruguaia, teve um resultado menos trágico: somando-se a outros fatores que veremos adiante, acabou abdicando o trono brasileiro.

Podemos dizer que a posição inglesa foi vitoriosa: o rio da Prata e sua poderosa região estratégica não ficava nem sob domínio argentino total, contrariando os interesses dos comerciantes de Buenos Aires, nem sob domínio do Império brasileiro, em pelo menos uma das margens, o que levaria com certeza a longos e constantes conflitos entre Argentina e Brasil. E é uma ironia que o longínquo Paraguai, que não esteve envolvido neste momento, voltaria a colocar em pauta a livre-navegação do Prata. Mas isso é motivo para o reinado de Pedro II.

---

6 *"Lord Ponsonby, enviado de Londres, propuso como solución la independencia total de la Provincia (medio de restablecer la paz en el Plata que consolidaría el comercio inglés y forma de impedir que fueran dos grandes Estados – Brasil y Argentina – los que dominaran en exclusividad el estuario del río"* – texto original.

1.7 O frei Caneca e seu sonho

Talvez seja pela referência um pouco estranha, mas simpática que seu apelido contém, mas Frei Caneca é um nome conhecido na história brasileira. Ou estaríamos sendo otimistas, um desejo de um historiador? Talvez seja um exagero exigir que todo brasileiro conheça ou pelo menos tenha tido alguma lembrança dele. Mas podemos dizer que, em um país com pouca memória, Frei Caneca é uma referência um pouco maior do que a batalha de Jenipapo ou Amélia de Leuchtenberg.

Ele é nome de rua e de praça em várias cidades do país. Joaquim da Silva Rabelo, nascido em Recife em 1779, mudou seu nome após ter se ordenado padre como Frei Joaquim do Amor Divino Rabelo. E finalmente adotaria o apelido pelo qual ficou conhecido e eternizado em vários logradouros públicos.

Frei Caneca faz referência à profissão de sua família, tanoeiro. Esta é uma palavra pouco conhecida nos dias de hoje. Os tanoeiros eram uma categoria de artesãos urbanos especializados em produção de objetos de madeira como tonéis e barris de todos os tipos. Hoje, o barril de madeira é associado ao elegante mundo dos vinhos. Na época, quase todo transporte de líquido era feito em tonéis de madeira, desde o vinho como hoje conhecemos, até a mais popular aguardente. Não à toa a história de Frei Caneca está ligada à cidade do Recife e seu porto, com um intenso movimento de mercadorias, boa parte delas em tonéis.

O Frei Caneca assim se identifica em sua origem social aos artesãos urbanos, uma camada da população que não era escravizada, mas estava longe de ser elite. Tinha uma especialização prática, aprendida no cotidiano, já que não havia escola técnica para um aprendizado formal de uma profissão. Nesse contexto, um artesão tornar-se frei era um avanço social importante, em parte pela possibilidade de uma vida mais confortável, com menor esforço diário para literalmente ganhar o pão de cada dia. Mas principalmente pelo acesso à leitura, dado pela formação religiosa, coisa impossível para um artesão. O analfabetismo era generalizado na época.

Frei Caneca teve sua formação no seminário de Olinda. Mas uma parte da leitura que o ocupava era justamente o oposto do que se esperaria de um padre: textos iluministas críticos ao poder do rei e da Igreja, referências às revoluções Francesa e Americana. Na verdade, Frei Caneca passou a frequentar lojas maçônicas. O que igualmente é contraditório, já que a Maçonaria e a Igreja Católica naquele momento histórico eram opositoras ideológicas e políticas. A Maçonaria divulgava, de forma privada e secreta, ideias iluministas que eram combatidas pela Igreja, que defendia o direito divino dos reis e o poder absolutista. Frei Caneca era padre e maçom: como explicar? Não por questão ideológica, mas social. Como vimos, a origem social de Frei Caneca era muito humilde, e por isso a atração da carreira de padre era puramente material: ganhar mais, evitar um trabalho pesado e desgastante como marceneiro de tonéis, e ter acesso a leituras. Para confirmar esta falta de vocação religiosa do Frei Caneca, são conhecidos seus poemas de amor (Mello, 1875):

> Que um peito, Analia, sensível,
> Desses teus olhos feridos
> Não te caia aos pés rendido,
> Me parece um impossível.
> Antes só tenho por crível
> Que todo a ti se transporte,
> E te preste amor tão forte,
> Em teu serviço jocundo,
> Que te ame além do mundo,
> Se amor vive além da morte.

O apaixonado Frei Caneca era ainda mais passional quando se debatia a organização do Império brasileiro, particularmente, a relação entre a centralização do poder político na figura do Imperador ou a descentralização regional. Ou ainda, o tema da subordinação dos poderes do rei a uma Constituição. E, quem sabe, a mudança de regime para república. Aqui podemos definir com exatidão a principal paixão de Frei Caneca: **ele era um liberal**. Em uma época na qual o liberalismo era um dos principais ideários revolucionários nos dois lados do Atlântico.

Mas não era somente uma posição ideológica que levaria o Frei a uma revolta (outra contradição em si, um frei líder de uma revolução). Entendemos que política não é exclusivamente uma posição racional, uma escolha a partir de reflexões teóricas e leituras, mas um posicionamento pessoal, uma visão de mundo muitas vezes guiada pelo sentimento e pela origem social e cultural. No caso de Frei Caneca, podemos classificar sua visão de mundo como **nativista**: um nacionalismo regionalista, uma aversão ao que era visto como português ou representante de Portugal no Brasil e uma visão de pertencimento a uma região, no caso, Pernambuco (personagem contraditório, Frei Caneca era filho de um português).

Podemos ver claramente essas duas colunas da construção de sua visão de mundo: o liberalismo como ideário político e teórico e o nativismo como sentimento de pertencimento e de aversão ao outro: o português absolutista era, portanto, o diabo duplo na imaginação do padre apaixonado por mulheres e ideias. E a atuação nas lojas maçônicas, a sua prática de divulgação desta visão de mundo.

1817, Dom João VI no Brasil. Mas não aceito de forma plena em todo o Brasil. Neste ano ocorreu, em Recife, uma revolta contra a centralização das decisões políticas pela Corte e contra o absolutismo. Era também uma revolta antilusitana e queria a independência de Portugal. Curiosa esta situação, porque Lisboa aqui era o Rio de Janeiro, entendido como um pedaço português colonizador no território brasileiro.

A revolta foi explorada no livro dedicado ao Brasil Colonial, mas aqui devemos lembrar que foi sufocada pelo governo, com execuções e prisões. Entre os participantes, estava Frei Caneca. Ela teve forte influência do Iluminismo e dos dois maiores exemplos de revolução da época, a Americana e a Francesa. Até mesmo teve contatos com políticos destes dois países, particularmente com os EUA, intermediados pelas conexões internacionais que a Maçonaria permitia.

Frei Caneca foi preso e enviado a Salvador, onde permaneceu por quatro anos. Foi solto em 1821, pouco antes da Independência do Brasil. E foi com um contraditório entusiasmo que o frei recebeu a notícia. Seu lado nativista e antilusitano queria isso mais que nada. Mas seu lado liberal não ficou muito motivado pelo novo país ser uma monarquia. O que o deixou mais ou menos esperançoso foi o fato de que Dom Pedro I iria convocar uma constituinte. Frei Caneca era republicano e acreditava no modelo norte-americano de república federativa, ou seja, descentralizada. Mas uma monarquia constitucional seria aceitável.

Em 1824, o destino revolucionário de Frei Caneca o encontra, em um quase repeteco do movimento anterior. O início da revolta foi o cancelamento da assembleia constituinte no Rio de Janeiro, a "da mandioca", por Pedro I, seguida de uma nova Constituição outorgada. Neste jogo de contradições que tornam impossível uma simplificação em dois polos opostos, a Constituição de 1824 era liberal, como vimos, embora fosse outorgada. Mas, ao mesmo tempo, centralizadora e com um inaceitável Poder Moderador para os ideais liberais republicanos do Frei e de seus amigos maçons iluministas e pró-modelo dos EUA. Mudam-se os personagens, mas as ideias, não: sai Dom João VI, entra Dom Pedro I – porém, o liberalismo republicano e o antilusitanismo permanecem. A situação tornou-se ainda pior quando o governador da província, Paes de Andrade, recusou-se a aceitar a nova constituição e a monarquia. O que era uma contestação política tornou-se uma revolta separatista.

Manoel de Carvalho Paes de Andrade era de família de elite, com uma longa permanência em cargos administrativos na capitania de Pernambuco. Paes de Andrade tinha estudado em Portugal e participou da mesma revolta de 1817 contra Dom João VI, da qual Frei Caneca tinha sido um dos líderes. Ao contrário do Frei, não foi preso, mas exilou-se nos EUA, onde aprofundou ainda mais sua simpatia pelo modelo republicano e federalista. Também maçom e ligado às ideias iluministas, voltou ao Brasil com a Independência e teve a mesma reação de espanto quando soube da notícia de que Dom Pedro I tinha cancelado a assembleia constituinte. Ato contínuo, o mesmo Dom Pedro o destitui do cargo de governador da província, para o qual tinha sido eleito. Pela sua trajetória, vemos que a Revolta de 1824 não foi exclusivamente de uma camada social específica. Frei Caneca era originário da população mais pobre do Recife, Paes de Andrade era um legítimo representante da elite. O que unia os dois eram os mesmos ideais e o mesmo sentimento antilusitano, que se confundia com a aversão a tudo o que vinha do Rio de Janeiro, entendido não como a capital do Brasil imperial, mas como uma fonte de poder ilegítima, porque centralizadora e absolutista.

A partir da destituição autoritária, feita por Pedro I, de Paes de Andrade, do governo de Pernambuco, começou a guerra. E esta foi curta, embora bastante violenta. Mal armados e sem apoio externo, os revoltosos tentaram conquistar para sua causa outras províncias: daí o nome do movimento, **Confederação do Equador.**

Equador aqui é uma referência geográfica evidente, já que a revolta separatista foi focada no norte e no nordeste do país, não chegando a propor um movimento mais amplo em outras províncias do Império, ao sul ou ao sudeste. E a palavra confederação é chave para entender o movimento: vamos pensar no nome do país que inspirava a revolta, Estados Unidos. São unidos, evidentemente, mas são *estados*. Ou seja, uma união federativa, onde cada estado tem ampla autonomia, sendo o governo central uma referência para assuntos externos e alguns pontos específicos de política interna. Nos Estados Unidos, até a pena de morte é estadual. Podemos afirmar que o presidente americano, sempre referenciado como o homem mais poderoso do mundo, manda menos em um estado americano do que o governador daquele estado. A Confederação do Equador se definia deste modo: descentralização.

Não necessariamente, os revoltosos queriam a independência e o separatismo, mas foram levados a isso pelas atitudes de Dom Pedro. Isso se pode dizer da monarquia. Vimos como, no início, Frei Caneca aceitou a monarquia, embora fosse republicano. Mas, com a centralização do poder, o modelo federativo deu o eixo da revolta.

Apenas a província do Ceará aderiu à Confederação. Aqui se destaca a liderança do padre Mororó, Gonçalo Inácio de Loyola Albuquerque e Melo, cuja trajetória lembra bastante a de Frei Caneca. Igualmente formado pelo seminário de Olinda, onde conheceu pessoalmente Frei Caneca, era mais iluminista e revolucionário do que padre.

Do ponto de vista militar, os revoltosos tentaram comprar armas e navios dos EUA, sem sucesso. A repressão veio por mar, com navios comandados pelo já conhecido mercenário Cochrane, e por terra, com tropas vindas do Rio de Janeiro lideradas por Francisco de Lima e Silva (o pai do futuro Duque de Caxias, patrono do Exército Brasileiro). Francisco seria posteriormente nomeado governador da província de Pernambuco pós-revolta e teria uma longa carreira de Senador pelo Império, além de um dos regentes pós-abdicação de Pedro I, como veremos adiante.

Derrotados militarmente, restou a repressão.

Padre Mororó foi fuzilado em Fortaleza, no lugar hoje conhecido como Praça dos Mártires. E Frei Caneca também, mas nos muros do forte das Cinco Pontas, em Recife. O detalhe de ambas as mortes até hoje é motivo de debate. Explica-se.

O enforcamento era o padrão para a execução por traição ao Império. Morte cruel e muitas vezes lenta, pois nem sempre a corda era adequadamente colocada no pescoço da vítima, o que levava ao não destroncamento das vértebras cervicais, causador de uma morte imediata, mas a morte por sufocamento na corda, dolorosa, agonizante, terrível de ser vista. O carrasco era pago por trabalho, ou seja, quando havia uma sentença a ser cumprida, alguém da população em busca de um dinheiro extra se oferecia. Daí a imagem padrão do carrasco com um capuz, pois era um homem comum que estava executando o trabalho. Quando Frei Caneca foi condenado, no dia da execução, ninguém na multidão se ofereceu. Aumentado o pagamento, continuou ainda a ausência.

Por fim, mudou-se a ordem e Frei Caneca foi morto por fuzilamento. Nesse caso, é uma morte executada por ordem militar, e soldados devem cumprir ordens. É comum ver uma imagem de Frei Caneca com a corda ainda em seu pescoço, defronte o pelotão de fuzilamento. Por que ninguém apareceu para enforcar o padre? Em cena memorável do filme "O Auto da Compadecida", um cangaceiro armado aponta seu fuzil para matar um padre, quando toma a cidade. Constrangido, ele diz: "Dá um azar danado matar padre", ao que o padre responde, com certa razão "Ainda mais pro padre". Há duas interpretações para a recusa do carrasco que não apareceu: uma, política, pois a liderança do Frei Caneca era amplamente reconhecida pela população. Outra, de motivo mais cultural: "dá azar matar padre", ou seja, a força simbólica do cargo era reconhecida pelo povo. Ironia e contradição, que se somam a outras tantas contradições da vida desse personagem, ele que era padre mais por questões materiais que espirituais, sendo iluminista com forte convicção, ainda manteve para a população a imagem de padre com a força simbólica que isso representava.

O sonho de Frei Caneca e muitos dos seus seguidores acabou nas balas dos arcabuzes, fuzis de grosso calibre, nos muros do Forte das Cinco Pontas de Recife. Recolhido seu corpo, foi enterrado no Convento das Carmelitas. As propostas descentralizadoras, federativas e republicanas foram sufocadas. Mas não por muito tempo. O governador de Pernambuco, Paes de Andrade, exilou-se ainda outra vez, mas voltou com a abdicação de Pedro I, tendo uma longa carreira política no II Reinado como Senador por Pernambuco. Talvez seus ideais republicanos fossem menores do que seu sentimento antilusitano.

Figura 1.5 – Muro da antiga Câmara dos
Vereadores de Olinda.

Fonte: Acervo do autor.

Em Olinda, no ano de 1710, o vereador Bernardo Vieira de Melo, no contexto da Guerra dos Mascates, que opôs recifenses e olindenses, proclamou o primeiro grito de independência no Brasil, ao propor uma república em Pernambuco. O movimento foi sufocado, e o vereador, preso. Evidência de uma longa tradição rebelde, separatista e republicana na região. O muro da antiga Câmara dos Vereadores em Olinda é o que restou do prédio onde os fatos ocorreram. Frei Caneca, em 1824, teve sólidos antecedentes em suas ideias. As estrelas estavam associadas ao ideal republicano, já que as monarquias absolutistas usavam os símbolos das dinastias.

1.8 Digo ao povo que vou: abdicação de Dom Pedro I

O processo da Guerra da Cisplatina constrói um arco histórico entre 1816 e 1828, data da independência do Uruguai. E o seu resultado para Dom Pedro I foi uma considerável perda de popularidade. Precisamos retornar um pouco no tempo e analisar outra linha paralela: como outros aspectos também contribuíram para a mesma perda de popularidade e como impactou na permanência do rei no poder. E isso inclui aspectos sociais e políticos mais amplos, além de problemas no campo pessoal.

Em primeiro lugar, deveríamos perguntar: um rei precisa de popularidade? A pergunta nem sempre tem uma resposta óbvia. Afinal, em regimes democráticos, as eleições regulares respondem basicamente à mesma pergunta: o governo de plantão está fazendo um bom trabalho ou precisa ser trocado? Já em regimes monarquistas, não há a possibilidade de um rei simplesmente ser trocado por ser impopular. Não há reis eleitos, pelo menos não em sistemas eleitorais amplos (no Sacro-Império Germânico, ancestral da atual Alemanha, os reis eram eleitos, mas apenas entre a nobreza). Por isso, se o rei simplesmente está no poder por dinastia, sua popularidade poderia ser vista como irrelevante. A resposta não é tão evidente assim.

Reis impopulares ao extremo são reis fracos. Mesmo que permaneçam no poder até seu falecimento. Aliás, o próprio conceito de poder real deve ser entendido em um modo mais amplo, não apenas político, mas simbólico. Um rei com poder político significa que tem apoio na classe dirigente (burguesia, nobreza, militares ou qualquer outra classe em uma sociedade hierarquizada). Mas um rei popular detém, além do poder político dirigente, uma *legitimidade* de sua posição. Um rei pode até ser odiado pela classe dirigente, e temos vários exemplos de reis que eram isolados politicamente no núcleo do poder. O contrário também pode existir: um rei com apoio nas elites de uma sociedade, mas profundamente desprezado pela população mais ampla, fora daquele núcleo. O exemplo extremo de um rei que é isolado tanto do povo quanto da elite pode existir: mas, muito provavelmente, ele não teve um reinado muito longo. Quando não, termina em tragédia. Boa parte dos dramas de Shakespeare são reflexões profundas sobre a relação entre rei e poder, verdadeiras aulas sobre o conceito de legitimidade no exercício da liderança.

Mais modestamente, no Brasil, tínhamos um imperador popular. Apesar de a independência ter sido construída politicamente no círculo mais limitado das classes dirigentes, foi amplamente saudada pela população. A guerra de independência atesta isso sem hesitação. Mas, em pouco tempo, Dom Pedro I passou a ser muito malvisto pelos setores mais populares. Isso por si só teria levado seu governo ao fim? Pergunta difícil de responder, dado que o passado já acabou. Mas podemos afirmar com uma quase certeza, a *certeza* possível e limitada de quem estuda História, de que um rei popular teria legitimidade de se manter no poder, mesmo se fosse odiado pela elite dirigente.

Sabemos que Pedro I abdicou do trono brasileiro, após nove anos de reinado. Um período muito curto, mesmo para os padrões da época e ainda mais quando levamos em conta a idade de Pedro quando chegou ao trono: 24 anos. Um jovem rei, criador de um país, amado a ponto de ver seu povo lutando em uma guerra por ele e seu país. E tudo se perdeu. A palavra-chave aqui é legitimidade: este conceito é um pouco nebuloso, difícil de definir. É legítimo o rei cujo poder é reconhecido por amplas camadas da população. Um rei que é visto como uma liderança, um rei confiável, justo, honesto. Com qualidades necessárias a um chefe de Estado. Há uma ampla gama de estudos sobre liderança e política. Na prática, a conexão entre o rei e seu povo é ao mesmo tempo difícil de definir racionalmente, mas fácil de entender, até mesmo de sentir.

Concluindo: reis precisam ter popularidade, mesmo se não enfrentam eleições. Precisamos responder a esta pergunta: como Dom Pedro I perdeu a sua?

Há várias respostas. Uma delas já foi descrita: a derrota na guerra da Cisplatina. Uma guerra custa caro, cria instabilidade e o temor de convocações de pessoas para servir nos combates. Isso fica ainda pior quando a guerra em si não é vista como algo realmente necessário, vital para o país. Para a maioria da população brasileira, a guerra no extremo sul do Império era uma causa perdida, apenas um capricho de Dom Pedro. A derrota militar só piorou a percepção.

Outro caminho que iremos agora explorar é o da relação entre brasileiros e portugueses. Se a independência separou os dois países, os povos permaneciam ligados. Em grande parte, porque a comunidade portuguesa no Brasil era imensa, particularmente no Rio de Janeiro. E não convém esquecer que Dom Pedro era português. O antilusitanismo dos brasileiros começou a chegar ao imperador quando este passou a nomear para o ministério pessoas ligadas a ele, por laços de fidelidade pessoal, quase todos, portugueses. Isso foi visto como uma "traição". Os jornais passaram a criticar o imperador de forma constante. Pela lei liberal que Dom Pedro tanto valorizava, a imprensa era livre. Curioso notar que muitas vezes o próprio Dom Pedro, sob pseudônimo, usava os jornais para publicar textos atacando seus críticos. Uma versão antiga dos bate-bocas atuais nas redes sociais envolvendo presidentes e governantes.

Aqui merece destaque um jornalista italiano radicado no Brasil, Libero Badaró. Na cidade de São Paulo, seu jornal **O Observador Constitucional** fazia críticas constantes à atuação de Dom Pedro I na política, argumentando que o imperador não era um liberal de fato, dado que a Constituição tinha sido outorgada e seu ministério era todo formado por portugueses. Ao mesmo tempo, Badaró e boa parte da elite paulista defendiam uma proposta descentralizada, federalista, contrária ao modelo centralizador de poder no Parlamento do Rio de Janeiro e no próprio imperador. As propostas federalistas e descentralizadoras, e algumas republicanas, também foram a principal causa da revolta em Pernambuco, que veremos adiante, violentamente reprimida por Dom Pedro.

No dia 22 de novembro de 1830 o jornal **O Observador Constitucional** publicava trechos como esse:

> O Governo da Boa-Vista tem-nos procurado por todos os modos, e nós sempre na orbita da Lei, quando com mais energia esse governo nos está traindo, então é que por ele somos insultados, então é que aparecem em todas as províncias planos republicanos (...)

> E até quando serão os brasileiros tão sofredores? E por que motivo mostra o governo tanto ódio aos brasileiros? (...) não lhe temos tanto respeito? não amamos tanto a monarquia? porque nos há de estar cravando o punhal?

Badaró foi assassinado em São Paulo, na noite do dia 20, ao chegar em casa. Hoje a rua onde ocorreu o crime recebe o seu nome, no centro da cidade. Como os textos eram enviados com antecedência para a tipografia, que montava o jornal, literalmente as palavras de Badaró foram publicadas no dia seguinte após sua morte, dando um aspecto ainda mais dramático ao ocorrido.

Dom Pedro I teria sido o mandante? Não há provas documentais sobre o fato. Sabemos que foi um grupo de alemães que cometeu o atentado, mas o mandante permanece até hoje um mistério. Mas a morte do jornalista, que era liberal até no nome, é o ponto alto de um enorme desgaste entre a pessoa do imperador e a imprensa brasileira.

No Rio de Janeiro, os jornais também não eram simpáticos à figura de Pedro. Na sede da Corte, os temas eram ainda mais apimentados. Veremos no item seguinte como foi a relação difícil entre Pedro e sua esposa, Leopoldina. Os frequentes casos amorosos do imperador eram comentados e causavam revolta, ainda mais porque a Imperatriz era muito respeitada e carismática. Entre a nobreza, os casamentos eram arranjados, e o de Pedro não foi diferente. Nesse modelo de comportamento, a traição entre membros nas famílias reais era "parte do jogo". Mas também era parte do mesmo jogo de sociabilidade não causar choque, escândalo ou humilhações públicas. Dom Pedro I não reconhecia esta sociabilidade, o que pode ser entendido de dois modos: ele era apenas um homem absolutamente transparente em suas aventuras sexuais, um fato que para algumas pessoas hoje seria até elogiável. Ou era um "bruto", um misógino predador sexual, grosseiro e mau-caráter. No item anterior, dedicado à relação entre ele e Leopoldina, o leitor pôde tirar suas conclusões.

Relacionado a isso, temos o eterno tema da corrupção. Não entendido no sentido republicano do conceito, mas nos modos da época. Até onde vai o poder do imperador em um regime constitucional? Se fosse um regime absolutista, o próprio conceito de corrupção seria relativizado, afinal, o poder é pessoal por definição. Mas, em um regime onde o rei deve obedecer a uma Constituição, leis devem ser seguidas até por ele. Ou talvez, *principalmente por ele*, já que é o líder da nação. Dom Pedro I não separava o público do privado (o que, aliás, devemos reforçar, é uma triste constante nos líderes brasileiros). E esta realidade ainda se liga a seus casos amorosos. É neste momento que precisamos acrescentar uma personagem polêmica, ao mesmo tempo fascinante e problemática, na história do Império: Domitila de Castro Canto e Melo, Marquesa de Santos.

A amante mais duradoura do imperador, e provavelmente a mulher que ele mais amou, no sentido sentimental da palavra, aproveitou muito a convivência no núcleo do poder. Podemos afirmar neste ponto que os negócios particulares da Marquesa de Santos envolvendo favores e dinheiro escandalizavam a Corte e repercutiam na imprensa. Prato cheio para jornalistas sérios e para os não tão sérios: traições e dinheiro, corrupção e poder. Temas eternos de boas séries e filmes, de romances e História.

As críticas dos liberais eram ao mesmo tempo políticas e comportamentais. Políticas por discordar do modelo de governo de Pedro, centralizador e personalista. Vimos como a classificação da Constituição brasileira é motivo de debate. Liberal em alguns pontos, centralizadora em outros. Pedro não hesitava em usar seus poderes políticos para nomear ministros, destituir outros e, principalmente, fazer cumprir seus desejos. Este é o ponto político, ideológico, da disputa entre liberais e Pedro. Mas havia os aspectos pessoais, comportamentais. E estes, associados a favores e comércio de influências, que se misturavam com a conduta amorosa de Pedro e sua amante, esta mostrada em público por ele com orgulho – e para humilhação de Leopoldina. Curiosa essa aproximação entre um grupo de jornalistas e políticos de posição liberal com a absolutista Imperatriz: em pouco tempo, ela foi escolhida como a "vítima" preferida de um cruel e corrupto Pedro, um imperador que não merecia o cargo. A palavra república passa a aparecer cada mais nos textos dos jornais, como vimos no caso de Líbero

Badaró. No mesmo jornal do mesmo dia 22 de novembro de 1830, lemos: "São os Gabinetes secretos – é Francisco Gomes da Silva Chalaça que fazem tudo".

Francisco Gomes, o "Chalaça", como era seu apelido, era um português amigo de Pedro desde a vinda da família real. Ele mesmo um personagem tão fascinante como ambíguo, intelectualmente muito bem preparado, conhecedor de várias línguas e, mais do que tudo, um verdadeiro mestre na arte de "subir na vida": conhecia bem os jogos de poder, os favores e as alianças pessoais na Corte portuguesa, e depois na de Dom Pedro. Esteve com ele no Grito do Ipiranga e sempre acompanhou o imperador como seu conselheiro, ajudou Dom Pedro a escrever a Constituição de 1824 e foi nomeado por ele como seu secretário pessoal posteriormente, em Portugal, quando retornou após abdicar o trono brasileiro. Após a morte de Pedro em Lisboa, manteve-se como secretário pessoal da segunda esposa de Pedro, Amélia de Leuchtenberg. Mantinha com Pedro uma sólida amizade pessoal e uma característica em comum: ambos eram bastante ativos em suas aventuras sexuais.

A fama do Chalaça e de outros amigos fiéis de Pedro, como Antônio Teles de Menezes, o Marquês de Resende, era tanta que a oposição a Dom Pedro criou o apelido de "gabinete secreto": um grupo de personagens que negociava favores e dinheiro pela proximidade com o Imperador. Nesse "gabinete" estava também a amante, Domitila.

Há amplas evidências de enriquecimento destes dois personagens, Domitila e Chalaça, pelo uso inteligente de seus conhecimentos da estrutura de poder. Corrupção? Para os padrões de hoje, sim. Embora as somas sejam quase irrisórias quando comparadas com as que conhecemos tristemente em época recente de nossa história republicana. Talvez seja melhor colocar em perspectiva este tema: o que se entende aqui por corrupção não é um superfaturamento de uma obra pública, como hoje conhecemos. Mas ajudar interesses privados para conseguir algum favor na Corte.

Talvez a melhor definição seja o que chamamos de tráfico de influência:

> Além dos filhos com a esposa, da guerra contra Portugal e da guerra civil no Nordeste, d. Pedro também achava tempo para ter filhos com outras mulheres. Em novembro de 1823, nascia Rodrigo Delfim Pereira, oficialmente filho da futura baronesa de Sorocaba, Maria Benedita de Castro do Canto e Melo, com o marido, Boaventura Delfim Pereira. Além de Domitila, d. Pedro também conquistara sua irmã, que, segundo o imperador, tivera um filho com ele "por um motivo bem simples, (...) não era burra". E não era mesmo: antes da chegada de Domitila e do restante da família, que desembarcaria em peso no Rio de Janeiro em meados de 1823, Maria Benedita conseguiu, ao gerar um filho do imperador, que o marido, que já possuía cargo na corte, passasse a ser administrador de todas as propriedades da coroa (Rezzuti, 2015, p. 182).

Curiosa a constatação do próprio imperador: a irmã de Domitila tivera um filho com ele *"porque não era burra"*. No jogo de interesses na Corte, vale um bom cargo de administrador de bens ao marido oficial, que muito provavelmente não estava muito chateado por ter sido "traído". Era esse tipo de comportamento que misturava aventuras sexuais com cargos públicos que não passava despercebido da imprensa. E com certeza não colaborava para dar legitimidade ao cargo de imperador.

E a situação piorava com um elemento identitário: portugueses *versus* brasileiros. Dessa ambiguidade, Pedro nunca conseguiu escapar.

Um herdeiro da Coroa portuguesa fez a independência do Brasil contra Portugal. Eis a contradição que sempre acompanhou Dom Pedro. Um personagem que acumulava outros dilemas: um liberal que impôs uma Constituição. Um liberal que reprimiu com violência uma revolução liberal... sem mencionar os casos amorosos que expunham um homem dividido entre questões pessoais e de Estado. Mas, de todas as contradições de Pedro, a de ser português ou brasileiro foi a maior delas.

E tal contradição foi se acumulando até o limite da ruptura, no caso, uma revolta entre as duas nacionalidades: portugueses e brasileiros, em embates generalizados na cidade do Rio de Janeiro. O fato que ocorreu entre 13 e 15 de março de 1831 marca o definitivo fim da legitimidade do poder do imperador e levaria à sua abdicação.

Podemos ver as questões já levantadas até agora, a recapitular: 1. Escândalos de comportamento de Pedro e sua amante – ou amantes. 2. A morte de Leopoldina, fortemente ligada a essa decadência da imagem do imperador. 3. Derrota na Cisplatina 4. Repressão violenta na Confederação do Equador 5. Morte de Líbero Badaró. 6. Imposição da Constituição e os conflitos políticos resultantes.

Todas essas colaboravam para o afastamento progressivo de Pedro do Brasil, entendido Brasil aqui como as elites econômicas e políticas e a população mais pobre. Aquelas, negativamente, influenciadas por temas políticos. Pedro não chegou a dissolver o Parlamento, com a prerrogativa do Poder Moderador. Mas trocou de ministérios nove vezes, em nove anos de reinado. Ora colocava ministérios formados por portugueses, levando a críticas pesadas dos brasileiros. Ora colocava somente brasileiros nele, levando a críticas também, por serem alinhados com o desejo pessoal do imperador. Vimos como Pedro era liberal mas extremamente personalista. Em um país complexo nas relações de poder como o Brasil, isso causava desgastes permanentes com a elite política.

O restante da população, pouco ligado aos temas de disputa de poder, afastava-se de Pedro por aspectos simbólicos. Porém, afetando ambos, elite e povo, a **grave crise econômica** causada em parte pelos gastos da guerra cisplatina, em parte pelas dívidas do reconhecimento da independência por Portugal. Para pagar as dívidas, o governo emitiu moeda, iniciando-se aqui uma longa e dolorosa relação entre a população brasileira e a **inflação**.

Mas o que unia em um interesse essas duas pontas sociais do país era o sentimento de identidade, um nativismo cada vez mais forte: somos brasileiros, enquanto o imperador é um português. Imagine o leitor o ressentimento dos brasileiros, sabendo que a maioria da inflação que afetava o cotidiano de todos era originária de duas questões portuguesas: uma guerra no Sul, causada por Dom João VI, e uma dívida portuguesa com a Inglaterra.

Com a morte de Dom João VI (veremos o tema da questão real portuguesa em detalhes no próximo capítulo), abriu-se a chance para uma ruptura definitiva. Pedro, sendo o filho mais velho do rei português, seria seu herdeiro. Mas, se assumisse o trono, a própria independência do Brasil ficaria em risco. Voltaríamos a ser um reino unido? E toda a guerra de independência, as lutas políticas e até a independência econômica, voltaria atrás?

Em contrapartida, em Portugal, a questão sucessória era problemática. O irmão de Pedro, Miguel, absolutista e muito ligado à Espanha, desejava assumir o trono. Mas, por lá, isso significaria um risco de Portugal perder sua autonomia em relação ao seu eterno rival ibérico. Uma situação crítica: se Pedro assume o trono português, o Brasil perde. Se Miguel assume o trono, Portugal perde. Como se vê, as questões dinásticas eram um dilema constante na manutenção da política externa de um país.

Os brasileiros acompanhavam tudo com preocupação. A margem de erro do imperador era mínima. Politicamente e obedecendo às regras da sucessão, ele conseguiu uma saída: abdicar o trono português para sua filha mais velha, Maria da Glória. E para conciliar a disputa política portuguesa e afastar uma contestação dinástica, casá-la com seu tio, Miguel, o irmão de Pedro. Com isso, ele seria sempre príncipe consorte, ou seja, membro da família real, mas não possível de ascender ao trono, já que a linhagem de poder passaria por ele, Pedro, e sua filha, Maria e seus descendentes. Isso mesmo que o leitor imagina: a sobrinha teria de engravidar do tio para evitar que ele mesmo ficasse com o trono.

Veremos adiante tais problemas internos de Portugal, mas, por agora, o que nos interessa é que o plano de Pedro fracassou. Miguel assumiu o trono pela força e passou a perseguir, com violência, o grupo político liberal, ligado a Pedro. A pequena Maria da Glória, herdeira do trono, tinha apenas 9 anos e assistia a essa disputa como um mero objeto de poder.

Nesse contexto tenso em Portugal, a enorme comunidade lusitana do Rio de Janeiro via o Imperador de dois modos, também contraditórios. Por um lado, queria que ele ficasse no Brasil, por uma adesão identitária à sua figura. Por outro, imaginava um Pedro defensor da autonomia de Portugal frente à Espanha. Como se vê, as duas coisas eram pouco compatíveis, a não ser que Pedro reunisse as duas Coroas.

A simples menção disso causava arrepios na comunidade brasileira. Já acumulando tensões entre os dois grupos havia anos, a situação explodiu. Dom Pedro viajou para Minas Gerais, tentando reaproximar-se da população. Era uma tentativa de voltar ao passado, refazendo a viagem que antecedeu a independência. Foi um fiasco. A recepção foi tão ruim que o roteiro de visitas foi rapidamente cancelado, e o imperador voltou ao Rio de Janeiro. Na sequência, a comunidade lusitana da cidade teve uma péssima ideia: recepcionar o imperador com vivas e até mesmo brindes de vinho na rua.

Símbolos contam. O simbolismo de uma comunidade festejando um imperador impopular em meio a uma crise política e econômica foi demais. Entre os dias 13 e 15 de março de 1831, pancadarias generalizadas entre brasileiros e portugueses tornaram a capital do império um caos. O episódio ficou conhecido como Noite das Garrafadas. Naquele momento, houve mortes e muitos feridos, e já não dava para separar o que era vinho e o que era sangue nas ruas do centro do Rio de Janeiro.

Boatos de um golpe absolutista já corriam havia tempos. Lembremos que ele de fato tinha cancelado o primeiro projeto constituinte, mas nessa altura das tensões não adiantava lembrar que a nova constituição outorgada pelo Imperador era liberal. Também não adiantava racionalizar que Pedro era opositor de seu irmão na Europa, justamente por Miguel ser absolutista. Quando a pessoa do governante perde a legitimidade, considerações políticas racionais são irrelevantes.

A gota d'água foi a real possibilidade de uma insurreição militar. No caso, contra Pedro. Os comandantes militares deixaram isso claro ao imperador: caso ele ficasse no cargo, não poderiam garantir sua segurança e a de sua família, já que os soldados não mais aceitavam ordens dele ou do governo. Temendo por sua segurança e a de sua família, e percebendo que sua autoridade no Brasil já não tinha mais condição de ser exercida, o imperador renunciou ao poder: abdicou o trono brasileiro em favor de seu filho, o pequeno Pedro de Alcântara, futuro Pedro II, então com cinco anos.

A cena da partida da família real foi profundamente trágica: ainda de madrugada, com o filho dormindo no quarto, seu pai beijou-lhe o rosto e deixou uma singela carta de despedida. Nunca mais o veria. Nestes momentos, ele não é o imperador de um país imenso, por ele tornado independente, mas um pai que se separa de um filho. Este pai rumou para Portugal, com sua segunda esposa, Amélia, e sua filha mais velha, Maria da Glória.

Todas as contradições de Pedro poderiam ser resumidas nessa cena tão humana e tão histórica, no sentido mais dramático do termo. O pai e o amante sexualmente ativos. O português e o brasileiro, ambos em conflito. O liberal acusado de ser absolutista. O agora ex-imperador do Brasil, mas que ainda não era rei de Portugal. O irmão em luta contra o outro irmão. Como se vê, as histórias de ficção mais bem escritas e imaginadas, na maioria das vezes, não alcançam a profundidade do que realmente aconteceu. E nos poucos anos de vida que ainda restavam a ele, de volta à sua terra natal, Pedro agora sem título real ainda viveria um último capítulo dramático.

2 NA ESTRADA DE SINTRA, CADA VEZ MENOS PERTO DE MIM: O RETORNO A PORTUGAL E O QUARTO DE QUIXOTE

2.1 O MISTÉRIO DA MORTE DO REI: DOM JOÃO VI SE DESPEDE

Ao volante do Chevrolet pela estrada de Sintra,
Ao luar e ao sonho, na estrada deserta,
Sozinho guio, guio quase devagar, e um pouco
Me parece, ou me forço um pouco para que me pareça,
Que sigo por outra estrada, por outro sonho,
por outro mundo,
Que sigo sem haver Lisboa deixada ou Sintra a que ir ter,
Que sigo, e que mais haverá em seguir senão não
parar, mas seguir?
Vou passar a noite a Sintra por não poder passá-la em Lisboa,
Mas, quando chegar a Sintra, terei pena de não ter
ficado em Lisboa.
Sempre está inquietação sem propósito, sem
nexo, sem consequência,
Sempre, sempre, sempre,
Esta angústia excessiva do espírito por coisa nenhuma,
Na estrada de Sintra, ou na estrada do sonho, ou na
estrada da vida…
(...)
Na estrada de Sintra, cada vez mais perto de Sintra,
Na estrada de Sintra, cada vez menos perto de mim…

Fernando Pessoa, em sua inquietação intensa e profunda, criou seus heterônimos: não apenas novos nomes para uma mesma obra, o que seria um pseudônimo, mas uma verdadeira personalidade literária, complexa e fascinante. Um ator em forma de poeta ou um poeta ator que criou múltiplas vozes para melhor expressar as profundidades de sua consciência.

E, nesse poema, uma espécie de *road poem*, assim como existem os *road movies*, há a presença de Álvaro de Campos, a personalidade literária mais apegada à modernidade entre os poetas criados por Pessoa, dirigindo seu carro, símbolo desta visão de mundo tecnológica, pela estrada de Sintra, saindo de Lisboa.

Sintra está há cerca de 30 quilômetros da capital portuguesa, em uma área montanhosa, com belas construções, paisagens e uma área florestal bem preservada. Toda a região sempre teve fama de mistério, certa aura de um lugar onírico, quase como um sonho, em que castelos se destacam nas montanhas e na névoa. A estrada que o poeta percorre é ao mesmo tempo real e metafórica. A estrada em si é um deslumbrante passeio cheio de curvas e paisagens, mas o poeta projeta naquele percurso seu dilema existencial: Sintra ou Lisboa? Passado ou futuro? Sintra é um espaço privilegiado da História portuguesa, o lugar preferido dos monarcas e seus palácios, desde tempos muito antigos. Há até mesmo os restos de um castelo mouro, quando da ocupação da Península Ibérica pelos muçulmanos, em plena Idade Média. Sair de Lisboa, uma cidade moderna e cosmopolita, e ir até Sintra não é apenas uma viagem geográfica, mas temporal: uma volta ao passado. Por isso o poeta Álvaro de Campos, ele mesmo um aficionado pela modernidade e pelo futuro, hesita entre ficar em Lisboa ou ir para Sintra: voltar ao passado seria trair seu desejo de modernidade. Dividido entre duas cidades e duas visões de mundo, a viagem aqui é dúvida existencial: para onde ir? Futuro ou passado? Ficar ou sair? E quando lá chegar, voltar ou permanecer?

Na estrada de Sintra, cada vez mais perto de Sintra. A viagem está terminando, do ponto de vista geográfico. *Na estrada de Sintra, cada vez menos perto de mim.* Mas chegando aonde se quer chegar, perde-se sua identidade, porque o passado não é o que o poeta deseja, mas o futuro. É uma imagem poderosa de todo um país, Portugal, entre seu passado e seu futuro, e aonde ele quer chegar. Ou ficar. Os dilemas de Portugal se expressariam de forma dramática em uma guerra: tal como o poeta na estrada de Sintra, o passado e o futuro estavam em combate nas consciências portuguesas daquele tempo.

Entre 1820 e 1834, Portugal viveu um dos seus períodos mais difíceis. Não bastando a perda de sua maior colônia, o Brasil, mergulhou em uma guerra civil que foi a maior de sua História.

Apesar das várias revoluções e opressões do século XX, nunca mais houve tantos presos políticos e exilados em Portugal como em 1828. Também nunca houve uma ruptura política tão fundamental. E tudo isso aconteceu no meio de uma viragem econômica gravíssima. Sem o exclusivo do Brasil, o valor do comércio externo português diminuiu 75 por cento entre 1800 e 1831 (Ramos, 2009, p. 457).

Imagine o leitor uma queda econômica como essa. Por si, esse mergulho profundo da economia não foi a única causa da crise política, que tem motivações próprias. Mas, em uma espiral de más ocorrências, uma crise econômica desta magnitude somada às disputas políticas intensas provocou um caos na sociedade portuguesa. Talvez o pior da História daquele país. E que disputa política foi essa? Quais os personagens dela? Podemos adiantar que ela tem ingredientes de drama familiar, um suposto assassinato ao estilo Agatha Christie e uma conexão internacional, envolvendo Brasil e Espanha.

O escritor Eça de Queirós e seu colega, Ramalho Ortigão escreveram um romance policial chamado **O Mistério da Estrada de Sintra**. Como uma boa história de crime, é cheia de reviravoltas, pistas e suspeitos. Pois podemos dizer que, no caso de Dom João VI, a fama de Sintra ser um lugar misterioso se confirma: o rei teria sido assassinado. Para resolver esse mistério, precisamos seguir as pistas que a estrada de Sintra nos dá. Voltemos alguns anos antes.

Foi em Sintra, no Palácio de Queluz, que nasceu e morreu Dom Pedro. Seu nascimento e morte ocorreram no mesmo quarto, decorado com temas da obra *Dom Quixote*, de Cervantes. E foi nessa região tão emblemática de Portugal, e nos vários palácios da realeza e da nobreza que ali estão, que boa parte do drama político e pessoal do imperador ocorreu em duas fases de sua vida: antes de vir ao Brasil e após sua abdicação do trono brasileiro. E tal drama esteve envolvido na violenta disputa política portuguesa de seu tempo.

Figura 2.1 – O elegante Palácio de Queluz, na região de Sintra, Portugal.

Fonte: Acervo do autor.

Mas antes de fecharmos as cortinas do quarto Quixote e da vida de Pedro, precisamos voltar ao seu pai. O sempre simpático Dom João VI, que tinha voltado ao reino português e que agora enfrentava o seu próprio dilema, foi obrigado a obedecer às Cortes, ou seja, ao Parlamento e a uma nova Constituição. Também era forçado a conviver com uma rainha espanhola, Carlota Joaquina, que pouco disfarçava seu desejo de assumir o trono, à força, se necessário.

Quando voltou a Portugal, Dom João VI foi viver na região de Sintra, no Palácio de Queluz, o mesmo que sua mãe, Dona Maria I, tinha habitado, e, também, o mesmo em que sua inimiga e esposa Carlota Joaquina também habitava, mas isolada em um quarto e com pouco acesso às outras áreas do complexo. Havia o medo de que ela pudesse tramar um golpe de Estado com apoio da Espanha, ou até mesmo planejar o assassinato de Dom João VI para tomar o poder.

1820. Revolução Liberal do Porto. Uma das causas da independência do Brasil. Mas, em Portugal, o liberalismo não era uma proposta com apoio em todas as classes sociais. Entre as elites econômicas e políticas portuguesas, o absolutismo tinha sólidos defensores. E articulação internacional também. E nesse ponto precisamos incluir a Espanha, cujo jogo de alianças e oposições com seu vizinho ibérico tinha uma longa e complexa relação.

Parte da nobreza portuguesa via a Espanha como uma aliada na defesa dos seus interesses absolutistas. Esta adesão tinha objetivos econômicos, pois uma importante parte dessa elite lusitana tinha laços com famílias da Espanha e terras naquele país. Outro ponto de adesão era cultural, pois as ideias liberais diminuíam a influência da Igreja Católica em favor de um Estado laico, fato que gerava fortes reações em alguns setores. As ideias novas eram vistas como uma reordenamento do mundo feito por revoltosos franceses heréticos, maçons, em sua maioria. O absolutismo não era apenas uma opção política a partir de um cálculo econômico racional, mas um sentimento de mundo, uma visão de sociedade baseada na legitimidade intrínseca do rei.

Após a Revolução do Porto, foram criados um parlamento, chamado de Cortês, e uma Assembleia Constituinte, cujo projeto final ficou pronto em 1821. A Constituição portuguesa foi promulgada em 23 de setembro de 1822, aliás, poucos dias depois da Independência do Brasil.

Dom João VI jurou a nova Carta Magna, mas Carlota Joaquina, a rainha portuguesa e herdeira do trono espanhol, não. Temos desde o início dos debates políticos daquela época uma disputa entre portugueses liberais e absolutistas, dentre estes últimos, nobres lusitanos, mas com interesses dinásticos na Espanha. Havia um movimento dentro de Portugal para que a Espanha impusesse o absolutismo e, quem sabe, unificasse as duas Coroas, como aliás já tinha acontecido em épocas posteriores. Essa guerra de ideias perpassava a própria família real, pois opunha Dom João VI e Carlota Joaquina, e os filhos do casal, Pedro e Miguel. O primeiro era diretamente ligado ao grupo português de tendência liberal, enquanto o segundo, Miguel, era ligado à sua mãe, Carlota Joaquina, ao absolutismo e à Coroa espanhola. Essa diferença era muito evidente e originada até mesmo, segundo algumas fofocas correntes naquele tempo, à paternidade de Miguel, largamente contestada como de Dom João VI. Há vários supostos pais de Miguel, entre eles, o Sexto Marquês de Marialva, Pedro José Coutinho. Outros pretendentes menos nobres são um jardineiro do Palácio de Queluz e um mordomo da Quinta do Ramalhão, outro palácio da região de Sintra.

Figura 2.2 – Dom João VI e Carlota Joaquina, retrato por Manuel Dias de Oliveira, 1810-1820.

Fonte: Museu Histórico Nacional.

Um retrato feliz de um casal que tinha todas as diferenças possíveis.

A posição de Dom João VI era o equilíbrio entre essas duas correntes. Curiosamente, era pouco amado pelos dois grupos. Os liberais achavam-no um rei fraco, com pouca disposição para o debate político, não uma sólida referência, como era o monarca britânico. E um rei, embora sem poderes políticos efetivos, estes já nas mãos do Parlamento, mas com poder simbólico e presença marcante, daria legitimidade ao novo regime constitucional.

Dom João VI era odiado pelos absolutistas, pois ele tinha jurado uma Constituição e aceitado um Parlamento, ou seja, o rei era fraco para os liberais e ainda mais fraco para os absolutistas. Por sua notória indecisão e dubiedade, Dom João VI sabia muito bem ser um sobrevivente por si mesmo: com ela, escapara de Napoleão. Por que não havia de escapar dos debates políticos portugueses?

Em 1823, o regime liberal colapsou. Houve um golpe militar com apoio da Espanha, que tinha passado pelo mesmo processo. O rei Fernando VII também tinha retomado o poder centralizado no rei naquele país e era uma sólida influência para os absolutistas portugueses. As Cortes foram fechadas. O nome do episódio é Vilafrancada, pois os militares que tomaram o poder em Lisboa partiram da região de Vila Franca, perto da capital. Era o início de um longo e doloroso estica e puxa entre liberais e absolutistas, e entre Dom João e Carlota Joaquina, que em breve seria seguido por Pedro e Miguel, os irmãos.

Dom Miguel tentou tomar o poder do pai, com apoio jubiloso de sua mãe e da Espanha. Mas, para seu desespero, Inglaterra e França não deram apoio ao seu regime, pois temiam uma volta do absolutismo em toda a Europa. Naquele tempo, ingleses já eram parlamentaristas há séculos, e a França era governada por Luís XVIII, um rei que preferia uma opção não absolutista, embora fosse herdeiro direto da dinastia Bourbon, a mesma que tinha sido retirada do poder à força pela Revolução de 1789. Sem apoio das duas grandes potências europeias, Dom Miguel não conseguiu seu intento, e João VI manteve-se como rei. O Parlamento português foi reaberto e o regime monárquico liberal mais ou menos se manteve.

Por que dizemos "mais ou menos"? Porque estava evidente que a opção liberal era pouco popular em Portugal, pois o clero, parte do exército, quase toda a nobreza e a maioria da população mais pobre eram adeptos do absolutismo, seja por interesses políticos e econômicos, seja por uma opção afetiva ao rei como uma referência divina. Já entre os liberais, o apoio vinha da burguesia urbana e dos poucos intelectuais mais conectados às novas ideias do resto da Europa. Na década de 20 do século XIX, nem tão novas assim, pois já tinham sido aplicadas tanto pela Revolução Francesa como por Napoleão.

O regime liberal manteve-se em Portugal, principalmente por apoio externo. Havia um jogo internacional envolvendo França e Inglaterra, pelo lado liberal, e Espanha pelo lado absolutista. Dom João VI se manteve no poder, afinal. De novo, sua ambiguidade conseguiu mais uma proeza: escapou de um golpe absolutista dado pelo próprio filho. Miguel exilou-se na Áustria, não à toa, o mais absolutista dos regimes europeus, comandado pelos poderosos Habsburgos. É possível, mas não documentado efetivamente, que a dinastia Habsburgo estivesse conspirando para uma volta do absolutismo em Portugal, via Dom Miguel.

É exatamente nessa época, em 1825, e sob pressão inglesa, como vimos, que Portugal finalmente reconhece a independência do Brasil. Por isso, explica-se a fantasia de Dom João VI como o rei legítimo do Brasil que passara o cargo por mera vontade a seu filho, Dom Pedro: era uma forma de dar legitimidade a um rei que por pouco não tinha sido deposto.

Apesar disso, Dom João VI, sempre um mestre em escapar de situações políticas complexas, foi finalmente derrotado. Após uma refeição de café da manhã, que no caso de Dom João VI era sempre farta, o rei passou mal. Pouco tempo depois, faleceu, em 10 de março de 1826. Durante muitos anos a suspeita de um assassinato foi sempre presente. No ano 2000, exames feitos nos restos mortais do rei mostraram grandes quantidades de arsênico, um veneno incolor e inodoro. É altamente provável, mas não documentado, que a autora do assassinato seja Carlota Joaquina. Os caminhos de Sintra criavam mais uma história misteriosa.

A morte de Dom João VI permitiu uma desestabilização política em Portugal, que era tudo o que o grupo de Carlota Joaquina queria. E um dilema tão intenso quanto o do eu lírico de Álvaro de Campos em sua estrada de Sintra: passado ou futuro de Portugal? No caso, a escolha entre um Portugal liberal, voltado às novas ideias dos movimentos constitucionalistas europeus ou um Portugal absolutista, eclesiástico e passadista, tradicional em suas estruturas políticas e culturais. O rei era um ponto de equilíbrio entre essas duas correntes. Morto, abria-se um espaço para uma disputa, inicialmente política, posteriormente, guerra aberta.

Mesmo o mais pessimista não imaginaria o que iria ocorrer posteriormente com essa disputa, após a morte do rei. Sua despedida da História e da vida traria a seu país um período trágico de guerra e violências.

2.2 Caim e Abel: a eterna luta entre irmãos

Como a história bíblica dos irmãos Caim e Abel, Pedro e Miguel eram diferentes em tudo. O primeiro, filho efetivamente de seu pai, era liberal na ideologia, embora fosse personalista no exercício do poder. Miguel, filho só de sua mãe, era absolutista, porém cauteloso, quase ardiloso, na prática política. Miguel sabia esperar o momento certo para assumir o poder. Pedro criava o momento com sua impetuosidade.

Quando Dom João VI morreu, Miguel percebeu que aquele era seu momento. Saiu de seu exílio em Viena e pretendeu assumir o poder imediatamente. No mesmo momento, Dom Pedro I, o filho mais velho e presumível herdeiro, ficou em um dilema: se assumisse o trono português, poderia reunificar as duas Coroas, e a independência do Brasil correria risco. Mas, se não assumisse o trono português, era Portugal que corria o risco de ser absolutista e talvez um mero fantoche da Espanha.

Como vimos, ele tentou conciliar o dilema com a possível abdicação em favor de sua filha, Maria da Glória, que iria se casar com seu irmão, afastando-o da linha sucessória. Não teve sucesso: Miguel assumiu o trono em definitivo.

Esse período já foi explorado no capítulo anterior. O que nos interessa a partir de agora é encaixar o tempo entre a abdicação do trono brasileiro e a derrota de Miguel. Uma vez no trono português como Miguel I, as esperanças de uma política mais conciliadora acabaram. No trono, o novo rei passou a perseguir com violência liberais, imitando em tudo o que o rei espanhol, Fernando VIII, tinha feito quando reassumiu o cargo com plenos poderes.

O futuro em Portugal não parecia ser apenas absolutista, mas um governo repressor e reacionário, palavra que aqui merece ser dita com exatidão. Livros eram proibidos, e pessoas com ideias diferentes eram exiladas, mortas ou presas por tempo indeterminado. O apoio que a população dava ao absolutismo perdeu-se em pouco tempo. Apenas a nobreza e o clero mais elitistas apoiavam a repressão, vista como necessária para que Portugal retornasse à sua "identidade": mais do que política, o novo governo de Miguel I queria mesmo era apagar do tempo histórico as ideias reformistas e iluministas que tinham raízes em Portugal desde o Marquês de Pombal. Era um mergulho profundo nas sombras da estrada de Sintra e uma negação total de um Portugal integrado à Europa moderna. Em outros momentos na história daquele país, como na ditadura de Salazar, no século XX, este desejo de se enterrar no passado também esteve presente, e sempre aliado à repressão.

Dom Pedro I abdicou do trono brasileiro e voltou à Europa em 1831. Sua missão era quase impossível: tomar o trono português, implantar uma monarquia liberal e integrar o país na Europa moderna. Dom Pedro e alguns amigos fiéis, entre eles o Chalaça, desembarcaram na França, na atual cidade de Cherbourg-en-Cotentin, na região da Normandia, onde há uma rua com seu nome. A mesma região, um século depois, veria o heroico desembarque de soldados aliados na Segunda Guerra Mundial, em luta contra os nazistas. Igualmente heroico, embora bem menos numeroso, foi o desembarque de Pedro e seus amigos. Algumas dezenas apenas. Um exército que estava destinado a uma derrota certa. A História pode realmente surpreender.

Pouco tempo depois, estava em Paris. A imprensa da época noticiou o fato com destaque, embora reis e imperadores não fossem uma novidade na França. Pedro teve um inesperado apoio: em 1830, houve uma revolução na França, derrubando o rei absolutista Carlos X e criando um novo regime, com o novo rei, Luís Filipe, apelidado de "o rei burguês", dando apoio à causa liberal. Pedro tinha uma conjunção internacional que lhe permitia dar prosseguimento à sua tarefa. Na prática, a França não lhe deu sólido apoio militar ou financeiro, mas pelo menos não apoiou o governo de Miguel. As suas conexões militares eram mais fortes na Inglaterra, fruto das relações que ele construiu desde a guerra de independência brasileira, incluindo aí a maçonaria inglesa, sempre a fomentadora das ideias liberais e iluministas.

Nesse momento, os poucos liberais portugueses restantes estavam quase todos isolados na ilha Terceira, arquipélago dos Açores, enquanto Dom Pedro ia para a Inglaterra para conseguir apoio à sua causa. Deixando a esposa, Maria Amélia, e sua filha, a herdeira Maria da Glória, em lugar seguro em Londres, Pedro ruma até a ilha. Reúne-se com os liberais e dali desembarca na cidade do Porto, norte de Portugal. A chance de ganhar a guerra era mínima.

Mal armados, com apenas algumas centenas de apoiadores e com apoio internacional que naquele momento era só promessa, poucas armas e quase nenhum dinheiro, sua luta teve tons heroicos. A cidade do Porto tinha sido a sede da primeira revolução liberal de 1820 e foi entusiasta de Pedro. Junto dele, estavam dois importantes intelectuais portugueses. **Almeida Garret** tinha sido revolucionário liberal em 1820 e exilado na Inglaterra durante o período absolutista. Ali conheceu as obras românticas dos escritores ingleses, principalmente Walter Scott e seu romance **Ivanhoé**. Se o leitor aprecia histórias de cavaleiros e ambientes medievais, temas de várias séries e romances contemporâneos, deveria conhecer esta obra, a origem desse tipo de narrativa. Garret foi um dos principais nomes do Romantismo português e uma de suas obras mais conhecidas, **Viagens na Minha Terra**, é uma reflexão profunda sobre a herança medieval portuguesa e sua relação com o futuro do país.

Na mesma linha nacionalista romântica, **Alexandre Herculano** segue uma trajetória próxima. Também exilado na Inglaterra durante a repressão absolutista, ali igualmente absorveu o Romantismo e suas histórias de heroísmo, nacionalismo e fantasias medievais. Seu romance **Eurico, o Presbítero**, é uma espécie de Ivanhoé português, com heróis medievais que expressam a formação da identidade cristã portuguesa em plena Idade Média. Ele também foi historiador e organizador da memória nacional, trabalhando muitos anos na preservação de documentos históricos depois da guerra civil. Ambos desembarcaram com Pedro nas ilhas e, posteriormente, lutaram no Porto e nas batalhas até a conquista de Lisboa, raro caso de intelectuais que lutaram ativamente por suas causas, antecedendo em um século o que ocorreria na vizinha Espanha durante os anos 30 do século XX, na Guerra Civil Espanhola, da qual participariam tantos artistas e intelectuais de sua época.

Uma vez tomada a cidade do Porto, o resto da guerra de Pedro contra Miguel seria fácil, não? Até hoje fica a dúvida de como aquela cidade foi tomada por um exército tão pequeno e mal equipado.

Uma hipótese bastante provável envolve a maçonaria. Pedro, Garret, Herculano e vários outros liberais eram maçons. Uma parte importante do oficialato militar português também. É possível que o comandante das tropas portuguesas da cidade fosse simpático à causa liberal de Pedro. A cidade foi tomada quase sem resistência, e uma grande quantidade de armamentos foi deixada para os revoltosos. Pode ser apenas erro ou coincidência, nunca saberemos, mas a sequência da guerra foi dramática. Após a cidade ter sido dominada por Pedro, houve um cerco feito por tropas fiéis ao rei Miguel. Um cerco longo e doloroso que durou mais de um ano, com fome, doenças e desespero da população urbana. Parecia então que vencer a guerra e tomar a capital, Lisboa, seria impossível. Foi neste momento dramático que a Inglaterra interveio. Uma frota de guerra inglesa atacou o sul de Portugal, desembarcando soldados e marchando até o centro do país. Naquele momento, o exército de Pedro rompeu o cerco e também conseguiu avançar até Lisboa.

Mais uma vez, o apoio externo era fundamental para a política interna portuguesa, e mais uma vez a Inglaterra era decisiva. E para piorar a situação dos absolutistas, outro fator foi decisivo: o rei da Espanha, Fernando VII, sólido fiador de Dom Miguel, faleceu em 1833. Curiosa situação similar passou a ser a do vizinho ibérico, pois os dois herdeiros do trono, Isabel, com 13 anos, e Carlos, o príncipe mais velho, com 45 anos, passaram a disputar a sucessão real. E tal como em Portugal, o grupo liberal espanhol era ligado à menina, enquanto os absolutistas, chamados de "carlistas", queriam manter o novo rei como Carlos V. Também lá ocorreu uma guerra entre os dois grupos, impedindo a Espanha de apoiar decisivamente Miguel. Isabel II conseguiu vencer os absolutistas, mas seu reinado foi instável, com constantes tentativas de golpe. Como se vê, foi tortuoso o caminho liberal para vencer o absolutismo na Península Ibérica.

Sem apoio externo e com cada vez menos apoio interno, Miguel I abandonou o país. Exilou-se de novo, desta vez na região de Baden-Württemberg, atual Alemanha, onde viria a falecer. Só voltaria a Portugal morto, seu corpo foi enterrado, no panteão da dinastia Bragança, na igreja de São Vicente de Fora, Lisboa. Curioso destino, pois algum tempo depois o corpo de seu irmão, Pedro, seria enviado ao Brasil. Nem depois de mortos os dois irmãos conviveram por muito tempo.

2.3 Enterrem meu coração no Porto

Neste capítulo com tantas mortes de reis e príncipes, precisamos nos lembrar de Carlota Joaquina, a odiada rainha espanhola de Portugal e a principal suspeita do assassinato de seu marido, Dom João VI.

Isolada em Queluz, tóxica para a política portuguesa e renegada até mesmo por seu filho Miguel I, que sabia que seu governo seria negativamente afetado pela exposição de sua mãe tão detestada pelo povo português, viu com desgosto sua facção política ser derrotada, e seu filho, exilado. Faleceu no palácio, amargurada e solitária. Por cruel ironia, também está enterrada no mesmo panteão dos Bragança, ao lado de seu tão odiado marido. Um castigo eterno, com certeza... Para os dois.

Em um dos pontos mais turísticos de Lisboa, na região do Rossio, existe a praça Dom Pedro IV. Sua calçada de pedras portuguesas exibe um padrão de ondas que lembra muito o célebre calçadão de Copacabana, no Rio de Janeiro. De fato, os dois lugares partilham também um mesmo personagem: Dom Pedro I do Brasil e Dom Pedro IV de Portugal são a mesma pessoa.

Com a derrota de Miguel, assume o trono português Dom Pedro IV. Por lá, a contagem dos reis é diferente, por isso o número é outro. Mas a pessoa permanece a mesma, com as mesmas ambiguidades, os mesmos defeitos e as mesmas qualidades. Pedro IV deu a Portugal uma Constituição liberal, em 1834, praticamente uma cópia da brasileira. E, fiel à sua disposição centralizadora e personalista, passou a diminuir drasticamente os privilégios do clero e da nobreza. Deu anistia a políticos miguelistas, tentando pacificar o país. Neste momento, foi vaiado em pleno teatro de São Carlos pelos liberais, que queriam vingança contra as violentas repressões feitas pelo governo anterior. Descrito de forma dramática, o episódio é assim narrado por Laurentino Gomes (2010, p. 321):

> A platéia o recebeu com demorada vaia. Algumas pessoas jogaram moedas em sua direção, insinuando que teria vendido a própria honra ao contemporizar com os derrotados. Pálido, o imperador teve um acesso de tosse. O lenço branco ficou vermelho de sangue. Estava tuberculoso. Surpresa com a cena, a multidão fez silêncio.
>
> A vida de Dom Pedro IV estava perto do fim. Sua saúde era frágil, embora tivesse apenas 35 anos. Os anos de aventuras no Brasil, incluindo quedas de cavalos em alta velocidade, somados às privações da guerra em Portugal, a sífilis (uma doença venérea, hoje conhecida como DST, devido as suas aventuras sexuais variadas) foram acrescidos à tuberculose.

Meticulosamente, com a consciência de sua finitude iminente, deixou seu legado político muito bem definido. Sua herdeira seria sua filha, Dona Maria da Glória, irmã mais velha de Pedro II, uma brasileira a reinar sobre Portugal.

Até mesmo seu desejo mais sentimental e um pouco mórbido foi por ele descrito: queria que seu coração ficasse no Porto, cidade em que começou o primeiro levante liberal português e que foi tão decisiva na construção do legado político desta corrente no país. Assim foi feito. Seu coração está em uma urna, com formol, dentro de uma série de caixas, dentro de uma parede da Igreja da Lapa. Nas comemorações de 200 anos de independência, em 2022, o coração foi retirado daquela cidade e voltou ao país. Uma metáfora da própria identidade desse personagem tão complexo e, por isso mesmo, fascinante.

Seu coração batia mais forte pelo Brasil ou por Portugal? Talvez nunca saibamos. Se seu coração permanece no Porto, seu corpo voltou ao Brasil nos 150 anos de independência, em 1972, onde está enterrado diante do Museu Paulista, na cripta imperial, com os restos de suas duas esposas.

Pedro IV de Portugal morreu em 24 de setembro de 1834, no mesmo quarto em que nasceu. E talvez a derradeira mensagem e a mais importante de todas, ele deixou anotada cuidadosamente: era necessário que o Brasil abolisse a escravidão, vista por ele como o maior mal do país que ajudou a fundar. Pena que essa mensagem ainda levaria muitos anos para ser cumprida.

Figura 2.3 O quarto Quixote, no Palácio de Queluz (Sintra), onde nasceu e morreu Dom Pedro.

Fonte: Acervo do autor.

2.4 Uma rainha brasileira em Lisboa

Maria II assumiu o trono com 15 anos. Após uma violenta guerra civil entre absolutistas e liberais, imaginava-se que a paz teria um caminho sólido em Portugal. Infelizmente, as coisas não ocorreram como se imaginava.

A rainha casou-se três vezes. A primeira, como vimos, foi com seu tio, Miguel, um casamento arranjado para evitar a disputa dinástica. Tal arranjo sequer foi consumado, levando à anulação do casamento. Um segundo ocorreu com Augusto de Beauharmais, irmão da segunda esposa de Dom Pedro I, Maria Amélia. No caso, ela casou-se com o irmão de sua madrasta, pois Maria da Glória era filha do primeiro casamento de Pedro com Leopoldina.

Ele chegou a viver no Brasil e voltou a Portugal durante o curto reinado de Pedro IV. O casamento durou poucos meses, pois o príncipe morreu de tuberculose, com 24 anos. No século XIX, essa doença era generalizada, inclusive sendo motivo de temas literários constantes no Romantismo.

Finalmente, seu casamento real, no sentido mais concreto do termo, foi com Fernando de Saxe-Coburgo Gotha, sobrinho do primeiro rei da Bélgica, Leopoldo I, já que esse país conseguiu a independência em 1830. Com ele, Maria II teve 11 filhos vivos, dos 18 anos até sua precoce morte, aos 34 anos, a mesma idade da morte de seu pai. Apesar da crise econômica que permaneceu no reino, aos poucos a Corte de Lisboa tornou-se mais ligada aos costumes europeus franceses e ingleses. Até a vestimenta austera dos anos anteriores foi alterada para modelos parisienses e londrinos.

Essa modernização esbarrava em um dado muito concreto: sem o Brasil e com as colônias da Ásia pouco lucrativas, Portugal vivia em estado de pobreza. E, para piorar, as duas tendências, a liberal, agora no governo, continuava a entrar em choque com os grupos mais conservadores, agora não mais absolutistas, mas ligados às tradições rurais e eclesiásticas. Esta dualidade entre um Portugal urbano e um rural ainda permaneceria por muitos anos. Em Lisboa, foi inaugurado o Teatro Nacional, que leva o nome da rainha, Dona Maria II. O principal propositor da ideia era Almeida Garret, então político, cuja proposta era justamente modernizar o ambiente intelectual português. Dentro do grupo liberal começam a surgir diferentes correntes intelectuais e ideológicas. O principal nome do governo de Maria II era o ministro Costa Cabral, maçom liberal e uma espécie de Marquês de Pombal do século XIX, modernizador do Estado português. Porém, o Portugal rural e tradicional se revoltava com modernidades: a proibição de enterros nas igrejas, medida higiênica, mas contrária aos costumes seculares católicos, deu início a uma rebelião conhecida como "Revolta da Maria da Fonte", formada por camponeses liderados por um padre chamado Casimiro, na região rural e tradicional do Minho.

O projeto modernizador foi impedido. O ministro exilou-se na Espanha. Outro arremedo de guerra civil começou entre "modernizadores" e "tradicionalistas", enfraquecendo o governo de Maria II. No entanto, seu governo também teve problemas com os grupos liberais mais radicais, conhecidos como setembristas, que desejavam substituir a Constituição de Pedro IV por uma nova lei, promulgada em uma eleição geral e com mais participação popular, alguns deles, até mesmo, republicanos.

Ao morrer, Dona Maria II deixou como herdeiro Dom Pedro V. Monarca jovem que assumiu o trono com apenas 18 anos e teve como seu principal mentor o escritor Alexandre Herculano, velho amigo de Dom Pedro IV, seu pai. Muito provavelmente, foi um dos reis mais amados em Portugal. É dele e de seu ministro Antônio Maria de Fontes Melo, um jovem engenheiro com ideias novas, a proposta de uma mudança drástica na economia portuguesa. Não à toa, ficou conhecida como **Regeneração** ou **Fontismo**. Basicamente consistiu em construir uma rede de comunicações por todo o país para ampliar o comércio interno, favorecer a produção agrícola e fabril, e integrar a economia portuguesa na era da industrialização e da técnica. Vias férreas, telégrafos, fábricas e melhorias na agricultura foram um sopro de modernidade em um país ainda rural e arcaico. Um jovem rei com ideias novas e seu ministro ousado. Podemos dizer que foi o herdeiro mais sólido do pensamento modernizador de Pedro IV.

Morreu prematuramente aos 24 anos de febre tifoide, sendo sucedido por seu irmão mais novo, Dom Luís I. Igualmente bem preparado, poliglota e modernizador, manteve o projeto de industrialização portuguesa, tendo atuado no governo o mesmo ministro Fontes de Melo. Em seu período foi inaugurado um monumento que é até hoje um dos símbolos do país e que leva o nome do rei: Ponte Dom Luís. Essa estrutura metálica que liga a cidade do Porto a Vila Nova de Gaia foi projetada por Gustave Eiffel, o que é claramente visível em sua estrutura. Mais uma mostra deste ímpeto modernizante que levaria Portugal a uma integração com a Europa industrial e tecnológica de seu tempo.

Em 1882, suprema modernidade, os primeiros telefones começaram a ser instalados em Lisboa e, em 1886, foi inaugurada esta que é um dos lugares mais sofisticados até hoje da cidade, a Avenida Liberdade. Embora fossem visíveis os melhoramentos, a economia portuguesa continuava ainda pequena e limitada em relação aos países mais ricos da Europa, e quase metade da exportação era de vinho, uma dependência perigosa. É nesse contexto que surge a Questão Coimbrã, uma sequência de debates entre os mais velhos escritores românticos, ainda apegados a um certo nacionalismo e tradicionalismo dos costumes e da identidade portuguesa e os jovens escritores adeptos das ideias técnicas, científicas e estéticas, como o Naturalismo e o Realismo. Entre eles, um gênio da literatura portuguesa, **Eça de Queiroz**.

Como se vê, os dilemas da estrada de Sintra, passado ou futuro, ainda eram presentes na sociedade portuguesa e assim permaneceriam na passagem do século XIX ao XX. Talvez permaneçam até hoje.

Figura 2.4 – Ponte Dom Luís, no Porto.

Fonte: Acervo do autor.

Como dito anteriormente, a cidade do Porto foi o foco das revoltas liberais desde o início do século XIX, e dali partiu Dom Pedro para tomar o poder e modernizar o poder político de Portugal. É justo que seja nela que exista uma estrutura modernizadora, uma clara referência à engenharia mais sofisticada de seu tempo.

3 NINGUÉM SABIA MUITO BEM DO TEMPO: REGÊNCIAS E REVOLTAS

3.1 O PEQUENO PRÍNCIPE: O REI MENINO QUE AINDA NÃO É

Numa das cruzes havia um nome e uma pequena inscrição:

ANA TERRA
Descanse em paz.

Não havia datas. Esse era um característico das gentes daquele lugar: ninguém sabia muito bem do tempo. Os únicos calendários que existiam no povoado eram da casa dos Amarais e do Vigário, o padre Lara. Os outros moradores de Santa Fé continuavam a marcar a passagem dos anos pela Lua e pelas estações. E, quando queriam lembrar-se de um fato, raros mencionavam o ano ou o mês em que tinham passado, mas ligavam-nos a um acontecimento marcante na vida da comunidade. Diziam, por exemplo, que tal coisa tinha acontecido antes ou depois da praga de gafanhotos, dum inverno especialmente rigoroso que fizera gelar a água das lagoas, ou então de uma peste qualquer que atacara o trigo, o gado ou as pessoas. Muitos sabiam de cor o ano das muitas guerras. Os velhos diziam "Foi na guerra de 1800..." ou "Foi na de 1811"... "ou 1816...ou 1825". Mas no espírito da maioria, principalmente no das mulheres – que faziam o possível para esquecer as guerras –, essas datas se misturavam. Era por isso que o túmulo de Ana Terra não tinha datas (Veríssimo, 1978, p. 184).

Em obra memorável, o escritor gaúcho Érico Veríssimo constrói a trajetória de seu estado natal desde o século XVIII, período da ocupação colonial e das lutas violentas contra as populações nativas e contra os colonos espanhóis, até o ano de 1945, quando o mais importante gaúcho da História do Brasil, Getúlio Vargas, foi deposto da presidência. As duas famílias que dão o eixo condutor da narrativa, os Terra e os Cambará, se entrelaçam em histórias de vinganças, ódio, paixões e guerras. A obra toda é composta de sete romances, pela ordem, **O Continente**, 1 e 2, **O Retrato**, 1 e 2 e **O Arquipélago**, 1,2 e 3. Cada um desses romances pode ser lido de forma independente, embora uma das riquezas desta construção literária de alto nível seja exatamente o arco cronológico exposto: uma verdadeira História do sul do Brasil, com um apurado olhar sociológico e político, sem perder nunca de vista a estética e a psicologia complexa dos personagens. Saga das mais belas que a literatura regionalista brasileira já construiu.

O trecho destacado pertence a uma divisão do romance **O Continente**, parte 1, chamada *Um Certo Capitão Rodrigo*. A história se passa no início do século XIX, e o personagem título vai participar da maior das rebeliões da época imperial, a Farroupilha. A revolução separatista e republicana, por pouco não levou a uma separação do Rio Grande do Sul e de Santa Catarina do resto do Império, o que, muito provavelmente, levaria a novas revoltas e novas separações em outras regiões. Como o trecho demonstra, o sul do Brasil no século XIX ainda vivia em um outro tempo: "Não havia datas. Esse era um característico das gentes daquele lugar: ninguém sabia muito bem do tempo". Era como se a região não estivesse no mesmo tempo histórico do centro político do Brasil. A modernidade ainda não chegara naquelas terras tão distantes e com uma lógica tão própria. Quase como uma terra mística, mais distante na forma de ver o mundo do que na geografia, o extremo sul do Brasil não tinha o senso de pertencimento ao resto do país.

O túmulo da personagem Ana Terra não tinha datas, pois a memória é diferente em cada comunidade, regionalizada, voltada a si mesma.

Tal é a dinâmica do Brasil pós-I Reinado. Sem um centro simbólico do poder, **as regiões do país passam a ter uma lógica interna**. Não é à toa que se usa o termo império, e não reino: reino significa um povo com um governante, com unidade cultural e política. Império faz referência a um conjunto de povos, culturas e identidades, reunidos sob um poder acima dessas identidades. Quando o imperador deixou o Brasil, este laço que conecta as diferentes regiões perdeu sua trajetória e seu sentido único. Cada um por si.

Dom Pedro I beijou a face do menino Pedro, e este garoto de cinco anos nunca mais viu seu pai. A saída do Brasil foi em plena madrugada. A dramática despedida é só o início de uma infância que deve ter sido difícil do ponto de vista afetivo. Há várias boas biografias de Pedro II, mas neste espaço é fundamental lembrar que a trajetória política do futuro imperador tem um intervalo de 10 anos entre a abdicação de seu pai e a coroação do filho. Vamos aqui chamá-lo de Pedro II por conveniência didática, mas por enquanto ele é apenas um menino tentando ter uma vida normal.

Normal sua vida nunca foi. Desde cedo, foi muito bem preparado. Pedro I deixou o garoto aos cuidados de José Bonifácio, um dos nomes mais sábios da história do Brasil. Sua mãe, Leopoldina, falecida quando ele tinha um ano, sonhava que o garoto fosse a continuidade da linhagem Habsburgo. Pedro II mereceu. Muito provavelmente foi o governante mais intelectualizado que o Brasil jamais teve e a comparação de sua formação com os presidentes da República, salvo raras exceções de tempos em tempos, é embaraçosa. Ele sabia corretamente várias línguas, entre elas o alemão, o francês, o italiano e o inglês, e, durante uma de suas viagens ao Oriente Médio, conta-se que ele debateu em hebraico com rabinos judeus. Também tinha sólidos conhecimentos em quase todas as áreas e foi um apaixonado tanto pela mais moderna tecnologia de sua época como pela arqueologia. Mais adiante, teremos um espaço dedicado à formação do imperador e às suas principais ideias e visões de mundo.

Embora este livro não pretenda ser uma biografia de Pedro II, é necessário aqui incluir sua esposa: Teresa Cristina de Bourbon Duas-Sicílias. O casamento foi feito por procuração após uma longa e difícil procura por nomes da nobreza europeia, vários recusados. A má fama que Pedro I tinha deixado por seus numerosos casos adúlteros no Brasil prejudicou seu filho, Pedro II. Finalmente, a procura foi encerrada e, em 1842, com 17 anos, Pedro II casou-se com Teresa Cristina. Ela sempre foi fiel a seu marido e ele, bem ao contrário do sempre impulsivo pai, sempre a tratou com respeito, educação e amizade. O casal teve no total quatro filhos: Afonso Pedro, morto prematuramente aos 2 anos; Isabel, que viria a assinar a Lei Áurea, casada com o nobre francês Gastão de Orléans, o Conde D'Eu; Leopoldina, batizada em homenagem à mãe de Pedro II, casada na Áustria e falecida prematuramente aos 23 anos. Seu filho, Pedro Augusto, neto predileto de Pedro II, foi preparado cuidadosamente para ser um possível herdeiro de Pedro II, mas acabou tendo sérios problemas psicológicos, vindo a falecer com quase 70 anos na Alemanha, após uma longa e difícil vida entre sanatórios e tratamentos psiquiátricos. E, Pedro Afonso, o segundo filho homem, também falecido muito cedo, com pouco mais de um ano.

Como podemos antever, Pedro II teve como sua principal herdeira ao trono sua filha mais velha, Isabel. E veremos adiante que, para além de uma certa hostilidade em relação ao Brasil ser governado por uma mulher (embora não houvesse na Constituição proibição ao cargo de rainha), Isabel também tinha outros motivos de ser malvista pela elite política brasileira. O jovem imperador Pedro II teve pouca descendência, ao contrário dos vários filhos, a maioria sequer reconhecida, de seu pai.

Neste momento, devemos entender que o rei menino é apenas uma promessa. Permaneceu seus primeiros anos em estudos e sociabilidades. Saber se comportar na Corte era parte da "pequena ética", ou seja, da etiqueta. Tão importante quanto estudos de mineralogia ou botânica era o saber falar e saber se comportar. De fato, um dia o Brasil teve um Habsburgo tropical. Pena que sua mãe não conseguiu ver seu sonho se tornar realidade.

A Constituição dizia que, em caso de vacância do imperador, o que é a situação por ele ser menor de idade, seria nomeada uma Regência Trina pelo Parlamento. O que isso significa? Quais as tensões políticas que ficam explícitas neste momento?

3.2 Só um pouco de política: partidos e parlamento

A abdicação de Pedro I contém um paradoxo: era desejada por quase todos os brasileiros, que viam o imperador como um absolutista autoritário, mas pegou a todos de surpresa, pois foi tomada sem nenhum aviso prévio e com o parlamento literalmente em férias. O Senado então encontrou uma saída constitucional e prática: nomeou **três regentes provisórios**, dentre os políticos que estavam no Rio de Janeiro:

- Francisco de Lima e Silva (pai do futuro Duque de Caxias, Luís Alves de Lima e Silva), senador e militar.
- Nicolau Vergueiro, senador paulista, um dos pioneiros da imigração europeia para o Brasil, já demonstrando a força política e econômica do estado.

- José Joaquim Carneiro de Campos, Marquês de Caravelas, senador baiano, diplomata e um dos redatores da Constituição.

Essa regência deveria chamar uma nova eleição, pois os parlamentares estavam fora da capital (lembrando que o Parlamento brasileiro era bicameral, havia o Senado e a Câmara dos Deputados). O que foi feito um mês depois, em maio de 1831. Foram escolhidos para a Regência Trina permanente:

- José da Costa Carvalho, Marquês de Monte Alegre, deputado baiano.
- José Bráulio Muniz, deputado maranhense.
- Francisco de Lima e Silva, ele mesmo. Mais uma vez.

Nota-se a presença de Francisco de Lima e Silva não apenas por ele ser uma referência política, mas também por ser um dos mais destacados militares do momento. Afinal, em uma época politicamente instável, o apoio das Forças Armadas acaba sendo fundamental.

Falamos em deputados e senadores. Havia partidos políticos no Brasil daquele tempo?

De forma organizada e hierarquizada, com estruturas definidas, não. Porém, curiosamente, em comparação com os partidos políticos brasileiros do atual momento da República, mais de 40 – e a maioria sem nenhuma ideologia reconhecível –, havia grupos ideológicos mais ou menos bem definidos: ou seja, não havia partidos, mas tínhamos ideias.

O grupo principal era formado pelos **moderados**. Liberais que procuravam manter a Monarquia com a atual Constituição e o Parlamento, sem grandes alterações políticas, sociais ou institucionais. O termo liberal aqui indica uma rejeição ao absolutismo e uma monarquia centralizadora, pois muitos desse grupo tinham defendido a abdicação de Pedro I exatamente por seu excessivo personalismo. Alguns criticavam o poder moderador como uma contradição ao liberalismo, mas, na prática, não propunham diretamente uma mudança constitucional ampla. Também eram liberais no sentido muito prático do livre-comércio e da não intervenção do Estado na economia o que, contraditoriamente, acabava sendo um argumento para a manutenção da escravidão (veremos esta associação contraditória entre liberalismo e escravidão adiante).

O outro grupo era dos **restauradores**, formado por portugueses há muito radicados no Brasil e que sonhavam com a volta de Pedro I. José Bonifácio fazia parte dele, embora não fosse português: sua inclinação a uma monarquia única, Brasil e Portugal, com a manutenção de dois parlamentos, um em cada país, leva-o a ter participação nesse grupo. Alguns desses, não era o caso de Bonifácio, eram absolutistas. Esse grupo perde seu argumento em 1834, com a morte do rei, em Portugal.

E, finalmente, os **exaltados**, críticos da centralização política no parlamento do Rio de Janeiro e do excesso de poder atribuído ao imperador na Constituição outorgada por Pedro I. Não necessariamente eram republicanos, mas descentralizadores. Uma parte deles, porém, passa a pensar que a República deveria ser a opção para o Brasil. Muitos acreditavam que o império era apenas uma solução de consenso inicial, uma etapa para a consolidação da independência e agora, sem Pedro I, era o momento de uma república. Também poderiam ser chamados de liberais, mas, nesse caso, acrescente-se a este termo a palavra "federação": liberais descentralizadores, mais próximos do modelo republicano americano do que do modelo monárquico britânico. Embora não fosse regra, muitos nesse grupo olhavam a abolição como uma necessidade modernizadora. Nesse sentido, eram mais apropriadamente liberais, sem o contorcionismo teórico de se associar a escravidão ao liberalismo.

Desses três grupos iniciais, dois vão se aglutinar durante o período regencial: **progressistas** e **regressistas**. E o que eles tinham de principal divergência? **A centralização ou não das decisões políticas e administrativas no parlamento do Rio de Janeiro.**

Os **progressistas** eram originários dos exaltados e de uma parte dos moderados. Sua proposta principal era descentralizar as decisões políticas, atribuindo às províncias (o equivalente aos estados de hoje) poder administrativo. Não havia naquela época, como há hoje, o equivalente a uma assembleia estadual, ou seja, sequer a população local das províncias era ouvida quando se tratava de quem iria exercer o poder em suas regiões. Tal centralização era duramente criticada pelos progressistas que diziam que este modelo de governo poderia levar o país ao separatismo: afinal, se as províncias não podiam tomar quase nenhuma decisão por si, então seria melhor separar-se do império.

Os **regressistas** tinham o argumento oposto: para manter a unidade do império, era necessária a centralização. Para eles, dar poder administrativo local era perder uma coerência que permitia ao Brasil manter-se como um país, já que as distâncias eram enormes e as comunicações entre as regiões eram precárias. Mais do que o poder simbólico do imperador, fator de unidade, também era preciso ter um poder unificado no parlamento, este no Rio de Janeiro.

O problema era que a representação no parlamento era desigual. Boa parte dos deputados e senadores era das províncias mais ricas e próximas geograficamente do núcleo do poder. Minas, São Paulo, Rio de Janeiro tinham bancadas bem estabelecidas, enquanto Rio Grande do Sul ou Pará mal conseguiam eleger deputados. E quando o faziam, eram em pequeno número. Os interesses políticos giravam em torno de poucas províncias e temas regionais eram quase sempre deixados de lado. Em um país que nasceu enquanto colônia com amplos poderes nas Câmaras Municipais, a província era uma espécie de vácuo administrativo e político. Por isso a opção republicana e federativa passava a ser atraente para muitos líderes políticos regionais. Porém, devemos ter claro que não necessariamente ser favorável à descentralização tornava-se ser contrário à Monarquia. Muitos progressistas eram monarquistas descentralizadores. Já a opção contrária ficava mais difícil, pois um regressista, por ser centralizador, naturalmente era favorável ao poder do imperador. Uma possível opção de uma república centralizada não estava no modelo político da época (somente com a ascensão do Positivismo tal opção passa a fazer parte do pensamento político, como veremos no capítulo 9 deste livro).

E por que este termo, *regressista?* A qual proposta o termo *progressista* se refere?

Em **1834**, houve uma mudança constitucional, a primeira da Constituição de 1824. Chamada de **Ato Adicional**, modificou a Regência Trina para uma **Regência Una**, sendo que o regente seria eleito. Muitos historiadores se referem a este período como uma "experiência republicana", afinal, um regente eleito poderia ser comparado a um presidente. O número de eleitores foi mínimo, pouco mais de cinco mil, em um país com cinco milhões de habitantes. O critério censitário da Constituição afastava a maioria dos votantes, e mesmo os que podiam votar, poucos se interessaram. Como o critério de votação era numérico, como vimos, 100 mil réis, e não mudou, a inflação durante o II Reinado criou um interessante processo democrático, pois mais gente podia votar com o tempo).

O que estava em jogo era o Poder Executivo, já que o regente uno poderia nomear os ministros, mas não poderia dissolver o parlamento, pois o Poder Moderador era exclusivo do imperador. A eleição foi acirrada e envolveu tanto as opiniões centralizadoras e descentralizadoras como as questões regionais, de maior ou menor representatividade no parlamento.

Dois candidatos. O ministro da Justiça da regência trina, **Diogo Antônio Feijó**, era padre, começou sua carreira política em Itu, foi membro das Cortes portuguesas a partir de 1820 e constituinte no projeto "da mandioca". Era opositor de outro importante político paulista, José Bonifácio, pois sua visão era liberal e mais descentralizadora, ao contrário da visão fortemente centrada no poder do imperador que Bonifácio sempre encarnou. O outro candidato era **Holanda Cavalcanti de Albuquerque**, membro de uma das famílias mais tradicionais de proprietários de engenho do Nordeste. Nascido em Pernambuco, teve sólida carreira política, ocupando vários cargos durante sua vida. Também era importante membro da Maçonaria, como o padre Feijó (como já vimos em livro anterior, padres maçons eram comuns no Brasil daquele tempo).

Votação disputada, Feijó ganhou por pequena margem de votos. A posição política dos dois era mais ou menos a mesma: liberais moderados descentralizadores, mas um mais ligado às elites regionais do Sudeste (Feijó tinha sólido apoio em Minas, já que em São Paulo, sua terra natal, tinha a forte oposição de Bonifácio), enquanto Holanda Cavalcanti de Albuquerque era a essência da elite açucareira nordestina.

É lugar comum chamar os dois de representantes da elite. Isso é verdade em grande medida. Em uma sociedade baseada na escravidão e com uma população dispersa na área rural, a simples possibilidade de ler um jornal e participar da vida política e eleitoral já era um excludente enorme. A própria alfabetização era restrita a poucos. **Mas não podemos**

simplificar que, sendo de elite, os deputados e senadores pensavam da mesma forma. Havia diferentes visões de país e disputas de pontos de vista. Por isso mesmo, os termos regressista e progressista se explicam. **Era progressista quem acreditava no Ato Adicional de 1834 e apoiava o ponto de vista dos liberais moderados: maior descentralização e autonomia regional**. A partir de certo momento, uma parte desta elite política muda de opinião, crescendo o grupo dos **regressistas: estes achavam que a descentralização tinha "ido longe demais", e era necessária uma volta ao poder mais centralizado**.

> Fui liberal; então a liberdade era nova no país, estava nas aspirações de todos, mas não nas leis; o poder era tudo: fui liberal. Hoje, porém, é diverso o aspecto da sociedade: os princípios democráticos tudo ganharam, e muito comprometeram; a sociedade, que então corria risco pelo poder, corre risco pela desorganização e pela anarquia. Como então quis, quero hoje servi-la, quero salvá-la; por isso sou regressista.

Bernardo Pereira de Vasconcelos, deputado e depois senador, escreveu esse discurso em 1838, já no auge das revoltas regenciais, que veremos a seguir. O termo liberal no início do discurso é uma referência a uma posição crítica em relação a Dom Pedro I e a excessiva centralização de poder da Constituição de 1824 e um suposto absolutismo do imperador. Passados alguns anos, e após o trauma das revoltas regenciais e do separatismo, uma parte importante dos que apoiaram o Ato Adicional entende que é necessária uma volta ao poder centralizado, embora ainda mantendo alguns pontos da reforma constitucional. Eis a origem do termo regressista. Veja que no discurso ele não diz que era contrário ao liberalismo: Bernardo Pereira de Vasconcelos sempre defendeu uma monarquia constitucional, e ser regressista aqui não significa ser absolutista. Mas, no contexto daqueles conturbados anos de revoltas, à sua posição liberal acresce-se uma visão centralizadora da administração e da política.

Aqui temos a origem dos dois partidos políticos do II Reinado: o Liberal e o Conservador. O Partido Liberal era adepto de uma maior descentralização, e o Conservador era centralizador. Veremos adiante que a essas duas ideias haverá outras diferenças, inclusive sociais.

O que o Ato Adicional de 1834 fez de mudança descentralizadora?

• Mudou a Regência Trina para Regência Una

Essa mudança poderia ser entendida como centralizadora, afinal, de três regentes, permanece apenas um. Mas esta interpretação é enganosa, pois o que realmente importa é o item abaixo.

• Criação das Assembleias Provinciais

Não havia, como vimos, uma assembleia eletiva entre as câmaras municipais e o parlamento bicameral imperial. Assim, existiam o vereador, o deputado e o senador, mas não o equivalente a um deputado provincial (hoje, estadual). A criação das assembleias provinciais (hoje, estaduais) era uma antiga reivindicação descentralizadora, atendida pelo grupo liberal moderado durante a Regência Una de Feijó. **Essa é a essência do Ato Adicional e o que o define como descentralizador**, portanto, nos termos da época, progressista.

- Manutenção do Presidente de Província, nomeado pelo Imperador:

O ancestral do atual cargo de governador do estado, mas não eleito, pois indicado pelo Imperador, vinha desde a Constituição de 1823. É uma contradição entre uma assembleia provincial eleita pela população local e um presidente de província indicado pelo poder central. Mas uma forma de conciliar os interesses descentralizadores e centralizadores do parlamento.

Temos aqui um dos pontos de maior tensão política no Período Regencial: a oposição entre o Presidente da Província, nomeado pelo governo central (na época a Regência Una) e as novas Assembleias Provinciais. Fazendo uma comparação com os dias de hoje, seria como se o governador de um Estado fosse escolhido pelo presidente, enquanto os deputados estaduais fossem eleitos pela população local. As chances de um embate de poder entre esses dois polos administrativos e políticos eram grandes. Pelo Ato Adicional, liberal e descentralizador, a maioria das decisões políticas cabia à Assembleia, inclusive o sempre problemático tema de criar impostos, uma das principais causas da Farroupilha, como veremos.

- Criação das Guardas Nacionais

Aqui o nome engana: não é *uma* guarda nacional, mas no plural. As Guardas Nacionais na verdade eram tropas regionais, militarizadas e sob o comando do presidente da província. Foram criadas como forma de conter as revoltas que ocorriam em todo o país. A questão é complexa, pois envolve ao mesmo tempo um interesse centralizador, afinal, o presidente da província era nomeado pelo imperador, e a tropa regional a ele estava subordinada, porém dava à província uma força militar regional própria, independente do exército imperial, este subordinado diretamente ao imperador.

As Guardas Nacionais são a instituição que deu origem às polícias militares estaduais dos dias de hoje. E, também, estão na origem de um tipo de mandonismo local que será duradouro na República: o **coronelismo**. Geralmente, o "coronel" era o fazendeiro local, que alistava entre a tropa regional das Guardas Nacionais o seu próprio grupo de trabalhadores privados. Resumindo: é como se o soldado da polícia militar estadual não fosse concursado como é hoje, mas escolhido entre os trabalhadores privados do fazendeiro poderoso da localidade. Uma evidente confusão entre o público e o privado de longa duração na construção das instituições brasileiras.

Se houve mudanças descentralizadoras trazidas pelo Ato Adicional, então, por que ocorreram revoltas nas províncias? Afinal, a descentralização não era exatamente o que as elites políticas e econômicas locais queriam? Veremos que a equação não é tão simples assim.

3.3 O Brasil é um país pacífico? Revoltas regenciais

O Brasil é um país pacífico. Não tivemos guerras ou conflitos extremos, e nossa tradição é de negociação e resolução de disputas pelo diálogo. Se essa visão fosse verdade, não teríamos os índices de violência cotidiana que temos nos dias de hoje, números de guerra sem estarmos em uma. E, mesmo em nosso passado, a paz não estava presente em nossa História. Poucas vezes uma construção narrativa foi tão tomada como verdade e não é: a ausência de guerras externas contra Estados, estas, sim, pouco presentes em nossa trajetória, não nos autorizam a dizer que a sociedade brasileira é pacífica. Infelizmente, a violência é presença quase constante em nossa história.

As revoltas regenciais foram causadas pelo Ato Adicional, por ele ser descentralizador? Ou seria o contrário? As elites regionais queriam ainda mais descentralização? Essa simplificação não cabe. As causas das revoltas regenciais são variadas e complexas. Não é possível associá-las diretamente às disputas políticas, embora se conectem a elas de variadas formas.

A mais importante foi a **Guerra dos Farrapos** ou **Farroupilha**. É um marco da identidade do Rio Grande do Sul até hoje. A atual bandeira do estado é a bandeira da república criada pelos revoltosos. A sede do governo em Porto Alegre, Palácio Piratini, é referência a uma cidade distante aproximadamente 320 quilômetros de Porto Alegre e que foi a primeira capital do novo país, República Piratini, também chamada de República Rio-Grandense, proclamada em 1836. Há várias referências culturais ao movimento na arte e na cultura gaúchas, destacando-se o romance **A Casa das Sete Mulheres**, escrito por Letícia Wierzchowski, de 2002. Na obra citada no início do capítulo, **O Tempo e o Vento**, de Érico Veríssimo, a guerra dos farrapos ocupa parte significativa da trilogia. Cidades do estado são batizadas com nomes de personagens e eventos da guerra: Bento Gonçalves, Garibaldi, Caxias do Sul, Farroupilha. O 20 de setembro é feriado estadual, dia da proclamação daquela república. República que, afinal, não se concretizou. E essa dualidade é presente em parte da história até hoje: os revolucionários queriam ou não uma separação do Brasil? A pergunta é simples, a resposta, nem tanto.

Quanto maior o mito de um evento histórico, mais difícil fica diferenciar o que realmente ocorreu. Muitas vezes a memória cristalizada torna-se uma névoa em torno das causas e do processo histórico ocorrido. Há importantes trabalhos feitos sob a Farroupilha, e é comum encontrar boas análises divergentes, ou seja, mesmo com sólida pesquisa e reflexão madura, diferentes historiadores podem chegar a pontos de vista discordantes sobre o movimento, o que é um exemplo de como a História pode ser fascinante, desafiadora e enganosa.

Neste livro não cabe uma discussão especializada, mas uma descrição inicial da essência daquele período.

O início do processo tem vários sentidos. Pode-se começar pela economia. O principal produto do Rio Grande do Sul era o gado, vendido em sua forma salgada, o **charque**, já que não havia ainda outro tipo de preservação da carne, como a refrigeração. Durante as primeiras décadas do século XIX, as guerras de independência da região platina beneficiaram os produtos brasileiros, que tinham pouca concorrência. A partir da década de 1830, com a estabilização da situação política tanto na Argentina, quanto no Uruguai, o charque gaúcho passa a ter uma concorrência quase impossível de vencer. Melhores pastos, raças europeias de melhor produtividade e até mesmo a abundância de sal na Argentina tornavam o produto gaúcho inferior ao do resto do Brasil. E para piorar, num gesto pouco racional, a carne importada do Uruguai pagava 4% de imposto, enquanto o mesmo produto do Rio Grande do Sul, 25%. Pode-se incluir a Farroupilha como uma **revolta tributária**: mais uma, na longa e esquecida história das revoltas tributárias brasileiras. A Inconfidência Mineira foi uma dessas. Mas não só no Brasil. A Revolução Americana de 1776 também é uma revolta contra impostos, e mesmo a Revolução Francesa inicia-se a partir de uma crise fiscal do reino.

Há uma tradição historiográfica que tende a apagar o tema "impostos" das revoluções e revoltas, focando quase exclusivamente na questão ideológica, como se os movimentos sociais tivessem de ser guiados somente por "nobres ideias" ou propostas de "mudar a sociedade". Sem desprezar as ideias ou os sonhos de mudança, muitas vezes é no bolso que começa uma grande revolução. E talvez nem precise de outro motivo que este: afinal, se o Estado aperta sua repressão fiscal até o limite da sobrevivência, qual a saída que uma sociedade tem, senão a revolta?

Portanto, dizer que a Farroupilha é uma revolta contra impostos, e isso seria diminuí-la, em nosso entendimento, é falsa consciência. Eis uma causa mais do que suficiente para uma revolta. Mas não faltaram outras propostas, de caráter ideológico, para o início do conflito armado. Estas ideias se relacionam com o debate político mais amplo daquele momento na Regência, centralização ou descentralização.

A província do Rio Grande do Sul sempre foi sub-representada no parlamento brasileiro. Poucos deputados e senadores, e quase nenhuma influência nas discussões mais amplas sob os destinos do país. O que se soma à legítima reclamação sobre os impostos: os poucos representantes gaúchos expressaram sua indignação contra a carga tributária sobre seu principal produto e só encontraram um silêncio tedioso do parlamento central no Rio de Janeiro às suas propostas.

Feijó era liberal e descentralizador, mas precisava para se manter no poder, equilibrar sua posição com a dos centralizadores que não aceitavam uma perda de poder para uma província. Na visão dos centralizadores, se uma única província conseguisse impor uma nomeação, passando por cima das prerrogativas do poder central, as outras poderiam seguir o mesmo caminho.

Um dos pontos que causaram a revolta armada foi a proposta de deposição do presidente da província (lembremos, equivalente ao que hoje seria o governador do Estado) Antônio Rodrigues Fernandes Braga. Apesar de ser originário do estado, para os fazendeiros gaúchos ele não estava atuando como deveria na defesa dos interesses destes produtores de gado. Eles desejavam que o novo presidente da província fosse escolhido pelos locais e que apenas uma nomeação formal fosse feita pelo poder central do Rio de Janeiro. Aqui vale lembrar que o Ato Adicional, ao criar o cargo de presidente de província, dava ao imperador o poder desta nomeação. No caso, durante a Regência, ficava ao cargo do regente uno, Feijó, ou seja, os fazendeiros locais queriam escolher o "governador" do Rio Grande do Sul, e não o regente. Uma contradição está na origem do movimento: o líder mais importante da Farroupilha foi **Bento Gonçalves**. Ele era deputado provincial e por ironia tinha indicado Braga como o presidente da província, ou seja, Feijó, enquanto regente, exatamente por ser liberal e descentralizador, tinha aceitado uma indicação de um local para o governo regional do Rio Grande do Sul. Então o que aconteceu de errado?

Braga criou um novo imposto, um tributo rural, gerando revolta entre os fazendeiros gaúchos. E por que ele criou esse imposto? Porque, ao criar o espaço político e administrativo das províncias, a Regência não criou nenhum imposto ou fonte de renda para ele. Um presidente de província sem uma fonte de renda específica equivalia a poder nenhum. Basta imaginar um governador de Estado hoje sem um imposto estadual ou uma transferência federal regular. O cargo existe, mas o poder efetivo, não.

Estamos no período regencial, mas tendo contato com temas bastante atuais na república: excesso de carga tributária, divisão de impostos entre governos centrais e regionais, autonomia ou centralização. Talvez as revoltas regenciais não sejam assim tão distantes no tempo. O túmulo de Ana Terra não tinha datas, de acordo com o trecho citado de Érico Veríssimo. Seria um aviso um pouco sinistro de que as mesmas questões permanecem até hoje no Brasil, desde o século XIX?

A guerra começou em 1835. Os farroupilhas, revoltados com o novo imposto criado pelo presidente da província, tomaram Porto Alegre, expulsando Fernandes Braga. Seria considerada uma vitória. Porém, tropas do governo central foram deslocadas até a região. Sem condições de manter a cidade, os farroupilhas recuaram para o interior. É neste momento em que a discussão política e tributária se torna guerra aberta que surgiu a possibilidade de um movimento separatista e republicano. É importante deixar claro que esse não era o objetivo inicial. Em 1836, com as tropas farroupilhas com o controle do interior do estado, é declarada a República Piratini.

Foi uma guerra longa, de 10 anos. É o maior movimento separatista da história do Brasil. Nas palavras do principal líder, Bento Gonçalves, em 1838, em seu Manifesto:

> Desligado o Povo Rio-Grandense da Comunhão Brasileira reassume todos os direitos da primitiva liberdade; usa destes direitos imprescritíveis constituindo-se Republica Independente; toma na extensa escala dos Estados Soberanos o lugar que, lhe compete pela suficiência de seus recursos, civilização e naturais riquezas, que lhe assegura o exercício pleno e inteiro de sua Independência, eminente Soberania e Domínio, sem sujeição ou sacrifício da mais pequena parte desta mesma Independência, ou Soberania à outra Nação, Governo, ou Potência estranha qualquer. Igual aos Estados Soberanos seus Irmãos, o Povo Rio Grandense não reconhece outro Juiz sobre a terra além do Autor da Natureza, nem outras Leis além daquelas que constituem o Código das Nações (Bento Gonçalves – Manifesto do Presidente da República Rio Grandense em nome de seus Constituintes – 1838).[7]

Bento Gonçalves era fazendeiro, importante líder político gaúcho e tinha sido preso no início da revolução, após uma

---

7 Disponível em: https://digital.bbm.usp.br/handle/bbm/7479.

derrota militar. Conseguiu escapar da cadeia em trajetória cinematográfica, da Bahia até o Rio Grande do Sul, sendo aclamado o presidente do novo país. No trecho acima, fica patente a visão republicana e separatista, agora construída como eixo articulador do movimento militar. A referência a "autor da Natureza" no lugar de Deus é prova da filiação maçônica de Bento Gonçalves e de vários dos líderes gaúchos. Curioso notar que o principal líder militar e político do governo regencial que combateu a Farroupilha, o futuro Duque de Caxias, também era maçom. A Maçonaria nunca foi única, e seus membros não pensavam da mesma forma.

Os combates militares se estendem. A República Piratini muda de nome com a expansão militar para boa parte do Estado: República Rio Grandense. Ela teria ainda outro nome, talvez o ponto máximo das conquistas militares e territoriais. Em julho de 1839 chegaram a avançar até Santa Catarina, conquistando Laguna, no extremo sul do estado. Foi declarada outra república, Juliana, referência ao mês da vitória, uma expansão da proposta inicial da República Piratini. O êxito militar expansionista foi curto e, pouco tempo depois, os rebeldes eram obrigados a recuar, voltando ao interior do Rio Grande do Sul.

O fôlego dos farroupilhas começa a diminuir. Há uma razão de ordem prática: o principal produto do Rio Grande do Sul era a carne, e seu maior mercado, o Brasil. Do ponto de vista econômico, o vendedor está brigando com o comprador. E os países vizinhos que poderiam absorver parte da produção gaúcha, Argentina e Uruguai, eram concorrentes diretos. Também não houve uma sólida tentativa de conseguir o reconhecimento do novo país no plano internacional.

Há outra razão, simbólica, igualmente importante. Em 1840, Dom Pedro II chega ao trono. Sua maioridade foi antecipada, como veremos adiante. Esse fato recriou um elo simbólico entre as diferentes regiões do país, diminuindo o ímpeto separatista. Ao mesmo tempo, o próprio Pedro II deu ordens para que a revolta fosse contida, menos pela vitória militar e mais pela negociação política. Nesse processo de conversa misturada com armas, destaca-se a importante liderança do Duque de Caxias, Luís Alves de Lima e Silva (ele será duque posteriormente, durante a Guerra do Paraguai).

Boa parte das propostas dos revoltosos foi aceita: diminuição dos impostos e maior autonomia regional. Incluindo algo que pode soar como traição ao movimento, a anexação dos líderes farroupilhas nas fileiras do exército imperial, com patentes elevadas. Aos que morreram na guerra, restaram às honras e, talvez, a memória.

Em 1845 foi assinado o acordo de Ponche Verde. Faltava um ponto central, de interesse ao Império. Escravizados foram participação ativa na guerra, mas como tornar esses soldados, antes submetidos à escravidão, membros do Exército Imperial, justamente em um país escravocrata? O comandante militar Davi Canabarro, da Farroupilha, criou para eles uma armadilha: os chamados *lanceiros negros* foram desarmados e posteriormente atacados e mortos na região de Porongos, onde há uma placa muito simples em sua homenagem, em meio a um descampado. Será mesmo que, aos que morreram nessa guerra, restaram as honras e, talvez, a memória que eles efetivamente merecem?

Na memória farroupilha há nomes e referências culturais que merecem destaque – e, também, polêmica. O movimento, ao criar um novo país, ou pelo menos tentar fazê-lo, estaria construindo uma identidade gaúcha? A Farroupilha tem uma memória muito forte no Rio Grande do Sul e é referenciada nas manifestações culturais daquela região. Países são construções a partir de uma cultura própria ou, ao contrário, a partir de uma decisão militar e política, imagina-se uma cultura como forma de unidade do território que se tornou um país? Tal questão é profunda e foge ao tema deste livro. Mas podemos dizer que é uma pergunta em aberto.

Não há resposta fácil ou simples quando se analisa Cultura e História. De acordo com o ponto de vista, pode-se afirmar ou não uma *cultura farroupilha* e sua relação com a trajetória do Rio Grande do Sul, seja ele como um estado do atual Brasil ou fosse um novo país. Claro que existe uma sólida e bem cultivada cultura regional gaúcha. Mas ela seria um fator de separatismo do Brasil por si mesma? Não parece ser o caso. Afinal, o Rio Grande do Sul é hoje parte do Brasil. Todas as regiões brasileiras têm culturas locais muito profundas e isso por si mesmo não leva a um movimento separatista político ou, menos ainda, a uma guerra. A memória da Farroupilha é presente até os dias de hoje, mas não necessariamente ela se relaciona com a cultura gaúcha de forma direta. Cultura e política se conectam, mas nem sempre levam a guerras.

Na memória do movimento farroupilha o nome de **Giuseppe Garibaldi** adquire quase o sentido de um mito. Uma lenda heroica, personagem fascinante do século XIX, sua biografia quase parece um romance de aventuras, não fosse quase tudo verdade. E de fato sua vida foi romanceada pelo escritor Alexandre Dumas, na obra **Memórias de Garibaldi**, de 1860, quando o romancista francês conheceu o italiano em Paris, na volta de sua trajetória sul-americana. Dumas é um mestre do romance histórico, criador de narrativas que fascinam até hoje os leitores, entre elas **O Conde de Montecristo**, **O Homem da Máscara de Ferro** e **Os Três Mosqueteiros**, este provavelmente um dos melhores romances históricos de aventura de todos os tempos.

Nascido no sul da França, na cidade de Nice, de família italiana, sua primeira fase de uma vida de aventuras não podia ser diferente: alistou-se como marinheiro em navios mercantes, conhecendo dezenas de países. Foi nessa fase que adotou ideais socialistas e frequentou sociedades secretas como a Carbonária, uma espécie de derivação da maçonaria, com propostas nacionalistas italianas e de reformas sociais. Por isso, foi preso e condenado por tentar uma revolta em Gênova. Naquele momento histórico, a Itália como país que hoje conhecemos não existia. Havia reinos e cidades-estados, e boa parte do território estava sob domínio papal. Daí o forte anticlericalismo de Garibaldi. A unidade italiana era oposta ao domínio da Igreja naquele país.

Ao fugir da cadeia em Gênova, ele exilou-se no Rio de Janeiro, onde conheceu Bento Gonçalves, que também tinha acabado de fugir da prisão. Dois fugitivos em busca de um ideal separatista, lutando contra forças militares muito maiores do que as suas. Como não criar um romance com esta trajetória? Ambos foram para o sul do Brasil, lutar na Farroupilha.

E não podia sequer faltar o romance propriamente dito: em Laguna, durante a expansão militar da República Juliana, Giuseppe conheceu a catarinense Anita, com quem se casaria. Os dois foram para o Uruguai, que naquele momento tinha conflitos constantes com a Argentina. Posteriormente, os Garibaldi voltam para a Europa, e Giuseppe é um ator político e militar fundamental na Unificação Italiana. **Anita Garibaldi** faleceu na Itália, durante a campanha militar para unificar o país. Derrotado na conquista de Roma e impedida a unificação italiana, por enquanto, Garibaldi alistou-se na Guerra Civil Americana, do lado do abolicionista norte, durante a presidência de Abraham Lincoln.

E se o leitor já se espantou com tudo isso, Garibaldi ainda voltou à Itália, pois a guerra de unificação tinha recomeçado. Esta se mescla com a guerra entre a França e a Prússia (nome do principal estado em torno do qual nasceu a atual

Alemanha), e é outro momento da vida dessa lenda humana. Garibaldi lutou contra os prussianos, mas a França perdeu.

Em seus momentos finais, Garibaldi foi deputado do parlamento italiano e viu seu maior sonho se tornar realidade: a Itália, como país unificado, tinha nascido. Já sua participação em um futuro país no sul do Brasil terminou em derrota. Como se vê, Alexandre Dumas, que já tinha um talento imenso para construir narrativas, não poderia ter escolhido melhor seu biografado.

Muitas vezes chamamos um processo histórico de guerra, revolta ou revolução no singular, como se fosse um movimento único, uma via direta e reta de um ponto a outro. Tal sentido de "mão única" na História raramente acontece. Quando aquele processo termina, é mais fácil entender as linhas que conduziram ao seu resultado final. Como se fosse a leitura de um romance de assassinato ao estilo Agatha Christie, quando se sabe o final do crime, tudo parece ficar evidente. Mas, durante a leitura, as certezas inexistem e permanecem as dúvidas e as diversas possibilidades.

Há um erro recorrente no estudo da História, chamado de teleologia. Um modo de entender o processo histórico como se ele fosse determinado, tivesse um fim último, um destino já pronto e acabado. Exemplificando: ao se estudar a Revolução Francesa, que terminou com a queda do Absolutismo, o leitor poderia ser induzido a uma visão de que tal processo revolucionário já estava determinado em seu sucesso e em sua trajetória. Hoje sabemos que o acaso sempre esteve presente naquele momento histórico.

Essa reflexão se faz necessária quando se estuda, ainda que brevemente, a revolta da **Cabanagem**, no Pará. Processo múltiplo e complexo, sem um direcionamento único. Melhor seria defini-lo no plural: houve várias *Cabanagens*, com sentidos diversos, ligadas a partir de um núcleo comum, mas tomando trajetórias diferentes a partir de atores sociais também diversos.

O início da revolta e seu princípio básico são os mesmos na Farroupilha: uma crítica à centralização do governo regencial e um desejo de maior autonomia regional. Mas as origens mais profundas do conflito recuam até a guerra de independência, a partir de 1823, na região. Como vimos, nem todas as regiões do Brasil aceitaram a independência e as Cortes portuguesas tentaram forçar uma separação do Brasil, mantendo partes do território sob seu domínio. O Pará e sua capital Belém foram um desses.

Combates ocorreram contra militares portugueses e a elite local de fazendeiros e comerciantes, que, junto a parte da população mais pobre urbana e rural, pôde se orgulhar de ter feito sua parte na Independência e na manutenção da unidade territorial do Império, não sem uma certa relutância: afinal, os habitantes da região queriam uma resposta muito simples a esta pergunta: fazer parte do futuro Brasil independente seria uma vantagem para o enorme território?

Item fundamental a ser notado é que o nome da província era Grão-Pará e incluía basicamente toda a Amazônia. A cidade de Belém era o porto pelo qual as riquezas eram enviadas ao exterior. E eram muitas riquezas: o café, que tanto teria importância no Brasil em anos posteriores, foi pioneiro na região, junto com o tradicional açúcar. Mas devem-se incluir as chamadas "drogas do sertão", cuja cobiça vem da época dos bandeirantes, muitos desses produtos relevantes até hoje, como o cacau e o guaraná, além de plantas medicinais de alto valor ou produtos cosméticos usados há séculos pelos nativos, como o urucum. Parte da formação econômica da região já tinha bastante autonomia em relação ao poder central do Rio de Janeiro desde a época colonial.

Essa ativa participação nas lutas de independência foi frustrada na Regência. Não só pela distância geográfica, mas pela menor densidade populacional, a província se ressentia de ser pouco representada no parlamento central do Rio de Janeiro. Neste momento, a trajetória da Cabanagem tem paralelo com a Farroupilha. A elite local de Belém e arredores tomou a sede do governo regional, hoje chamado de Palácio Lauro Sodré, atualmente um museu e centro cultural. Sua edificação sofreu diversas intervenções, sendo uma das mais marcantes no século XVIII, quando ganhou o apelido de "palácio do rei". Durante este período, houve rumores de que o rei Dom José I, aconselhado pelo Marquês de Pombal, cujo irmão, Francisco Xavier de Mendonça Furtado, era o governador da província, poderia transferir a Corte portuguesa para Belém, em processo semelhante e anterior ao que ocorrera em 1808, no Rio de Janeiro.

Imagine o leitor se tal fato tivesse ocorrido: hoje o Brasil teria como centro econômico o norte, e não o sudeste do país. Como se vê, a teleologia na História é mesmo um defeito de ponto de vista.

O governador nomeado pela regência de Feijó era Bernardo Lobo de Sousa. Inconformado por críticas à sua atuação no governo, ele mandou prender jornalistas e políticos opositores. É neste momento, em 1835, que a revolta começa. O governador foi destituído do poder e morto com a tomada do palácio do governo por populares armados e por parte da elite local, que colocou no cargo Félix Clemente Malcher, fazendeiro na região sul de Belém, produtor de açúcar. Para boa parte da população, essa mudança iria melhorar as condições políticas e de representação no parlamento do Rio de Janeiro, mas na prática, pouco ou quase nada, mudou.

Alguns indicam que Malcher teria "traído o movimento". Eis aqui um erro de teleologia: por que havia de existir um "movimento", previamente definido e com objetivos predeterminados? Para Malcher e parte da elite local, o problema era de liberdade de imprensa e crítica política, aliás, reivindicações legítimas, e de representação nas decisões do governo central. Durante a regência descentralizadora de Feijó, a ideia de uma parte dos comerciantes e fazendeiros amazônicos era ter um governador da província que tivesse voz ativa e fosse ouvido no governo do Rio de Janeiro. Mais uma vez, propostas que hoje soariam como razoáveis.

No entanto, não era essa a ideia da população mais pobre e marginalizada de Belém e da Região Amazônica. Formada por indígenas aculturados e mestiços de indígenas, representação política e parlamentar era uma narrativa distante demais de suas necessidades básicas: alimento, fonte de subsistência digna, moradia.

E aqui temos a origem do nome do processo: os "cabanos" eram os revoltosos que moravam em "cabanas", hoje mais referenciadas como as *palafitas* nas quais mais de 100 anos depois ainda boa parte da população mais pobre das cidades amazônicas mora, em condições precárias. Podemos afirmar que a Cabanagem foi pelo menos **duas**: uma, da elite local contra o governo central por motivações políticas; outra, de caráter social, da população mais pobre, por condições melhores de vida. A primeira tinha uma organização mais definida, a segunda, mais espontânea, precisava de uma liderança.

Dois irmãos se destacam na revolta popular: Manuel Vinagre e Francisco Pedro Vinagre. Manuel foi morto na fazenda de Malcher por tropas sob o comando do primeiro governador deposto, Lobo de Sousa, logo no início da revolta. Como se vê, até na origem geográfica, as duas Cabanagens, a da elite local e a da população mais pobre, estavam unidas contra o inimigo comum.

Seu irmão, Francisco Vinagre, e outra liderança, Eduardo Angelim, agora se voltaram contra Malcher. Houve uma repetição da revolta: novos populares armados invadiram o palácio do governo uma segunda vez, e Malcher foi morto. A cidade de Belém foi tomada pelos "cabanos", que colocaram Francisco Vinagre no cargo de governador. Boa parte das tropas oficiais não obedeceu ao governador empossado pela revolta e o poder central ficou a cargo de milícias populares. A Igreja tentou intervir para reconstruir uma ordem social institucional e propôs um acordo com Vinagre. Ele foi preso por tropas oficiais reorganizadas e continuou a luta. O palácio de governo foi tomado pela terceira vez. O governador agora era o líder popular Eduardo Angelim.

Tecnicamente, o Grão-Pará estava sem governo. Milícias formadas pelos cabanos eram as responsáveis pela proteção da cidade, o que não impedia saques aos comércios locais. No entanto, sem uma definição clara do *que fazer* e do *como fazer* para melhorar a vida dos mais pobres, Angelim também não tinha recursos no governo para executar um plano de produção econômica viável ou mesmo uma reforma administrativa ou social mais coerente. Nos 10 meses de seu governo, basicamente, a ação foi uma reforma agrária nas fazendas da região, com camponeses tomando as propriedades, além de atos de vingança social pura e simples, com escravizados amarrando seus antigos proprietários e açoitando-os. Atos de violência justificáveis? Difícil julgamento moral a ser feito aos olhos de hoje, mas com esses atos temos uma certeza: a vida dos escravizados não iria melhorar se fosse somente essa a Cabanagem.

Sem comércio, pois a cidade estava sitiada pelo mar pela marinha imperial, a agricultura era só de subsistência. Angelim desejava uma independência do Grão-Pará e uma república, mas não chegou a decretar efetivamente essa separação.

Menos ainda uma articulação internacional para reconhecer o novo país.

O governo da Regência desembarcou tropas em Belém, não sem antes bombardear a capital a partir dos navios. Os cabanos se refugiaram no interior, mais uma vez na região ao sul da capital, seguindo o curso do rio Acará. Angelim foi preso e assim permaneceu por longos anos no Rio de Janeiro, voltando ao Pará depois de a revolta ter sido derrotada.

Belém foi tomada por tropas regenciais, mas, mesmo após a prisão do líder Angelim, ainda houve confrontos até 1840, nas florestas densas da Amazônia. E, aqui, devemos encerrar essa revolta já bastante violenta com uma nota ainda mais triste.

Em regiões distantes da capital, seguindo a imensa rede de rios amazônicos, as tropas tinham a ordem de combater qualquer um que se mostrasse um "cabano". E o que isso queria dizer na verdade? Uma espécie de licença para extermínio, sem que nenhuma prova ou indiciamento formal e legal fosse necessário. Temos aqui a **terceira** Cabanagem: a matança indiscriminada de etnias indígenas que, em sua maioria, nunca tiveram nenhuma ligação com a revolta. Regiões como sul do atual Pará, Mato Grosso, Tocantins e sul do Maranhão eram atacadas regularmente. Nessas regiões, além de indígenas e mestiços, alguns já vivendo em pequenas vilas fluviais, outros – a maioria, aliás –, em aldeias ancestrais, eram literalmente caçados. Também escravizados negros e indígenas, alguns quilombolas eram alvo das tropas.

É perigoso banalizar um termo tão profundo como *genocídio*. Porém, no caso da Cabanagem, a realidade raspa esse conceito, ou, talvez, o atinja. Os números ainda são discutidos, pois essa população não estava nos registros oficiais, mas temos na Cabanagem uma substancial diminuição demográfica da região. Cruel e terrível ironia: foi justamente a segunda Cabanagem, aquela que foi liderada por populares que queriam melhores condições de vida em Belém, que acabou resultando na repressão feroz da terceira Cabanagem. As águas dos rios amazônicos, riqueza hoje tão valorizada no mundo, guardam muito sangue diluído em seu silêncio.

De todas as revoltas regenciais, a que mais se originou na camada mais popular foi a **Balaiada**, na província do Maranhão. Essa província esteve ligada ao Grão-Pará durante parte do período colonial, tendo como capital São Luiz, cidade fundada por franceses e posteriormente tomada por Portugal. Com a divisão das duas províncias e a fundação de Belém como a capital do Grão-Pará, o Maranhão viveu uma dupla realidade, em parte até hoje presente: uma capital com uma economia integrada ao sistema colonial e, mais tarde, ao Império brasileiro e um interior voltado a si mesmo, com uma agricultura de subsistência e largas pastagens de gado. A pobreza era generalizada na área rural e a escravidão indígena e africana constituía a base da sociedade. No caso específico do Maranhão, a produção de algodão era o motor da economia, introduzido durante o período do Marquês de Pombal.

Na capital São Luís, os debates sobre centralização ou descentralização seguiam a mesma lógica das outras revoltas vistas até agora: o jornal **Bem-Te-Vi** era partidário de uma maior descentralização liberal, enquanto o grupo que comandava a província era centralizador. Inicialmente um debate político apenas na imprensa e nos meios parlamentares e, rapidamente, um levante social.

Raimundo Gomes, homem livre e pobre, mestiço de indígena e negro, levava um rebanho da fazenda de seu patrão para outra, pois o gado estava vendido, ou, como se dizia, "apalavrado". A rota passava no interior do Maranhão, na região do rio Munim. Naquele momento, um irmão de Raimundo

Gomes tinha sido preso, acusado de assassinato. Gomes, apelidado de "Cara Preta", atacou a pequena delegacia da região, soltando não só seu irmão, mas todos os presos. A partir daí, começou uma marcha de vilarejo em vilarejo, soltando presos e convocando trabalhadores rurais das fazendas para aderir a seu movimento. E em que consistia este movimento? Uma crítica ao centralismo do governo central da Regência, ecoando as ideias liberais do jornal **Bem-Te-Vi**.

O que realmente se passava na cabeça dessa liderança local, tão afastada dos debates políticos da capital São Luís ou do parlamento do Rio de Janeiro? A pergunta é fascinante, porque não devemos nos iludir de que o movimento iniciado pelo vaqueiro Cara Preta não era político no sentido ideológico do termo, mas profundamente enraizado na situação social de miséria e falta absoluta de perspectiva do interior da província. Assim, a Balaiada adere a um discurso político, mas na prática é uma revolta espontânea de desespero social. Essa era talvez sua maior fraqueza: sem um eixo articulador que unia as pessoas da revolta, ficava impossível projetar um futuro, um projeto político definido. Derrubar o governador centralizador e tomar a capital São Luís? Isso era o que o grupo liberal queria. Mas e os humildes homens livres e escravizados que aderiram à marcha de Cara Preta? Quais eram as conexões entre esses dois grupos? Na prática, quase nenhuma.

O nome do movimento expressa sua absoluta origem popular. Manuel dos Anjos Ferreira, artesão construtor de cestos de palha, os *balaios*, aderiu à revolta iniciada por Cara Preta. A Balaiada também contou com forte presença de negros e nativos quilombolas, incluindo aí um "imperador" informal, Negro Cosme, que criou uma rede de "nobres" subordinada a ele, dando-lhes títulos e cargos em seu estado maior militar nômade. Fruto de suas origens africanas, nas quais reis e nobres eram parte de sociedades hierarquizadas e com laços complexos de dependência.

Os rebeldes andaram pelo interior do Maranhão atacando vilas e fazendas. Conseguiram tomar a cidade de Caxias, distante 360 quilômetros de São Luís. Interessante como a disputa política da capital apoderou-se da revolta popular, pois os "balaios", como eram chamados, exigiram mudanças nas leis centralizadoras do governador da província, entre elas, o fim do recrutamento forçado para o exército e o fim da "lei dos prefeitos". Por essa lei, o governador da província podia nomear prefeitos, rompendo com uma tradição colonial das câmaras municipais com ampla autonomia. Foram os balaios de Caxias que propuseram essas ideias ou foi a elite liberal local de São Luís que se aproveitou da revolta? Uma delegação vinda de Caxias entregou as propostas ao governador, que fingiu aceitá-las, com medo de uma revolta popular ainda maior. Será mesmo que o imperador Negro Cosme queria isso? Infelizmente, não há sólida documentação sobre a revolta, e boa parte da visão que até hoje se tem da Balaiada é francamente preconceituosa, como se todo o movimento fosse apenas feito por criminosos sem projeto.

De fato, os líderes militares Cosme, Cara Preta e Manuel Balaio, não tinham um projeto definido. Ou talvez tivessem, mas não se enquadrasse nos parâmetros políticos tradicionais. A revolta guarda um profundo sentido cultural de pertencimento a uma camada violentamente marginalizada da sociedade, um ódio ao proprietário de escravizados e terras, uma boa dose de vingança. Como fazer julgamentos morais em uma situação de tão terrível exclusão social? Em contrapartida, romantizar uma revolta como a Balaiada também é moralmente discutível, já que nos quatro anos de sua duração, entre 1838 e 1841, incontáveis pessoas foram mortas, muitas vezes apenas por estarem no lugar errado e na hora errada, enquanto um bando armado passava por uma vila ou uma fazenda. O que se pode concluir com absoluta certeza moral é que não é possível conviver muitos anos com amplas camadas da população em situação de miséria extrema sem que um dia se possa vivenciar uma revolta motivada basicamente pela fome. E essa conclusão está além de filiações políticas ou ideológicas, é apenas uma constatação social e histórica da qual o sertão do Maranhão nos lembra.

Luís Alves de Lima e Silva, nascido na fazenda de sua família, no estado do Rio de Janeiro, hoje um município que leva seu nome mais conhecido: Duque de Caxias. Filho de militar, seu pai era o regente trino provisório e depois permanente, Francisco de Lima e Silva. Iniciou sua carreira militar nas guerras de independência contra Portugal, após formação nas academias militares do Rio de Janeiro. Também participou da Guerra da Cisplatina. Sempre foi muito leal a Dom Pedro I, mesmo em seu maior erro estratégico, como a insistência em manter o Uruguai sob domínio brasileiro.

Após a abdicação de Pedro I, Luís Alves de Lima e Silva se aproximou do menino Pedro, com quem manteve uma sólida amizade de longos anos. E foi na regência que sua carreira, naquela altura já muito consistente, alcançou voos ainda mais altos.

Foi destacado pelo governo para combater a Balaiada. Frase fácil de ser dita, mas muito difícil de ser praticada, já que a região de Caxias era de acesso precário e os revoltosos conheciam muito bem o terreno. Comandando tropas que vinham do Rio de Janeiro, Luís Alves teve de construir estratégias de combate disperso, pois, depois do ataque inicial à cidade sede da Balaiada, os revoltosos voltaram ao seu modo de operação nômade. Após longos e desgastantes combates, conseguiu voltar ao Rio de Janeiro com a vitória. E essa vitória foi dupla, como veremos adiante: Ele sempre foi um centralizador, até por sua amizade pessoal com os dois imperadores e formação militar, e não era ligado ao grupo liberal de Feijó. Por sua vez, Feijó tinha caído e sido substituído por Araújo Lima, centralizador e regressista. Foi dele que partiu a ordem para que Luís Alves fosse ao Maranhão. Uma enorme vitória política, portanto. Negro Cosme foi morto pelos próprios balaios, mas os outros líderes do movimento acabaram sendo presos e depois perdoados. Combinação virtuosa de repressão militar e negociação política que seria usada na Farroupilha.

E foi porque ele conquistou Caxias para o governo central que adquiriu o título pelo qual ficaria conhecido: Barão de Caxias. Veremos mais adiante como este personagem tão importante chegou ao título de Duque, o único do Brasil durante todo o II Reinado (a ordem nobiliárquica crescente é barão, visconde, conde, marquês e duque).

Aqui, a trajetória das revoltas se encaixa com a vida do Duque de Caxias (como ele será referenciado a partir de agora, embora ele vá ostentar o título somente em época posterior). Vitorioso no Maranhão, foi enviado à Farroupilha, onde também usou de suas habilidades militares e de negociação para encerrar a revolta. Em sua homenagem, a cidade do Rio Grande do Sul leva o mesmo nome da sede da Balaiada, Caxias do Sul.

Desse momento em diante, a História do Brasil não poderia mais ser escrita sem a presença do Duque de Caxias. E nem Pedro II poderia mais governar sem ter ao seu lado a presença de um amigo, confidente e, muitas vezes, crítico.

Figura 3.1 – **Retrato oficial de Duque de Caxias, já com todas as suas condecorações em final de carreira. Patrono do Exército Brasileiro. Um dos maiores nomes da História do II Reinado.**

Fonte: *Site* oficial do Exército Brasileiro: https://www.eb.mil.br/o-exercito/patronos.

O forte de São Pedro, em Salvador, por sua localização estratégica, teve uma presença histórica marcante em vários momentos da história da Bahia e do Brasil. Durante a invasão holandesa do século XVII, a região foi ocupada, dando origem ao primitivo forte, cujo nome é uma referência a uma antiga capela dedicada a São Pedro, demolida pelos holandeses, que, calvinistas como eram, não cultuavam santos. O forte foi tomado pelos portugueses que retomaram o nome da capela: forte de São Pedro.

Teve participação também nas lutas de independência, pois o forte foi palco de violentos combates entre portugueses e brasileiros na difícil tomada de Salvador por tropas fiéis a Dom Pedro. E foi nesse forte que começou a **Sabinada**, mais uma revolta no período regencial.

Em suas linhas gerais, ela também segue o mesmo padrão das outras revoltas até agora analisadas: uma disputa entre centralização e descentralização, que é o paralelo de uma disputa entre elites políticas locais, sub-representadas no Parlamento contra as elites políticas regenciais. O forte foi tomado no dia 6 de novembro de 1837 e no dia seguinte, a Câmara municipal de Salvador decretava a independência da Bahia, sob um regime republicano.

Porém, fato curioso e motivo até hoje de diferentes interpretações, esta República Bahiense, como era chamada, seria provisória. Assim que terminasse a Regência e Pedro II fosse empossado no cargo, a Bahia voltaria a fazer parte do Império. Parece haver pelo menos duas interpretações desta posição estranha: uma parte do movimento não era de fato separatista, mas via a revolta somente como uma pressão política contra o poder regencial por maior representação no Parlamento central e maior autonomia na Assembleia Provincial. Nesse sentido, a Sabinada não era exatamente uma revolta, mas um posicionamento político. Outra interpretação possível é que havia divergências dentro do movimento, sendo uma parte dele com os interesses acima descritos e outra parte, mais radical, de fato querendo a independência e a república.

Essa divergência pode ser vista na origem social da Sabinada. Seu nome deriva de um médico, Francisco Sabino, um dos líderes da revolta. Formado na Faculdade de Medicina da Bahia, um dos primeiros cursos superiores criados no Brasil por Dom João VI, foi preso após a revolta e exilado para fora da província, vindo a falecer no Mato Grosso. Sua profissão poderia enganar o leitor moderno, imaginando que Sabino, por ser médico, seria um representante da elite.

A medicina como profissão não tinha uma remuneração tão alta naquela época, já que era inexistente qualquer serviço de saúde estatal organizado, e a prática médica era toda particular ou vinculada às instituições da Igreja, como as Santas Casas. Um médico deve ser visto como um profissional qualificado, mas de classe média, não um rico proprietário de engenho ou um alto funcionário da Corte, estes, sim, típicos representantes da elite baiana. É nesse caso que se encontra o outro líder da Sabinada, João Carneiro da Silva Rego, juiz e proprietário de escravizados e terras.

Na ata da fundação da República Bahiense, podemos encontrar desde pessoas tão ricas e poderosas como ele até humildes trabalhadores urbanos, como artesãos e carcereiros. Francisco Sabino estava no meio desta sociedade tão diversa e complexa como era a da cidade de Salvador. Também podemos acrescentar que foi uma revolta totalmente urbana: não houve a tentativa de tomar cidades do interior e sequer as regiões do recôncavo baiano, o arco em torno da Bahia de Todos os Santos aderiu ao movimento. Essa posição cautelosa tem uma explicação muito evidente, que veremos adiante: a Sabinada é de 1837, apenas dois anos depois da Revolta dos Malês, de 1835, a maior revolta escrava da História do Brasil. O sentimento de pânico ainda era generalizado em quase toda a população não escravizada da Bahia.

A Sabinada teve vida curta, em torno de quatro meses. Mas a repressão foi forte por parte do governo regencial, que enviou navios e tomou Salvador. A maior violência ocorreu no pós-revolta, com execuções sumárias de qualquer suspeito de ter pertencido ao movimento. No total, quase duas mil pessoas foram mortas. Nunca saberemos de fato quem dentre estas estavam na revolta.

3.4 Alá em Salvador: revolta islâmica na cidade das igrejas

Existe uma expressão muito popular no Brasil: "em cada esquina". Indicativo de abundância, pode ser usada para quase qualquer instituição, prédio ou outra qualificação. Podemos falar que na cidade de São Paulo "há uma pizzaria em cada esquina", ou talvez, "uma padaria em cada esquina". No Rio de Janeiro, poderíamos substituir pizzaria por "boteco", uma verdadeira instituição carioca. Não seria de todo errado dizer que em Salvador, no século XIX, "havia uma igreja em cada esquina". Uma visita ao centro histórico da capital baiana mostra isso. Podemos ver "uma igreja em cada esquina" em quase todas as cidades de origem colonial brasileiras que preservaram seus centros históricos.

Resultado não só da enorme influência da Igreja Católica no processo de formação da sociedade e cultura brasileiras, mas da complexidade social da vida pública do século XIX no país. Por que tantas igrejas existem, muitas literalmente ao lado uma das outras, quando visitamos cidades de origem mais antiga, colonial? Porque as igrejas não eram abertas a todos. Cada prédio tinha uma associação específica e, em uma sociedade bastante hierarquizada, divisões de classe estavam presentes na fé pública.

Assim, as igrejas destinadas aos negros escravizados não eram frequentadas pelas classes médias livres que por sua vez não iriam assistir sua missa na igreja destinada às elites econômicas e políticas. Um exemplo didático desta divisão está na cidade pernambucana de Goiana (não confundir com Goiânia, capital do estado de Goiás). Naquela cidade de origem colonial, em seu centro urbano tombado pelo patrimônio histórico, há três prédios: a Igreja Matriz de Nossa Senhora do Rosário dos Homens Brancos, a Igreja de Nossa Senhora do Amparo dos Homens Pardos e a Igreja de Nossa Senhora do Rosário dos Pretos. Colocadas no mapa da cidade, ficam em uma linha reta, pouco distantes entre si.

A Igreja de Nossa Senhora dos Pretos e a Igreja Matriz de Nossa Senhora do Rosário dos Homens Brancos ficam uma em frente à outra, literalmente. Poucos metros as separam na geografia urbana, mas muitas escalas na hierarquia social. Uma igreja em cada esquina, nesse caso bastante ilustrativo, não é força de expressão. Mas não podemos nos enganar. Em cada uma delas, apenas uma classe social específica podia frequentar. Escravizados não se misturavam com mestiços pobres livres: por isso, igrejas para negros e para pardos. E a camada mais rica da sociedade, apenas na igreja dos brancos.

Também havia outras diferenças, as culturais. Na Igreja dos Negros eram comuns festas cristianizadas, mas de origem africana. Na cidade citada como exemplo, Goiana, na Igreja de Nossa Senhora dos Pretos, havia uma festa religiosa ao rei Congo, a conhecida congada. Uma festa dessas não era sequer cogitada na Igreja dos Brancos. Portanto, para além da divisão social também existia uma estratégia de conversão específica: a Igreja enquanto instituição sabia que uma cultura cristã não poderia subsistir sem sua camada cultural mais ancestral. Por isso, não apenas tolerava, mas incentivava os costumes africanos para os escravizados dessa etnia, desde que fossem devidamente adaptados e cristianizados. Tomamos a cidade de Goiana como exemplo, mas esta situação pode ser replicada a praticamente todo o Brasil colonial e imperial.

Religião é um dos pilares culturais mais profundos que uma sociedade pode construir historicamente. E em um momento no qual a sociedade entre em conflito, religião pode ser um enorme aglutinador. Infelizmente, guerra e religião também sempre andaram juntos em boa parte da História humana.

Na Salvador das muitas igrejas, também havia cultos proibidos. E se o leitor imagina "religiões de matriz africana", como o Candomblé, deveria também acrescentar outra, profundamente enraizada na sociedade da África: o **Islamismo**.

A presença islâmica no continente africano é muito antiga. Assim como a presença cristã. E, também, judaica, na Etiópia. É uma simplificação grosseira imaginar que exista **uma** única matriz africana religiosa. Por isso utilizamos aspas na expressão acima citada. A multiplicidade cultural africana não pode admitir banalizações. Há várias manifestações religiosas no continente, desde o animismo (culto às divindades da natureza), os cultos aos ancestrais (ambas formas de adoração do Sagrado presentes em quase todos os grupos sociais humanos), os cultos politeístas que se assemelham em complexidade e organização à mitologia grega (cada etnia tem seus próprios deuses, mas há reincidências constantes como deus da guerra, deusa da fertilidade ou deus da morte e da doença, também presentes em vários outros complexos politeístas em diferentes sociedades) e o monoteísmo, como as três religiões citadas acima – islamismo, judaísmo e cristianismo.

No caso do Islamismo, poucos anos após a fundação daquela religião por Mohamed, ou Maomé, na versão aportuguesada, já eram criadas comunidades islâmicas na costa do Mar Vermelho e no atual Egito. E outra simplificação bastante errônea é associar o Islamismo apenas a etnia de origem árabe. Na complexa e fascinante diversidade africana, encontramos comunidades islâmicas em várias etnias, diferentes regiões e línguas. Porém, assim como o grego era a língua comum entre os primeiros cristãos (e, posteriormente, o latim, quando da cristianização do Império Romano), o árabe era um ponto de contato entre os vários povos africanos pela leitura do Alcorão. O Islamismo africano conseguia ao mesmo tempo manter a diversidade cultural das diversas etnias e uni-las em um senso de comunidade e de fé. Não muito diferente, aliás, do que fez e ainda faz o Cristianismo no mundo moderno.

O que nos interessa aqui é fazer referência a uma etnia específica, os *haussás*. São originários do Sahel africano, uma vasta região que faz a transição do deserto do Saara para as savanas e florestas do centro da África. Ali, a presença islâmica é muito antiga e a língua comum entre os diversos povos é o árabe. Aliás, a própria palavra *sahel* significa "margem" ou "limite", caracterização adequada para aquela região entre o deserto e a floresta. Os haussás são islâmicos e sempre praticaram a escravidão entre os outros povos não islamizados. Ao mesmo tempo, construíram cidades-estado poderosas e prósperas, atuando como produtores agrícolas e de pecuária, além de comerciantes que conectavam estes dois polos de produção e consumo na África no sentido centro-norte: caravanas de comércio vendiam os diversos produtos das regiões das savanas e das florestas, como temperos, ouro, marfim e madeiras, para os portos do Mar Mediterrâneo, após uma travessia longa e difícil pelo deserto do Saara. Desses portos, esses produtos iam para o Oriente, muitos deles chegando até a China e a Índia. Um comércio complexo e que tinha na escravidão uma de suas principais fontes de renda.

Quando Portugal começou a navegar na costa africana e particularmente no golfo da Guiné, encontrou essas rotas de comércio já muito estabelecidas. Uma parte da história colonial brasileira é uma derivação delas, mas agora não mais ao Oriente, mas para as terras da América. Além dos produtos já citados e que se acrescentam aos novos produtos do Brasil, como tabaco e aguardente, a escravidão continua a ser uma das mais importantes fontes de lucro.

O que equivale a dizer que Salvador, na Bahia, recebia regularmente escravizados islâmicos. Isso dava a eles uma unidade cultural muito forte e o domínio da língua árabe, vantagem estratégica imensa em um território que desconhecia esta língua. Houve tentativas de revolta durante os anos de 1807, 1814 e 1816, todas sufocadas por repressão violenta. Não podemos dizer que tais revoltas obedeciam apenas a uma lógica social de opressor x oprimido, o que obviamente é o caso, em se tratando de escravidão. Mas acresce-se a esta lógica outra, tão importante ou talvez maior: a identidade religiosa. Não era somente um conflito contra a escravidão, mas era uma tentativa de construir um Califado, um reino islâmico na costa ocidental atlântica. Os haussás vinham do Sahel, da região norte da atual Nigéria, e em sua terra natal a forma de organização social e política era ditada pela religião islâmica.

Em pleno contexto da Regência, em 1835, houve a maior das rebeliões escravas do Brasil: chamada de **Revolta dos Malês**. Este era o nome pelo qual os escravizados islâmicos eram conhecidos no Brasil. Hoje, há um país chamado Mali, justamente na região do Sahel, onde a maioria da população é islâmica. A origem do termo Mali é discutida, mas é provável que a denominação *malê* tenha tido origem no Brasil em função das etnias escravizadas que vieram daquela região, ao norte da atual Nigéria, que formou o país com esse nome. Não existe na África uma etnia chamada malês, o nome foi criado no Brasil.

Organizados, hierarquizados e com uma sólida identidade religiosa, atacaram pontos estratégicos de Salvador, como fortes e depósitos de armas, e chegaram a quase dominar toda a cidade entre a noite do dia 24 para 25 de janeiro de 1835. A data é reveladora: era a noite final do Ramadã, o mês sagrado islâmico, cujo calendário lunar é móvel em relação ao nosso. De fato, tratava-se de uma verdadeira Cruzada ao inverso:

islâmicos na América atacando cristãos. E, claro, escravizados atacando seus proprietários. Curiosamente, sua força foi sua fraqueza. Explica-se.

Os escravizados que não eram islâmicos não aderiram à revolta. Muito ao contrário, fiéis às suas origens culturais, fosse cristã católica ou politeísta animista, lutaram contra os haussás. Além dessa diferença religiosa, também havia diferença étnica, já que muitos haussás eram inimigos das outras etnias na África, inclusive praticando a escravidão daquelas etnias nas suas terras de origem. A união de oprimidos x opressores não era assim tão simples. Sem apoio das outras etnias escravizadas, o levante foi rapidamente dominado. Foi uma madrugada de intensos combates, mas, ao raiar do dia, a maioria dos maleses tinha sido derrotada, em grande parte por outros escravizados africanos. Essa revolta está no período regencial, mas segue uma lógica totalmente fora das questões políticas das outras. Na Salvador das várias igrejas em cada esquina, mesquitas ocultas quase dominaram a cidade.

3.5 A DISPUTA ENTRE O PADRE E O JUIZ: UM NOVO REGENTE

O Ato Adicional foi feito em agosto de 1834. A eleição para regente uno, na qual ganhou padre Feijó, foi em 1835, e o mandato era para ser de quatro anos. As revoltas Farroupilha e Cabanagem já tinham começado em 1835. As agitações políticas que mais tarde levariam às outras duas, Sabinada (que começaria em novembro de 1837) e Balaiada, iniciada em 1838, já estavam também bastante avançadas. Pressionado pelas revoltas já iniciadas, pelas disputas que levariam em pouco tempo às outras e pelo grupo centralizador, Feijó renunciou ao cargo em setembro de 1837.

O parlamento fez nova eleição com dois candidatos. O mesmo Holanda Cavalcanti da eleição anterior e o vencedor, Pedro de Araújo Lima, também pernambucano, como seu oponente. Aliás, seu título de nobreza era Marquês de Olinda.

Dá-se o nome de "regresso" a essa fase da Regência. Araújo Lima compartilhava ideias liberais descentralizadoras, como Feijó, mas ele não estava sozinho nessa avaliação, achava que esta autonomia provincial podia colocar em risco não apenas a unidade do Império, mas a própria ordem social do país. É neste momento que lembramos o discurso já citado de seu ministro da Justiça, Bernardo de Vasconcelos: *fui liberal...*

É com esse pano de fundo, revoltas e críticas ao excesso de descentralização, que o Parlamento aprovava, na regência de Araújo Lima, a "Lei Interpretativa do Ato Adicional", literalmente uma emenda à emenda, ou seja, a Constituição de 1824 tinha sido emendada pelo Ato de 1834 e, agora, em 1840, havia uma outra mudança, embora não uma emenda constitucional em si.

Tal lei retirava vários poderes das recentemente criadas Assembleias Provinciais. Um dos pontos centrais da nova interpretação era que, pelo Ato Adicional, as Assembleias Provinciais poderiam adaptar as leis nacionais às realidades das diferentes regiões. Agora, esta "liberdade interpretativa" ficava eliminada, ou seja, qualquer lei que viesse do poder central do Rio de Janeiro teria que ser seguida sem nenhuma alteração possível pelas assembleias regionais. Também houve mudanças no Código de Processo Penal, aumentando penas, o que é explicado no contexto das revoltas, além da centralização das decisões penais nas mãos da justiça da Regência, diminuindo os poderes dos juízes regionais.

É importante notar que, do ponto de vista jurídico, o Ato Adicional foi uma emenda constitucional, mas a Lei

Interpretativa, como o próprio nome indica, foi uma lei comum, que apenas alterava pontos específicos da emenda, sem porém alterar sua essência. E por que essa diferença? Porque os liberais descentralizadores ainda eram um grupo forte no Parlamento e leis constitucionais exigem maioria qualificada de dois terços ao contrário das leis comuns, maioria simples, ou seja, apesar de fortalecidos no período das revoltas, os regressistas centralizadores ainda não tinham o total controle das forças políticas e precisavam negociar. Essa realidade é claramente vista nas datas: se Feijó deixou o cargo no final de 1837, a Lei Interpretativa só foi aprovada em 1840, levando mais de dois anos para ser finalmente aprovada.

O fato é que a maioria dos regressistas tinha sido descentralizador e não queria uma centralização excessiva. Vamos sempre lembrar do famoso discurso *"fui liberal"* . A ideia da Lei Interpretativa não era voltar aos tempos de Pedro I, com amplos poderes nas mãos do imperador e agora, na Regência. Mas apenas corrigir, na visão dos parlamentares, o que tinha sido a causa das revoltas: uma descentralização excessiva e uma diminuição da possibilidade de intervenção do poder central nas questões regionais, gerando conflitos nas províncias. Mas a pergunta agora que precisa ser feita é: a causa das revoltas era de fato um excesso de centralização? Como vimos, não necessariamente, ou, pelo menos, não inteiramente. Discussões sobre centralização ou não eram tema de fortes embates políticos, mas as revoltas armadas tiveram outras questões, algumas muito mais profundas, como exclusão social e miséria local e que não seriam revolvidas com leis comuns ou emendas constitucionais. Por isso, apesar dos anos de Araújo Lima no poder, de fins de 1837 até 1840, as duas principais revoltas continuaram, Farroupilha e Cabanagem.

O grupo liberal descentralizador ainda era forte no parlamento, como vimos. E foi dele uma ideia política brilhante, tão bem construída que muitos chamam de *golpe*. Teria sido mesmo? Veremos no capítulo seguinte. Mas antes, precisamos ainda analisar uma última revolta. Ela marca a transição do agitado período regencial para o estável II Reinado.

3.6 Entre Recife e Paris, revolução e praia: o início da pacificação

> Nas ruas do Recife, era comum a seguinte quadra popular:
> Quem viver em Pernambuco
> não há de estar enganado:
> Que, ou há de ser Cavalcanti,
> ou há de ser cavalgado.

A família Cavalcanti não era a única, mas talvez expressasse a mais evidente realidade social e política da província de Pernambuco: o domínio quase total da oligarquia açucareira na política local, articulado com as redes de poder do poder central no Rio de Janeiro. Holanda Cavalcanti foi candidato derrotado à Regência Una por Feijó, o que não significa em absoluto que sua posição política era de fragilidade. Ao contrário, as importantes famílias das oligarquias quase sempre se revezavam como presidentes de província, desde os tempos de Dom Pedro I. Na Regência, pouca coisa tinha mudado.

Igualmente desde os tempos coloniais a cidade de Recife tinha uma sólida tradição liberal, descentralizadora e crítica ao poder. Muitas vezes chamada de radical, era na verdade apenas a expressão legítima de classes médias urbanas mais intelectualizadas e não raramente classes baixas de artesãos e outros trabalhadores, com algum acesso à leitura e à formação. É o tipo social e ideológico de Frei Caneca, o liberal democrático fuzilado por Dom Pedro I.

Essas tensões existiram em duas revoltas na região: Revolução Pernambucana de 1817 e Confederação do Equador de 1824. Ambas eram críticas dos mesmos temas: centralização política e administrativa, imposição de leis e impostos vindos da Corte. Em ambas, a mesma resposta do governo central: repressão. E nas duas, os mesmos personagens, como Frei Caneca.

Podemos dizer que a **Revolução Praieira** de 1848 é mais um ponto na trajetória liberal e descentralizadora dos pernambucanos e nas suas disputas políticas locais entre uma classe de ricos proprietários de engenhos de açúcar, apoiados pelo poder central do Império e classes médias urbanas.

Essa revolta já está no governo de Dom Pedro II, que tomou posse do cargo de imperador em 1840 pelo parlamento, com sua cerimônia de coroação no ano seguinte. Porém, pode-se dizer que é uma revolta com as mesmas temáticas do período regencial, ou até mesmo recuar sua trajetória ainda no período colonial, durante o domínio de Dom João VI.

Os liberais do Recife, cujo jornal principal era o **Diário Novo**, localizado na Rua da Praia, batizando o movimento, desejavam quase o mesmo que seus conterrâneos de anos anteriores. Retiramos um pequeno trecho deste jornal:

> 26 DE ABRIL DE 1848. A Fôrma do Governo.
>
> Como devemos nós encarar a revolução da França, e seus efeitos? Qual será a conseqüência imediata de uma mudança tão repentina e tão formal? Antes de emitir a nossa opinião, vejamos a maneira porque os homens desprevenidos conceberão a situação da França em um momento de geral estupefação. De uma correspondência datada de Paris no 1º de março e dirigida ao Economist, extraímos os seguintes fatos e pensamentos: A 24 de fevereiro passou-se uma

cena horrível na sessão da câmara dos deputados, quando a duquesa de Orleans e seus dois filhos se apresentaram aos deputados. A maioria da câmara aplaudira a M. Dupin e Mr. Odilon Barrot, que propuseram o reconhecimento do conde de Paris como réu, com o nome de Filipe II, sob a regência de sua mãe: mas o voto da câmara fora prevenido pela populaça que invadira as galerias e apontara as armas para a duquesa de Orleans e para os deputados. A câmara fora então movida pelo sentimento do terror, quando consentira em nomear um governo provisório e adotar uma república.

O jornal do Recife retrata os episódios recentes da Revolução de 1848, quando o rei Luís Filipe II (no texto referenciado apenas em seu segundo nome), apelidado de "rei burguês" por suas conexões com a alta classe empresarial francesa de seu tempo, foi retirado do cargo e foi criada uma República. Muito digna de nota é a referência a um artigo da **The Economist**, tradicional revista britânica fundada em 1843 e até hoje uma das referências internacionais do ponto de vista liberal.[8] Prova de que o nível de leitura e de internacionalização das opiniões dos recifenses da época eram muito conectados com o que havia de mais atual no mundo atlântico.

O artigo prossegue com reflexões políticas sobre o processo revolucionário que ocorreu em 1848 em Paris. E com uma opinião bastante lúcida: se a elite política francesa não consegue manter o governo com sólida representação popular e legitimidade, então a revolução pode ocorrer. E ela não é desejada, mas um ato evitável, desde que o governo instituído tenha apoio popular. O jornal não representa uma opinião

---

8   **The Economist** não é uma revista apenas de Economia, mas é principalmente de análise política, pois no século XIX a disciplina que envolvia a análise das relações entre produção e sociedade, ou seja, as atuais Economia e Ciência Política, era chamada de Economia Política. Atualmente, além destas áreas, a **The Economist** é referência na área de Relações Internacionais.

"jacobina" ou revolucionária em si, mas propõe uma articulação entre representação eleitoral e governo: ou seja, um governo deve ser entendido pela população como legítimo, caso contrário o caos revolucionário pode ocorrer.

"Desenganai-vos: a república francesa foi um aborto da revolução, que morreu em consequência deste mau sucesso".

Curiosamente, esse jornal liberal emite críticas à república criada na França pós-1848. E indica que um governo monárquico parlamentar seria preferível, desde que, no caso brasileiro claro, fosse descentralizador. Era uma revolta que já tinha em seu horizonte o papel de Pedro II, por isso sua tendência menos republicana.

No mesmo artigo, o articulista saúda a chegada de um novo presidente da província, nomeado pelo imperador, Vicente Pires da Mota, dizendo: "Saudamos com efusão de júbilo a chegada das novas autoridades como a um juiz de paz. Deus queira converter em risonha bonança a tempestade, que se amontoava no horizonte".

Opiniões até bastante moderadas, mas que eram solenemente ignoradas pelas elites políticas parlamentares do Rio de Janeiro, pouco simpáticas a uma descentralização, após o trauma das outras revoltas regenciais.

Daí o processo da Revolução Praieira: mais uma vez, um rompimento entre duas visões de poder político, centralizador ou descentralizador. E, mais uma vez, propostas inicialmente longe de serem "revolucionárias", mas que foram se radicalizando à medida que não eram ouvidas pelo poder central.

Após uma sequência de governos que não agradavam aos liberais locais de Pernambuco, o conflito começou em novembro daquele ano. Uma das lideranças militares dos "praieiros" teria sido do general Abreu e Lima, um veterano liberal que participou até mesmo das guerras de independência da

América Latina, lutando ao lado de Simon Bolívar. Sua participação na Praieira é discutida até hoje, com alguns historiadores argumentando que ele não teve ativa participação no movimento, mas apenas apoiou-o a distância. O jornalista Antônio Borges da Fonseca foi um ativo defensor da causa liberal e autonomista regional, e sua atuação na imprensa da Paraíba, seu estado natal, e em Pernambuco, é notável.

Em 1849, os "praieiros" lançaram seu Manifesto ao Mundo, cujas propostas eram:

- Voto universal, sem critério de renda. Uma crítica direta ao voto censitário da Constituição imperial.
- Livre-imprensa e de associação. Embora a Constituição fosse bastante liberal neste assunto, na prática era comum que juízes de primeira instância, por razões políticas ou às vezes até pessoais, censurassem jornais e prendessem jornalistas.
- Extinção do Poder Moderador, uma tradição de longa data em Pernambuco, que sempre criticou o excesso de poder político que a Constituição dava ao Imperador. Nesse sentido, uma crítica muito coerente com o modelo liberal.
- Federalismo, mas não necessariamente república. Talvez o leitor já esteja até enfadado, mas o tema é mesmo recorrente: descentralização, mas não necessariamente uma república. Nesse sentido, a Praieira é menos revolucionária do que a Confederação do Equador, esta, sim, abertamente republicana. E essa hesitação em relação à república é vista nos trechos citados do jornal, ao mesmo tempo fruto de uma leitura política atenta dos acontecimentos europeus, particularmente na França, pós-revolução de 1848.

Os conflitos armados se estenderam até 1850, quando os últimos combates terminaram nas regiões em torno do Recife, como Igarassu. Os principais líderes foram anistiados, incluindo o jornalista Borges da Fonseca. Após essa revolta, o II Reinado consegue uma pacificação notável, equilibrando as tendências liberais e conservadoras. Mais do que o intenso debate entre centralização e descentralização, que foi a linha principal das revoltas, a presença da figura simbólica do imperador conseguiu unir o país de enormes diferenças. Pelo menos até o movimento republicano ganhar força, podemos afirmar que houve um grande refluxo das tendências separatistas ou de autonomia regional. Equilíbrio precário, pois em outros momentos da trajetória brasileira este debate voltaria. E poderia ser de outro modo em um país com território tão vasto e tantas diferenças regionais?

4 A IDEIA DE IR TER COM O IMPERADOR: DOM PEDRO II – MENORIDADE E PRIMEIROS ANOS

4.1 Chamem o rei menino: golpe da maioridade e o poder do símbolo

Em caminho, encontramos o Imperador, que vinha da Escola de Medicina. O ônibus em que íamos parou, como todos os veículos; os passageiros desceram à rua e tiraram o chapéu, até que o coche imperial passasse. Quando tornei ao meu lugar, trazia uma idéia fantástica, a idéia de ir ter com o Imperador, contar-lhe tudo e pedir-lhe a intervenção. Não confiaria esta idéia a Capitu. "Sua Majestade pedindo, mamãe cede", pensei comigo.

Vi então o Imperador escutando-me, refletindo e acabando por dizer que sim, que iria falar a minha mãe; eu beijava-lhe a mão, com lágrimas. E logo me achei em casa, a esperar até que ouvi os batedores e o piquete de cavalaria; é o Imperador! É o Imperador! Toda a gente chegava às janelas para vê-lo passar, mas não passava, o coche parava à nossa porta, o Imperador apeava-se e entrava. Grande alvoroço na vizinhança: "O Imperador entrou em casa de D. Glória! Que será? Que não será?"

A nossa família saía a recebê-lo; minha mãe era a primeira que lhe beijava a mão. Então o Imperador, todo risonho, sem entrar na sala ou entrando– não me lembra bem, os sonhos são muita vez confusos –, pedia a minha mãe que me não fizesse padre –, e ela, lisonjeada e obediente, prometia que não. – A medicina, por que lhe não manda ensinar

medicina? Uma vez que é do agrado de Vossa Majestade...
(Machado de Assis, 1899, p. 212).

É uma das obras literárias mais reconhecidas do Brasil. E sua polêmica também. No romance **Dom Casmurro**, o personagem Bento Santiago, apelidado de Bentinho, narra suas memórias. E, na trajetória de sua vida, ocorre um evento traumático: a traição de sua esposa, Capitu, com seu melhor amigo, Escobar. Ou pelo menos é isso em que ele acredita...

Polêmicas sobre traição à parte, Bentinho é um personagem inseguro. Não à toa ele tem esse apelido, mesmo em sua adolescência, quando já não deveria ter mais um comportamento infantil. No trecho acima, sua indecisão é demonstrada pela sua incapacidade de colocar seu ponto de vista. Já apaixonado por Capitu, sua futura esposa, Bentinho precisa cumprir a promessa de sua mãe: estudar no seminário e tornar-se padre, o que ele não quer. Ao invés de expor seu ponto de vista para sua mãe, ele sonha em encontrar o Imperador, no caso, Pedro II (o livro foi publicado em 1899, já encerrado o II Reinado). Em seu sonho ou delírio, o Imperador iria convencer sua mãe para que ele não entrasse no seminário, mas fosse estudar Medicina, o que no caso tem pouco a ver com a profissão, mas com seu desejo de manter-se em contato com Capitu.

Se ele, Bentinho, mesmo um homem já adulto, não tem a coragem de expor seu desejo de vida para sua mãe, o Imperador o faria: "A medicina, por que lhe não manda ensinar medicina?"– Ao que ela, chamada de Dona Glória, responderia: "Uma vez que é do agrado de Vossa Majestade...".

Podemos ampliar agora as indecisões e covardias de Bentinho e focar no Imperador. No livro, Bentinho não vai cursar Medicina, mas tampouco se torna padre. Essa necessidade da vontade do Imperador não era exclusiva do personagem. Boa parte da elite política brasileira queria um Imperador, e o motivo não era Capitu: como recolocar ordem social e estabilidade em um país com revoltas e disputas políticas intensas no Parlamento?

A expressão "elite política" é muito usada, mas precisa ser sempre qualificada. Naquele momento, podemos classificar pelo menos dois grupos bem distintos: o núcleo do poder central, no Parlamento do Rio de Janeiro, formado pelos deputados e pelos senadores, ambos associados no poder ao regente uno, desde o Ato Adicional de 1834. E as diversas elites políticas regionais, formadas pelos grandes fazendeiros, comerciantes e pelos postos mais altos do Judiciário local, nem sempre concordantes com aqueles. Em contrapartida, vimos que no Parlamento havia uma disputa entre pelo menos dois grandes grupos: os pró-Ato Adicional, chamados de progressistas, mais favoráveis à descentralização, e os contrários ao Ato Adicional, os regressistas, temerosos de que a descentralização tinha ido longe demais e queriam uma volta ao processo centralizador. Os progressistas formaram o Partido Liberal, e os Regressistas, o Partido Conservador.

Para além dessa distinção inicial, durante o II Reinado, o Partido Liberal vai aglutinar outros temas e grupos sociais. Podemos resumir, de forma geral, que os liberais eram mais urbanos. O que isso quer dizer? Na medida em que a economia se diversificava, setores urbanos como pequenos comerciantes, prestadores de serviço como advogados, padres, professores, médicos, jornalistas, construíam uma camada média da população que não se identificava de forma imediata com os interesses da chamada elite tradicional, esta formada por grandes fazendeiros, produtores de açúcar, tabaco, café, algodão e gado. Esses setores mais rurais, tradicionais na formação da sociedade brasileira, eram mais filiados ao Partido

Conservador. Portanto, a antiga distinção centralização/descentralização vai perdendo seu sentido e tornando-se mais enraizada na diferença rural/urbano da sociedade brasileira do decorrer do século XIX.

Nessa breve e esquemática diferenciação, estão excluídos os escravizados, que pouco participavam dos debates políticos parlamentares. O que não significa que o tema escravidão/abolição fosse menos importante. Esses tema vai em breve se tornar o mais central do debate público brasileiro e vai acrescentar-se aos dois partidos já descritos. E, por motivos bem evidentes, a maioria dos fazendeiros do Partido Conservador era escravocrata. Já os liberais urbanos entendiam a abolição como fundamental na modernização econômica e social do país. Mais uma vez, descrições como essa são gerais e não podem ser tomadas de forma absoluta. O que significa que é possível encontrar um grande produtor rural abolicionista, muito embora esta posição tenha variações. Um importante político brasileiro, senador Nicolau Vergueiro, foi escravocrata mas introdutor do trabalho assalariado imigrante europeu em São Paulo. Aos poucos, a nova elite cafeeira paulista não será escravocrata, item que veremos adiante.

Posição contrária também pode existir: profissionais urbanos de classe média com interesses escravocratas – era perfeitamente possível. Em parte, porque a escravidão no Brasil era generalizada em toda a sociedade. Pequenos artesãos com oficinas de carpintaria poderiam ter um ou dois escravizados. Não eram de forma alguma parte da elite econômica do país. Mas não seriam abolicionistas.

Nessa complexidade de posições, a posição do Imperador importava. No trecho citado, Machado de Assis parece demonstrar não só a fraqueza de opinião do personagem Bentinho, mas toda a necessidade de um eixo articulador do processo político brasileiro. Mais uma vez, o poder simbólico do Imperador era importante. Para resolver o problema de Bentinho, ele construiu em seu delírio "uma idéia fantástica, a idéia de ir ter com o Imperador, contar-lhe tudo e pedir-lhe a intervenção".

A elite política brasileira, em seus dilemas e indecisões e pressionada por revoltas regionais também teve a mesma ideia: pedir a intervenção do Imperador. Ele tinha 14 anos.

O processo é chamado de **golpe da maioridade**. Mas não é um golpe no sentido literal do termo, na concepção de uma interrupção ilegal de um processo político. Não foi um fechamento do Parlamento ou uma intervenção militar. Mas uma estratégia política bem articulada: o nome golpe ficou, mas poderia ser apelidado de um xeque-mate, como no xadrez. E, de fato, neste sentido de golpe como estratégia, foi brilhante.

Após a regência de Feijó, assumiu o governo Pedro de Araújo Lima, regressista, um dos fundadores do Partido Conservador. Com o argumento de repressão às revoltas, que teriam como causa a descentralização, o movimento para centralizar o poder administrativo era muito forte no Parlamento. Mas os liberais tiveram uma ideia como a de Bentinho: *ir ter com o Imperador.*

O rei menino de 5 anos já era um adulto, com 14. Solidamente formado e com plena consciência de seu papel institucional, os principais políticos liberais sondaram Pedro com a sedutora proposta: uma mudança na lei, para antecipar a maioridade do Imperador, de 18 para 15 anos. Com sua presença no cargo, argumentavam os liberais, o país seria pacificado. Pedro, com 14 anos incompletos, assumiria o trono assim que chegasse aos 15 anos, em poucos meses.

Imediatamente, os conservadores, que não eram nem um pouco inocentes no jogo político, perceberam a estratégia. Eles eram maioria no Parlamento e poderiam facilmente barrar a mudança legal. O que significa que Pedro não assumiria o trono com 15, mas com 18 anos. E o que isso significava? Indispor todo o grupo conservador contra Pedro. E, quando ele assumisse o cargo, poucos anos mais tarde, ele saberia quem no Parlamento foi contra ele. E vimos que, pela Constituição de 1824, o Imperador tinha enorme poder político. Resumindo: votar contra o futuro Imperador era suicídio político para os conservadores.

Um dos principais articuladores da estratégia foi Antônio Carlos de Andrada, irmão de José Bonifácio, uma das figuras centrais no processo da Independência. Fiel à tradição da família em ser aliada do imperador. Podemos dizer que os Andrada foram os principais nomes dos antigos restauradores, grupo monárquico no início da Regência que queria a volta de Pedro I. Agora uma curiosa aliança política entre este grupo, que tinha simpatias pelo absolutismo, com os liberais descentralizadores.

Qual foi o grupo que primeiro criou a ideia de antecipar a maioridade? Os liberais. O que equivale a dizer que o rei recém-empossado iria dar privilégios a eles. Resumindo de novo: votar na antecipação era, do ponto de vista conservador, dar poder aos liberais. Xeque-mate.

Como pôde antecipar o leitor, os conservadores votaram favoravelmente à antecipação da maioridade, já prevendo os próximos passos para tentar voltar ao poder. No dia 18 de julho de 1841, uma cerimônia com pompa e circunstância coroou um jovem de 15 anos como Imperador do Brasil.

Figura 4.1 Coroação de Pedro II, 1840.

Fonte: Acervo do Museu Histórico Nacional.
Disponível em: https://mhn.museus.gov.br/.

Pela Constituição, o Imperador tinha uma prerrogativa (um direito) fundamental: dissolver o Parlamento, quando este não concordava com o ministério escolhido pelo próprio Imperador. O primeiro ministério criado por Pedro II após sua posse era liberal, uma forma de recompensar o grupo que tinha antecipado sua maioridade. Nesse grupo de governo, estavam os dois irmãos Andrada – Antônio Carlos e Martim Francisco –, demonstrando de forma exemplar que no mundo da política muitas vezes o que parece ser o fim é um recomeço. Os dois tinham sido exilados no final do governo de Pedro I e agora eram ministros do seu filho, recém-empossado como rei. José Bonifácio, o mais velho dos irmãos e líder durante o processo de Independência, tinha falecido em 1838, pouco antes da posse de Pedro II. Outro membro do ministério era

Holanda Cavalcanti, o mesmo que tinha perdido as duas eleições para regente uno.

No entanto, o Parlamento ainda continuava com maioria conservadora. Usando seu poder moderador, Pedro II dissolveu o Parlamento e convocou novas eleições. A ideia era que ganhasse o partido liberal, o que de fato aconteceu. Porém, não do jeito que o Imperador imaginava em seus 15 anos.

As eleições ficaram conhecidas como **"eleições do cacete"**. Foram escandalosamente fraudadas. Juízes responsáveis pela eleição foram substituídos por outros, fiéis aos liberais. A Guarda Nacional foi usada sem vergonha nenhuma para impor a vontade dos candidatos, daí o apelido pouco sutil: eram os chamados "papos amarelos", invadiam as seções armados com porretes ameaçando eleitores. Ironicamente, foi uma eleição "inclusiva": as listas eleitorais foram falsificadas sem nenhuma vergonha, com escravizados sendo alistados e até mortos "votando". Bastava ir até a igreja mais próxima da seção eleitoral e usar a lista dos enterramentos do último ano...

Com uma fraude desse tamanho, o resultado ficou fácil: os liberais ganharam a maioria no Legislativo. O que equivale a dizer que o golpe da maioridade foi um sucesso: agora tinham o ministério e o parlamento. Mas os velhos políticos cometerem um erro, pois o jovem imperador tinha outros planos para seu governo.

4.2 Um momento ético na política brasileira

Havia um grupo conhecido como "Clube da Joana", referência ao rio, hoje canalizado, que passava justamente na região do palácio da Boa Vista, residência da monarquia. Ali tinha residência o mordomo-mor do palácio, o deputado Paulo Barbosa da Silva. Não se engane o leitor com o modesto título de "mordomo". Esse cargo designava uma posição de acesso direto ao Imperador, articulador político e um conselheiro de alto nível. Paulo Barbosa também teve sólida carreira diplomática, servindo em diferentes países, entre eles Rússia, Alemanha e França, como representante oficial do Brasil.

Mordomo, aqui, como aquele personagem quase caricato de filmes de mistérios policiais, não corresponde ao poder efetivo deste cargo na hierarquia imperial. O Clube da Joana se reunia periodicamente, discutindo política e articulando as estratégias do poder em torno do jovem Pedro II. Velhos políticos muito experientes influenciando um jovem rei. O grupo também era conhecido como "facção áulica". O termo áulico significa o que é próximo do rei, membro da alta corte, também conhecido como palaciano. Até hoje, por derivação, o termo áulico pode ser usado como um pejorativo, um termo desfavorável, para "puxa-saco", bajulador do poder.

Um dos principais líderes do Clube da Joana era o deputado, posteriormente senador, Aureliano de Sousa e Oliveira Coutinho, o Visconde de Sepetiba. Seu cargo seria mais tarde o de Ministro da Justiça, posição privilegiada para acionar as forças das Guardas Nacionais quando necessário, já que essas tropas regionais estavam subordinadas aos presidentes de província, estes por sua vez indicados pelo próprio imperador. Não era apenas uma questão de poder político, mas igualmente capacidade de chamar força repressiva em caso de necessidade.

Os políticos do Clube da Joana eram em sua maioria conservadores. E viram com espanto o jovem rei cercar-se de liberais no ministério, e agora no parlamento. Mas devem ter ficado ainda mais espantados quando o jovem imperador teve um ímpeto ético: com as notícias das fraudes eleitorais em todos os jornais do Rio de Janeiro, **Pedro II decidiu cancelar o ministério liberal por ele mesmo nomeado e criar um novo ministério, agora com conservadores**. O problema inicial se manteve, mas invertido: ministério conservador e parlamento liberal. Para solucionar, ouvindo os conselhos dos seus políticos, Pedro II dissolveu o parlamento mais uma vez.

O novo ministério conservador passou a cancelar reformas feitas pelos liberais. Talvez a maior dessas mudanças conservadoras seja a nomeação de juízes pelo governo central, o ministério da justiça (justamente controlado agora pelo Visconde de Sepetiba). Antes, durante o mandato liberal, os juízes eram eleitos pelas assembleias provinciais. Uma centralização de poder realmente muito grande, pois seria como se hoje o presidente pudesse nomear juízes regionais (a comparação é apenas didática, já que as estruturas de poder eram outras naquele momento). Para piorar para os liberais, não havia perspectiva de volta à liderança do ministério.

Por que Dom Pedro II cancelou as eleições do cacete? Há duas hipóteses, mas, no caso, ambas são convergentes, e não divergentes. Uma primeira é a influência da facção áulica, o Clube da Joana, conservador, sobre o jovem imperador. Outra é a própria disposição de Pedro II em não aceitar uma eleição fraudulenta em seu primeiro ano de governo. De fato, veremos que Pedro II tinha uma sólida visão de sua postura de Imperador e, embora não fosse isento de críticas pessoais (algumas aliás poderiam ser muito contundentes em relação a certas ideologias de sua época, como veremos adiante), Pedro II não compactuava com ilicitudes, principalmente no tocante à relação entre poder público e âmbito privado: em resumo, era ético.

Com essa os políticos liberais não contavam. E, com certeza, nem os conservadores. A crise na política brasileira estava instalada.

Com a dissolução do Parlamento, os liberais se viram totalmente fora do poder. É nesse contexto que temos duas

revoltas liberais, no ano de 1842, em São Paulo e em Minas Gerais. Talvez seja o último suspiro político de um personagem importante, padre Feijó. Justamente o primeiro regente uno e um dos principais líderes liberais. A revolta na província de São Paulo teve como foco a cidade de Sorocaba, para onde partiu Feijó, vindo de Campinas, e juntando-se ao líder principal do movimento, Brigadeiro Tobias de Aguiar, aclamado como presidente da província naquela cidade. Em Minas Gerais, a cidade onde começou a revolta militar foi Barbacena, cujo líder era José Feliciano Pinto Coelho da Cunha, Barão de Cocais.

Foi um movimento militar regional, com as tropas das guardas nacionais das duas províncias não reconhecendo o poder central do novo ministério e parlamento conservador. E mais uma vez foi chamado para reprimir a revolta o Duque de Caxias. Este conseguiu tomar a cidade de Sorocaba, a sede do movimento. Caxias prendeu ali Feijó, mas Tobias de Aguiar conseguiu fugir da cidade e foi em direção ao sul, tentando se unir à Farroupilha, que ainda se mantinha (embora em 1842, já bastante enfraquecida). O caminho entre Sorocaba e Rio Grande do Sul era muito antigo, suas origens datam das feiras de muares da época colonial, durante o auge da mineração. Tobias conseguiu chegar até o sul, mas também foi preso e levado ao Rio de Janeiro. A revolta na província estava encerrada. Caxias foi até Minas e, também, derrotou as tropas dos liberais mineiros.

Essas duas revoltas não devem ser comparadas às regenciais. Primeiro, porque foram revoltas em duas províncias ligadas às disputas no parlamento e não a outras afastadas desse núcleo do poder central. Portanto, embora os líderes da revolta fossem liberais, não é uma revolta por autonomia ou muito menos, separatismo republicano. Na prática, é uma revolta *dentro* do poder central: o caráter regional aqui não é centralização x descentralização, mas quem tem poder no parlamento e no ministério. Sem dúvida, aqui a denominação "revolta de elite" cabe de forma precisa.

Dom Pedro II mostrou mais uma vez, de forma bastante lúcida para um jovem rei de poucos anos, capacidade de negociação. Os líderes paulistas e mineiros foram logo anistiados. Tobias de Aguiar teve ainda uma longa carreira política em São Paulo. Já vimos que sua esposa era a Marquesa de Santos e ele é o patrono da Polícia Militar do estado. Feijó, já bastante doente, faleceu em 1843, um ano após a revolta.

O problema político mantinha-se no Rio de Janeiro: liberais ou conservadores? O dilema foi resolvido pelo Imperador de uma forma simples: nomeou um ministério com a presença dos dois grupos. Claro que as disputas políticas ainda permaneciam, mas iam perdendo cada vez mais ímpeto. Durante alguns anos, Pedro II faria literalmente um rodízio entre os dois partidos, alternado ora um, ora outro no ministério.

Até que a própria elite política, com a liderança do Imperador, resolveu o problema.

Não à toa foi chamado de "Ministério da Conciliação", formado em 1853. Seu líder era o mineiro Honório Hermeto Carneiro Leão, o Marquês de Paraná. Sua trajetória política e intelectual inicia-se com sua formação em Direito na Universidade de Coimbra, que ainda mantinha seu papel de formar parte da elite política e administrativa brasileira, mesmo após o final do período colonial (já havia cursos de Direito em Olinda e em São Paulo desde 1828, pouco após a independência). Juiz e depois deputado e senador por Minas Gerais, foi enviado por Pedro II para Pernambuco, negociar as condições de rendição da Revolta Praieira. Também teve papel como diplomata, negociando apoios no Uruguai e em algumas províncias da Argentina, para defender os interesses brasileiros durante uma grave crise no governo daquele país, no governo de Juan Manoel de Rosas, que quase levou a uma guerra civil na Argentina. Foi neste momento que ganhou a confiança do Imperador, nomeando-o com o título de nobreza pelo qual ficaria conhecido como Marquês do Paraná, pelo seu trabalho na região platina. É dele a liderança desse processo de negociação política no Parlamento, após anos de disputas. Poderíamos até sugerir que começou aqui uma longa tradição do estado de Minas Gerais em ser um ponto de conciliação da política nacional, como ocorreria muitas vezes na república.

A frase comum no período foi: "nada se assemelha mais a um saquarema do que um luzia no poder", dita por Holanda Cavalcanti, o liberal que já citamos aqui. Luzia era o apelido dos liberais mineiros, que por amplificação passou a ser o de todos os liberais. Saquarema era o apelido dos conservadores. De fato, quando um grupo estava no poder no ministério, acabava por tomar decisões muito próximas das do grupo rival. Porém, não podemos exagerar o argumento, criando uma falsa imagem de que **toda** a elite política brasileira era igual ou pensava da mesma maneira. Apesar de uma visão mais ou menos compartilhada, pontos de vista divergentes eram comuns. O equilíbrio centralização/descentralização continuava a gerar debates ocasionais. E à medida que a economia do país se alterava, como veremos adiante, gerando novos atores sociais e políticos, podemos dizer que novas elites ocupavam espaços. O mesmo se pode observar das classes médias urbanas e suas demandas específicas. E nem sequer tocamos no ponto mais sensível de toda a estrutura social, econômica e política do II Reinado: a dualidade abolição/escravidão. Em resumo, conciliação não significa necessariamente o fim do debate político. Mas, com certeza, comparando ao período das regências e suas guerras internas, temos sem dúvida uma diminuição sensível das disputas.

Dom Pedro II conseguiu pacificar o país depois de anos de revoltas regenciais, revoltas liberais em São Paulo e Minas, e ainda a Praieira em Pernambuco, além das disputas políticas no núcleo do poder. Sem dúvida, o poder do símbolo foi fundamental. A ideia de Bentinho de *ir ter com o Imperador* fazia sentido, afinal. Já se houve ou não a traição de Capitu, isso nem Pedro II conseguiria dizer.

4.3 Dormindo no trono: o doce balanço da política imperial

Figura 4.2 – "Le roi s'amuse" ("O rei se diverte").

Fonte: Jornal **O Mequetrefe**, janeiro de 1878.

Na linha abaixo, na figura, lê-se: "O jogo das argolinhas: inocente divertimento para o ano de 1878 – Nota: paga-se adiantado".

A imprensa do século XIX era, para os padrões de hoje, mais ácida ao governo do que poderíamos suspeitar em um governo imperial. Pedro II nunca censurou jornais, aliás, a

Constituição de 1834 era muito liberal e garantidora de direitos de livre-opinião nesse aspecto, e as charges e os textos costumavam colocar o Imperador em situações críticas. Na charge acima, do ano de 1878, é satirizado um Pedro II que joga com as dificuldades de seu tempo, o crescente movimento republicano (representado por uma mulher à direita), as exigências da diplomacia, principalmente em relação à Inglaterra e às elites políticas e suas demandas. Pedro II, como um equilibrista envolvendo diferentes demandas, era um tema comum.

Outra charge bastante utilizada em provas de vestibular é esta:

Figura 4.3 – Charge de Ângelo Agostini – 1887.

Fonte: **Revista Illustrada**.
Disponível em: https://memoria.bn.gov.br/pdf/332747/per332747_1887_00450.pdf.

> O rei, nosso Senhor e amo, dorme o sono da... indiferença. Os jornais, que diariamente trazem os desmandos desta situação, parecem produzir em Sua Majestade o efeito de um narcótico. Bem-aventurado, Senhor! Para vós, o reino do céu e para o nosso povo... o do inferno! (Angelo Agostini, **Revista Illustrada**, 05.02.1887).

As palavras são fortes. O povo vive no inferno enquanto o Imperador dorme confortavelmente no trono. De fato, o ano de charge faz sentido, 1887, em plena crise do movimento republicano e abolicionista, de agitações militares positivistas (veremos a ideologia do Positivismo posteriormente, mas aqui cabe apenas adiantar que sua proposta era republicana) e até mesmo discussões sobre a saúde do velho imperador (em 1887, ele tinha 62 avançados anos para a época). Mas, apesar de tudo isso e outros problemas, Pedro II dorme.

Qual a origem dessa imagem ao mesmo tempo de estabilidade e de dormência? Podemos dizer que o II Reinado foi razoavelmente estável do ponto de vista político. Finalizadas as revoltas liberais de São Paulo e Minas Gerais, e formado o Ministério da Conciliação, o país permaneceu longos anos sem maiores crises políticas internas. A maior fonte de tensões era externa, a questão abolicionista com a Inglaterra e a Guerra do Paraguai. Essa estabilidade é positiva ou negativa para o Brasil?

Quase nunca podemos responder a questões históricas com tal simplicidade. Mais uma vez, se comparado às verdadeiras guerras que ocorreram nas regências, uma estabilidade política que permita debates civilizados no Parlamento é um sinal promissor. Porém, há outros aspectos a serem avaliados:

> A soma de todos os movimentos econômicos da nação durante o Império, positivos e negativos, foi realizada

por Angus Maddison, que calculou uma média: a renda per capita do Brasil entre 1820 e 1890. Para o primeiro ano chegou ao resultado de 670 dólares anuais; para 1890, a renda foi de 704 dólares anuais. Em outras palavras, mostra claramente um período de completa estagnação, com crescimento residual de 4% num período de 70 anos (Caldeira, 2017, p. 295).

Teremos um capítulo dedicado somente à Economia do II Reinado, mas aqui temos um *spoiler*: foi um quase desastre. Nessa obra citada, hoje referência em relação à história econômica brasileira, há amplos dados e análises sobre o atraso da economia brasileira no período. Mas parte dessa estagnação, ruim até quando comparada com outros países naquele momento em grave situação de pobreza, como a ex-metrópole Portugal,[9] deve-se à situação política.

Um governo centrado nas decisões do Imperador e em poucos parlamentares bastante satisfeitos em suas posições sociais e políticas criaram um sistema estável e estagnado. Estável na política e estagnado na produção de riqueza. Salvo exceções que veremos adiante, não houve quase nenhuma iniciativa para modernizar as estruturas produtivas do Brasil, ainda solidamente assentadas no trabalho escravizado, na produção agrícola pouco produtiva e no fechamento do país ao comércio externo. Já estamos falando de economia, mas nesse caso ela está intimamente associada à política. Sem embates políticos com visões de mundo diferentes, a natureza do II Reinado foi basicamente a que vemos nas charges acima: um

---

9   Na mesma obra, Jorge Caldeira indica que Portugal, em período assemelhado, teve um crescimento de 40% de sua renda *per capita*, a Argentina, de 100%. Os EUA, mesmo passando por uma guerra civil, viram crescer sua renda *per capita* entre 1820 e 1900, de 1,3 mil dólares para 4 mil dólares, mais de 200%. E isso em um país que recebia milhares de imigrantes, ou seja, aumento de renda *per capita* mesmo com crescimento populacional acelerado.

Imperador culto e respeitado, cercado por uma pequena casta de políticos experientes e bem articulados, isolados do resto da sociedade e das mudanças econômicas e tecnológicas do século XIX. Com essa citação abaixo, podemos entender a irritação do criador da charge sobre o Imperador dormindo no trono:

Por maiores que sejam as imprecisões e a falta de compatibilidade entre os dados, a tendência geral é clara: o século XIX como um todo, e o período imperial em particular, foi um período de estagnação da economia brasileira e, por outro lado, de aceleração da economia mundial. Foi, portanto, um período de acentuado atraso para o país na comparação com o mundo. Esse foi o cenário encontrado pelos republicanos que chegaram ao poder (Caldeira, 2017, p. 297).

Agora vamos nos voltar à economia e analisar brevemente as condições do país neste longo período de sono do Imperador. Seria ele o único culpado por essa estagnação?

5 DUAS OPULÊNCIAS, QUE SE REALÇAM COMO A FLOR EM VASO DE ALABASTRO: DOM PEDRO II – ECONOMIA

5.1 CAFÉ COM AÇÚCAR: RUPTURAS E CONTINUIDADES DA ECONOMIA COLONIAL

> Há anos raiou no céu fluminense uma nova estrela. Desde o momento de sua ascensão ninguém lhe disputou o cetro; foi proclamada a rainha dos salões. Tornou-se a deusa dos bailes; a musa dos poetas e o ídolo dos noivos em disponibilidade. Era rica e formosa. Duas opulências, que se realçam como a flor em vaso de alabastro; dois esplendores que se refletem, como o raio de sol no prisma do diamante. Quem não se recorda da Aurélia Camargo, que atravessou o firmamento da Corte como brilhante meteoro, e apagou-se de repente no meio do deslumbramento que produzira o seu fulgor? Tinha ela dezoito anos quando apareceu a primeira vez na sociedade. Não a conheciam; e logo buscaram todos com avidez informações acerca da grande novidade do dia (Alencar, 1875, p. 1).

Rica e famosa era Aurélia Camargo, personagem feminina fascinante do romancista José de Alencar na obra **Senhora**, de 1874. Não era apenas Machado de Assis, seu amigo, aliás, que criava perfis femininos intensos e complexos. E ela, tendo essas duas qualidades, riqueza material e *status* social, se mostrava na sociedade carioca de seu tempo como exibindo *duas opulências*, ostentações, que se mostravam como em um sofisticado *vaso de alabastro*, um tipo de mineral muito belo e caro.

Na obra, logo no início, Aurélia se mostra na sociedade e exibe sua riqueza e sua posição, mas José de Alencar cria uma trajetória que faria inveja a uma ótima série dos tempos de hoje: de menina pobre e desprezada para poderosa e orgulhosa de sua posição. Porém, típica heroína romântica como é, não vai deixar de lado seu amor e a verdadeira essência de sua busca. Mas aqui termina qualquer referência ao romance, e convidamos o leitor a conhecer mais uma mulher admirável da Literatura brasileira.

José de Alencar foi um escritor produtivo, autor de 21 romances, 7 peças de teatro, crônicas em diversos jornais, além de crítica literária abundante e uma breve autobiografia estética, *como e por que sou romancista*. Também foi deputado e polemizou na imprensa de seu tempo com dois nomes importantes: Joaquim Nabuco, pelo tema da escravidão, e o próprio Pedro II. Em uma antecipação dos atuais debates nas redes sociais, Alencar teceu críticas ácidas aos protegidos do Imperador e a ele próprio, o que lhe rendeu uma pequena vingança de Pedro II: Alencar, já então um nome referência na Literatura e deputado de destaque, foi deixado de lado na escolha para o Senado. Naquele tempo, os senadores eram vitalícios e escolhidos pelo Imperador. Muito magoado com Pedro II, Alencar faz uma longa viagem à Europa, enfrentando invernos rigorosos que pioraram sua tuberculose. Faleceu aos 48 anos, na volta ao Rio de Janeiro.

As polêmicas de Alencar na imprensa fariam inveja aos dias de hoje pela alta qualidade das análises, dos pontos de vista e, apesar de as críticas serem algumas vezes bastante ácidas, da elegância e do respeito mútuo. A discussão de Alencar e Nabuco será retomada adiante, no capítulo dedicado ao abolicionismo.

Aurélia era rica, como vimos. Mas sua essência se manteve. Alencar era um crítico da sociedade em processo de modernização de seu tempo, já finais do século XIX. Para ele, uma sociedade baseada só no *status* e no dinheiro era falsa, vivendo somente de aparências. No mundo atual, esta posição permanece bastante válida, e podemos apenas imaginar qual romance, ou série, Alencar iria produzir em um mundo como o das redes sociais de hoje. Mas também podemos criticar o romancista como alguém "conservador" demais. Um passadista, ou seja, alguém apegado a um passado idealizado, no qual as pessoas eram "puras" e fiéis a princípios. Será mesmo que em uma sociedade capitalista avançada podemos manter nossos valores morais e éticos ou tudo o que é de valor se transforma em dinheiro? Perguntas difíceis para as quais Alencar tinha uma resposta decisiva: riqueza e *status* destroem a ética.

Talvez esse ponto de vista algo pessimista e passadista de Alencar diga alguma coisa sobre a economia do II Reinado: apegada ao passado. Na trajetória brasileira, temos continuidades e rupturas. As primeiras são as permanências que se mantêm por vários períodos, não necessariamente boas, mas igualmente nem sempre ruins, embora estas qualificações também precisem ser mais bem definidas. A continuidade da escravidão por todo o Império é a maior unanimidade de algo ruim para o país. Nesse caso, infelizmente, a mudança veio tarde.

Quais as continuidades e rupturas dessa economia brasileira durante o II Reinado? O leitor poderá vê-las em seu cotidiano: café com açúcar.

Desde a primeira vez que a cana-de-açúcar veio ao Brasil, trazida da Índia por Martim Afonso de Sousa, em 1533, que somos um dos maiores produtores mundiais do produto. E manteve-se durante todo o período colonial: é um tema comum no estudo da sociedade brasileira falar em uma *"sacarocracia"*, ou seja, uma aristocracia, uma elite, de produtores e vendedores de açúcar, no dizer do historiador Evaldo Cabral de Melo. O termo também é usado nas regiões produtoras do Caribe. Porém, durante o Império e particularmente no II Reinado, esta poderosa elite permaneceu no poder político? O açúcar continuou importante como fonte de riqueza exportadora?

Definitivamente, sim. Não podemos simplificar a economia brasileira estudando-a por meio dos conceitos de "ciclo". Ciclo da cana, da mineração, do café etc., como se o crescimento de um produto significasse o fim do outro. O que pode até ocorrer, como de fato aconteceu com o esgotamento do ouro em Minas Gerais. Mas o ciclo da mineração não acabou com a produção do açúcar no Nordeste. Essa visão de "ciclos" deve ser evitada por ser simplificadora demais.

Em resumo, **o Brasil continuou a ser um grande produtor e exportador de açúcar para o mundo**, notadamente para a Europa, e, no decorrer do século XIX, nos EUA. E as elites econômicas que produziam e vendiam esse produto também continuaram a ter relevância política, seja no âmbito regional, em suas províncias, seja no Parlamento central do Rio de Janeiro. E, mantendo a continuidade da sociedade colonial, a maioria quase total das fazendas de açúcar do Brasil no período eram escravocratas. Aqui se articula outro polo social e econômico poderoso, pois a compra e venda de escravizados, antes nas mãos de comerciantes portugueses, agora era feita por brasileiros, a maioria estabelecida no Rio de Janeiro.

A expressão "elite brasileira" ou "elite política", muito usada e talvez abusada nos livros de História, precisa sempre ser qualificada. Nesse caso, temos pelo menos três importantes elementos: o produtor de açúcar na zona rural e o vendedor do produto ao exterior. Seus interesses nem sempre são coincidentes, já que um quer vender pelo maior preço que o outro não quer pagar.

O historiador e diplomata Evaldo Cabral de Melo tem estudos valiosos sobre essas disputas políticas no Nordeste. No entanto, o vendedor de escravizados também tem interesses próprios, já que ele deseja vender seu "produto" – o infame comércio de seres humanos – pelo maior preço possível. No II Reinado, esses três elementos da elite não tiveram grandes disputas, pois, sem o monopólio de Portugal sobre a compra final do açúcar, o preço internacional seguia flutuações de mercado. E a demanda pelo açúcar só aumentou no período, em grande parte pelo acelerado crescimento de várias economias mundiais, EUA em particular, e pelo crescente uso do açúcar na indústria alimentícia. Além disso, não devemos esquecer a própria demanda pelo mercado interno, ou seja, as diferentes regiões do Brasil compravam muito açúcar produzido em certas regiões.

Um dado importante que desmonta de vez o tema do "ciclo" é a área produtora de açúcar. Muito provavelmente o leitor deve imaginar o Nordeste como eixo principal, o que em termos quantitativos é verdade. Mas há vários estudos provando que o açúcar tinha uma produção consistente no Vale do Rio Paraíba do Sul e no interior de São Paulo, em cidades como Itu e Campinas, quase sempre associadas com exclusividade ao café. Pode-se afirmar que áreas produtoras de açúcar tiveram uma passagem para o café à medida que a demanda e o preço desse produto aumentavam consideravelmente. Porém essa passagem é mais lenta e complexa do que um suposto "ciclo" poderia afirmar e como geralmente é entendido. Não era raro ver fazendas no Sudeste brasileiro com produções de café e açúcar ao mesmo tempo. Já o oposto, por razões climáticas, não se dava no Nordeste, essa região, sim, mais especializada na produção da cana.

5.2 As belas fazendas da Serra: a força do café

Porém, embora não possamos nos esquecer do açúcar, entre as duas opulências" no "vaso de alabastro"; entre "dois esplendores" dos quais nos fala Alencar sobre Aurélia, é **o café o mais importante na economia do II Reinado** (e, também, na primeira fase da República).

A produção começou ainda no período colonial, mas o café encontrou solo e clima favoráveis quando chegou ao Sudeste do Brasil, ainda no I Reinado. E sua expansão foi contínua e intensa por todo o período imperial. Podemos marcar um ano quase mítico na trajetória brasileira, embora pouco lembrado nas aulas de História: 1838, ano em que pela primeira vez o café ultrapassou a exportação de açúcar.

A principal região produtora era o vale do Rio Paraíba do Sul, entre a cidade do Rio de Janeiro e a divisa com a província de São Paulo. Cidades como Vassouras, Barra Mansa, Piraí, entre outras, hoje destinos turísticos procurados, com hospedagens em belos casarões, formaram um centro que chegou a produzir quase 70% de todo o consumo de café no mundo. E, ao contrário do senso comum, neste período, o porto por onde toda essa riqueza era exportada sempre foi o Rio de Janeiro. E, também, era lá, na capital do Império, que estavam os grandes comerciantes deste café e dos **escravizados que formavam a mão de obra predominante nas fazendas**. Talvez um dos pontos mais esquecidos deste momento histórico seja a atual floresta da Tijuca, a maior floresta urbana do mundo, na cidade do Rio de Janeiro. O que hoje é um belíssimo parque um dia foi uma área dedicada ao cultivo de cana e de café. A degradação do fornecimento de água para a cidade acendeu um sinal de alerta para Pedro II, que tomou a decisão, pioneira no mundo naquele momento, de iniciar um amplo programa de reflorestamento. O que atualmente os moradores do Rio de

Janeiro e os turistas entendem como uma mata atlântica nativa é na verdade uma recriação humana.

O que mais chama a atenção nessa primeira fase do café no Vale do Paraíba é a dificuldade do transporte do produto até o porto do Rio de Janeiro. Não havia trem, e as sacas de café eram levadas por mulas das fazendas até as pequenas estradas que cruzavam as serras até o porto. E mesmo as plantações eram pouco racionalizadas, com pés de café intercalados com outras culturas, como a mandioca. A estratégia atendia à lógica de alimentar os escravizados, mas perdia na produtividade do café em si. A riqueza desta época veio rápido e criou uma elite poderosa, mas pouco preocupada em projetar seu futuro. Como em outros momentos de nossa trajetória, a acomodação foi inimiga da competitividade.

Talvez o leitor nunca tenha ouvido falar do Visconde de Tremembé, José Francisco Monteiro, nascido em 1830, apenas cinco anos depois do nascimento de Pedro II. Mas, com certeza, o leitor já ouviu falar do *Visconde de Sabugosa*, personagem de Monteiro Lobato em sua coletânea de histórias, *O Sítio do Pica-Pau Amarelo*.

O Visconde de Tremembé é a inspiração para que seu neto, Monteiro Lobato, criasse o personagem, anos mais tarde. Nascido e falecido em Taubaté(SP), cidade do Vale do Rio Paraíba ligada ao café do II Reinado, o visconde era um grande fazendeiro, banqueiro, industrial e benemérito, um dos fundadores da Santa Casa de Taubaté. Homem de grande cultura, foi em sua biblioteca pessoal que o jovem Monteiro iniciou sua vida de leitor. E foi senhor de escravizados como praticamente todos os fazendeiros de café da região. Teve duas fazendas, uma delas no atual município de Taubaté, atualmente um local aberto à visitação pública, considerada a origem do mítico Sítio do Pica-Pau Amarelo. E outra chamada Buquira, no município que hoje leva o nome do neto famoso, que também proclama ser a origem do tema literário. Esta última também permite uma visitação.

Cidades paulistas como Bananal, Areias e São Luiz do Paraitinga eram ricos centros de fazendas de café. Hoje, essa região tem no turismo rural uma atração importante. São as chamadas "cidades mortas". Por que esse nome? A partir da extensão do café pelo oeste paulista e o fim da escravidão, os antigos "barões de café" do Vale do Paraíba entraram em decadência. Mudança geracional e de eixo econômico: o avô de Monteiro Lobato foi um dos homens mais ricos de seu tempo em sua região. Seu neto criou o apelido acima para essa opulência perdida.

Monteiro retratou a riqueza perdida do café em dois livros de contos, **Urupês**, publicado em 1918, e **Cidades Mortas**, no ano seguinte. Em vários deles, Monteiro expressa a decadência da região, motivada em grande parte pela **insistência no uso da mão de obra escravizada**. O escritor viu essa perda de poder e influência na sua própria família. Herdou de seu poderoso avô a Fazenda Buquira, onde passou parte da infância, e ali criou seus personagens tão populares. Foi ali que escreveu **Urupês**, uma sólida crítica social e cultural de como uma outrora rica e poderosa elite pode se tornar decadente de forma tão rápida.

A riqueza do café do Vale do Paraíba se foi. E do Visconde de Tremembé, ficou apenas a memória criada pelo seu neto, o Visconde de Sabugosa.

Figura 5.1 – Fazenda Buquira, no município de Monteiro Lobato.

Fonte: Acervo do autor.

É em uma etapa posterior, mais ou menos a partir da segunda metade do século XIX, que a expansão cafeeira adentra na província de São Paulo e chega até cidades próximas da capital, como Itu. E, a partir de uma linha para o oeste, atinge até o interior da província, desde Campinas até Ribeirão Preto. É nesse momento que a linha férrea conecta os centros produtores com o porto de Santos. Em 1859, iniciou-se a construção da primeira ferrovia dedicada ao café, a Santos-Jundiaí, pelo Barão de Mauá. Por volta de 1870, Santos já era o porto de maior movimento do Brasil, ultrapassando o Rio de Janeiro. Temos aqui mais do que uma mudança geográfica, é uma mudança de centro de poder político e, também, de projeto de país. Estava nascendo a elite republicana. Como vemos, no II Reinado tivemos continuidades e rupturas em nossa economia. Curiosa comparação, pois o café deu base às duas.

5.3 O empresário do Império: a novidade da indústria

Nem toda a elite política e econômica brasileira era igual. E nem todos eram ricos fazendeiros confortáveis em sua posição social. Havia empreendedores com visão de futuro. Ou, pelo menos, pessoas dispostas a arriscar capital e propor projetos inovadores.

A situação de conforto fácil das elites cafeeira fluminense e paulista da primeira fase do café era bem percebida por muitos. Porém, eram poucos os que desejavam *fazer algo*, ou seja, colocar a economia brasileira em um eixo de produtividade e competitividade. E, mesmo quando alguns construíam propostas, faltava capital. É bastante importante notar este ponto: os fazendeiros tinham acumulado grande soma de lucros com o café, mas poucos estavam dispostos a sair desta zona de conforto.

Podemos entender aqui que uma mentalidade capitalista de risco era exceção e não a regra na sociedade brasileira do II Reinado. Mais do que exclusivamente um problema econômico em si, como uma certa linha historiográfica sempre enfatiza, também havia um *problema no modo de ver o mundo*. O que chamamos de economia de mercado não é apenas um sistema econômico por si, mas um jeito de uma sociedade se articular, de pensar objetivos, de projetar o futuro. Os poderosos "barões do café" estavam mais preocupados em manter seu *status* conquistado do que em arriscar algo. Essa é uma linha de interpretação muito presente na crítica que Monteiro Lobato, ele mesmo um empreendedor em seu tempo, faz em **Urupês** e **Cidades Mortas**.

Mas havia exceções. Poucas, mas importantes. Entre elas, estava Irineu Evangelista de Sousa, o Barão de Mauá.[10]

Não podemos transformar Mauá (ele será referenciado a partir daqui deste modo) em um herói capitalista que queria mudar o mundo. Tal simplificação é, por si só, equivocada. Ao mesmo tempo, ignorar sua presença ou transformá-lo em seu exato oposto, o de um monstro capitalista explorador também é uma infantilização da História. Como em quase todos os personagens, ele é fruto de escolhas individuais motivadas por sua formação e um contexto que permite que tais escolhas possam ser postas em prática. Nem herói, nem vilão. Embora, para quem é empreendedor no Brasil de todos os tempos, o simples fato de tentar colocar capital em projetos de risco já seja mesmo algo muito próximo do heroísmo, ou da loucura, muitas vezes.

O contexto de Mauá pode ser dividido em dois: externo e interno. E, quando se fala de política externa no século XIX, é impossível não citar a Inglaterra.

Temos aqui uma sequência de fatos, não diretamente intercalados, mas que permitiram uma enorme janela de oportunidades na economia estagnada do II Reinado. Em 1810, ainda durante Dom João VI, o Brasil (juridicamente na verdade, Portugal) assinou acordos comerciais que davam aos ingleses privilégios alfandegários: 15% de importação. Naquele contexto de completa dependência militar portuguesa da Inglaterra, esta se aproveitou para abrir e dominar o mercado brasileiro, vendendo seus produtos com preços muito competitivos.

De novo, em 1827, a mesma Inglaterra fez valerem seus interesses renovando tais acordos comerciais. A independência

---

10   O Barão de Mauá foi ignorado por certas linhas historiográficas por motivos ideológicos, mas hoje temos uma excelente biografia deste personagem. Há também a sua própria autobiografia.

foi feita em 1822, como vimos, mas somente em 1825 foi reconhecida por Portugal e pela própria Inglaterra, que desejava manter privilégios comerciais no Brasil. Sem capacidade de se impor diante da maior potência mundial na época, Dom Pedro não teve outra saída.

Assim, produtos ingleses, em sua maioria industriais, eram vendidos no Brasil desde 1827 com baixas tarifas (para os padrões da época), de 15%.[11] Em um momento histórico no qual cada país tentava proteger sua indústria da concorrência externa (leia-se, Inglaterra), o Brasil estava desarmado.

Esses acordos venceram em 1844. Neste momento, o Brasil enquanto país estava organizado em suas estruturas políticas e sem ameaças externas ou crises graves que pressionassem o Estado. É nesse contexto que tanto o Parlamento quanto o próprio Dom Pedro II organizam uma nova política de taxas alfandegárias, lideradas pelo ministro que acabou batizando a proposta de **Lei Alves Branco**.

Comumente chamada apenas de tarifa Alves Branco, o que não é o correto, já que dizia algo mais do que somente as tarifas de importação, ela alterou boa parte do comércio exterior brasileiro. Em primeiro lugar, e muito importante, os produtos deixaram de ser taxados pelo critério de origem, ou seja, de qual país eles vinham. Atualizando a proposta para os dias de hoje, seria como se, antes da lei, um carro alemão tivesse uma tarifa de importação diferente de um carro japonês simplesmente por ser da Alemanha. Os acordos comerciais feitos com a Inglaterra davam este tipo de privilégio. Agora, os produtos importados eram taxados por categorias, e não pela

---

11 No mundo atual, a OMC, Organização Mundial do Comércio, coloca como tarifa máxima para produtos industriais 35%. Porém, a maioria dos produtos paga taxas muito menores que isso. Nesta segunda década do século XXI, o protecionismo industrial nos países ricos tem aumentado, revertendo a tendência de maior liberalização que marcou a globalização iniciada nos anos 90 do XX.

sua origem. Mais uma vez, atualizando de forma didática, todos os carros pagariam a mesma taxa, não importando se são alemães, japoneses ou de qualquer país, como é hoje a regra de comércio mundial estabelecida pela Organização Mundial do Comércio (OMC).

E qual seria essa tarifa? Ela variava de produto para produto, porém, a partir da base inicial de 15% máxima negociada (ou seria mais preciso dizer, imposta) pela Inglaterra, a tarifa média agora era o dobro: 30%. Mas alguns produtos podiam pagar bem mais.

Uma importante reflexão deve ser feita: a Lei Alves Branco foi feita para proteger a indústria nacional? Esta interpretação é pouco provável. O objetivo da lei era mais simples e direto, aumentar a arrecadação do Estado. Ao contrário dos dias de hoje, a maior parte da arrecadação vinha exatamente da alfândega, ou seja, os impostos internos eram poucos, e, mesmo quando existiam na lei, não eram cobrados na prática. Quase toda a fonte de renda do governo vinha das tarifas de importação. Portanto, foi para esse objetivo que a Lei Alves Branco foi primordialmente criada.

A elite política do Parlamento não tinha um projeto definido de industrializar o Brasil. Vimos aliás no item anterior como estavam muito confortáveis os cafeicultores com a situação da economia brasileira, que lhes favorecia muito. Aumentar taxas de importação e com isso aplicar o capital em fábricas não era um projeto coletivo ou de governo, mas individual.

Ainda no contexto externo, houve reação à lei. Uma delas veio, como seria evidente, da Inglaterra. Pouco tempo depois, em 1845, foi aprovada a Lei Aberdeen (chamada em inglês de *Bill Aberdeen*, já que *bill* significa um projeto de lei aprovado pelo Parlamento). Essa lei permitia o apresamento de navios negreiros em todo o Atlântico, atacando diretamente os interesses da economia cafeeira brasileira.

Aqui cabe uma importante reflexão: o objetivo da lei era uma retaliação ao Brasil pelas novas tarifas ou uma ação legítima por princípios humanitários? Ou, ainda, uma ação econômica da Inglaterra, motivada em acabar com a escravidão, já que o interesse inglês era expandir o mercado consumidor? Todas as respostas são válidas. E veremos adiante, no capítulo dedicado ao tema da abolição, como interesses variados, nobres ou apenas práticos, se uniram para combater o mais infame comércio possível.

Por último, por que a Inglaterra não reagiu impondo tarifas ao café brasileiro? Afinal, no mundo atual, quando dois países entram em "guerra comercial", geralmente a reação é assim: um país taxa o outro e imediatamente ocorre uma taxação oposta. A resposta é simples: o café brasileiro era pouco exportado para a Inglaterra, que consumia o chá de sua principal colônia, a Índia. A maioria do café do Brasil ia para outros mercados europeus e para os EUA. Assim, por conta deste arranjo não planejado na economia mundial envolvendo o Brasil, nosso país importava quase tudo o que consumia em produtos industriais da Inglaterra, mas exportava pouco para ela, abrindo esta brecha para a aplicação de uma nova política comercial externa.

Aqui nos interessa manter o foco na questão da ruptura na economia brasileira. Agora, no contexto interno, como reagiram as elites econômicas à Lei Alves Branco?

De forma diferente, já que não há **uma** elite econômica, com apenas um ponto de vista. Os comerciantes que vendiam os produtos ingleses no Brasil e tinham sólidos interesses na manutenção deste comércio reagiram muito mal, como seria evidente. Os escravocratas que, inicialmente, não imaginavam uma reação tão rápida da Inglaterra, também não aceitaram bem a Lei Alves Branco. Pressões vieram de todos os lados contra o Pedro II que não tinha muita escolha: precisava das rendas da alfândega para literalmente manter o Estado. De modo pessoal, Pedro II era abolicionista, e via com bons olhos a possibilidade de forçar uma diminuição da dependência da escravidão na economia brasileira, embora seus principais contatos políticos fossem com os cafeicultores escravocratas do Vale do Paraíba. Como se vê, eram complexas as articulações entre a elite política brasileira e o poder do Imperador.

E finalmente podemos ver no contexto interno a atuação pessoal do Barão de Mauá. Alguns poucos fazendeiros perceberam que podiam investir em fábricas, aproveitando o momento econômico. Mas o item mais importante na modernização do mundo naquele período era o trem.

Uma das leituras mais agradáveis e instigantes que podemos ter na literatura de ficção do século XIX é **A Volta ao Mundo em 80 Dias**, de Jules Verne, publicada em 1873. Jules Verne é muito conhecido por seus enredos futuristas, sendo um dos pais do gênero ficção científica. Nessa obra, o personagem Phileas Fogg e seu criado Passepartout propõem um desafio: é possível dar a volta ao mundo em um período de tempo curtíssimo para os padrões da época, 80 dias. Apesar de ser uma literatura voltada ao consumo popular, sem muitas preocupações filosóficas ou existenciais, a leitura do livro é riquíssima em significados para nossa época. Jules Verne percebeu com rara sensibilidade uma nova realidade no mundo: *de fato* era possível viajar o mundo inteiro, principalmente porque o trem tinha conectado áreas que permaneceram por séculos isoladas entre si. O que seria um delírio há alguns anos, era na época de Verne uma realidade possível.

No século XIX articulou-se uma dupla conexão entre trem e capitais ingleses. Igualmente, em outra época, já no século XX, a escritora inglesa Agatha Christie imaginou um crime exatamente em um trem: **O Assassinato no Expresso do Oriente**. Publicado no ano de 1934, só reforçava a relação entre a expansão do capitalismo inglês e as linhas ferroviárias mundiais. Trens eram investimentos que permitiam a circulação de pessoas, algumas não tão inocentes, como nos lembra Agatha Christie, e bens. E, no caso brasileiro, trens levam café. Por aqui, não havia mistério a ser resolvido, era necessário investir em ferrovias para aumentar o volume de café exportado.

Foi uma combinação de oportunidades, externa e interna, e visão de conjunto que levou Irineu Evangelista de Sousa, Barão de Mauá, a arriscar. Nascido no Rio Grande do Sul, órfão de pai, veio ao Rio de Janeiro trabalhar em um escritório de contabilidade. Ganhou a confiança de seu empregado e pela sua capacidade de antecipar movimentos de mercado, já tinha mudado de emprego, fazendo sociedade aos 23 anos com um escocês, Richard Carruthers, dono de uma casa comercial de importação. Ali, Mauá também conheceu a Maçonaria, da qual faria parte por toda a vida, o que nem sempre lhe foi tão positivo, já que isso atraía muitas críticas de outros membros da sociedade brasileira da época. Também com seu sócio escocês Irineu aprendeu o idioma inglês, o que seria fundamental para sua futura carreira de industrial, negociando empréstimos com banqueiros daquele país. Precisamos lembrar aqui que a elite intelectual brasileira toda era estudiosa do francês, sendo raros os falantes de inglês naquela época.

Quando Carruthers foi embora do Brasil por motivos pessoais, vendeu sua parte na empresa para Mauá. Já podemos afirmar que ele seria um homem bem-sucedido em todos os sentidos. Afinal, um garoto pobre do interior do Rio Grande do Sul que veio ao Rio de Janeiro com nenhum recurso e por competência própria tinha se tornado um próspero comerciante era mais do que um sonho em um Brasil escravocrata e com uma sociedade tão fechada à ascensão social. Mas Mauá tinha uma visão pessoal mais ampla. Neste momento, o contexto e a pessoa se encontram.

Aproveitando-se da Lei Alves Branco e percebendo as imensas oportunidades que se abriam para investimentos industriais, Mauá vendeu seu comércio e aplicou o dinheiro em uma fundição na região de Niterói. O Brasil tivera fundições de ferro em tempos coloniais, sendo a primeira na região de Araçoiaba da Serra, morro do Ipanema, interior de São Paul, mas era uma fundição precária e já ultrapassada no século XIX. O bairro famoso do Rio de Janeiro tem origem no Barão de Ipanema, João Antônio Moreira Filho, que era um dos proprietários da fundição e comprou as terras na cidade, que dariam origem ao bairro.

Mauá transformou sua fundição em Niterói em uma fábrica moderna, não apenas do ponto de vista técnico, mas gerencial. Ao mesmo tempo, conseguiu levantar capital para a ampliação da produção, pois os próprios traficantes de escravizados estavam tendo dificuldades em reaplicar seus ganhos na sua atividade. Isso confirma, em escala menor, o que iremos analisar posteriormente: a abolição da escravidão liberava grandes somas de capital para serem aplicadas em outras atividades.

Mauá transformou sua fundição em uma empresa diversificada, produzindo trilhos de trem, peças de artilharia para o Exército e encanamentos para iluminação a gás (da qual ele foi pioneiro no Rio de Janeiro e no Brasil). Nesse ponto, a cidade era mal iluminada com óleo de baleia, o que gerava uma demanda constante pela pesca desse belo animal em toda a costa brasileira. Com a popularização do gás como meio de iluminação, a pesca da baleia diminuiu. Sem querer, Mauá conectou os interesses industriais e ecológicos em pleno século XIX, tema hoje tão urgente no século XXI.

Mauá esteve na Inglaterra e viu o poder que o trem tinha naquele país. Não apenas internamente, ligando cidades e transportando pessoas e bens, mas como destino de investimentos. Como vimos, o capitalismo inglês do século XIX tinha na construção de linhas ferroviárias um dos seus maiores focos, pois os trens permitiam novos negócios que por sua vez permitiam a ampliação das ferrovias. Jules Verne que o diga.

O maior passo de Mauá foi investir em ferrovias no Brasil. A primeira era pequena, com pouco mais de 15 quilômetros, ligando Petrópolis, região produtora de café, ao Rio de Janeiro. Foi inaugurada por Pedro II, que via Mauá com um misto de admiração e receio. Seria o Barão mais poderoso e importante que o próprio Imperador? Ao mesmo tempo, sua declarada disposição abolicionista o tornava figura pouco conveniente em certos meios do Partido Conservador, em sua maioria, escravocrata. As velhas disputas políticas voltavam à cena com o poder econômico de Mauá, que era abertamente liberal, tanto na ideologia quanto na escolha deste partido no Brasil.

Mauá continuou seu ímpeto modernizador e abriu, em sociedade com ingleses, mais uma ferrovia, desta vez em Recife, para escoar a produção de açúcar do Nordeste. E seus empreendimentos ferroviários continuaram, como a Ferrovia Dom Pedro II, ligando áreas produtoras de café na serra fluminense e em Minas Gerais até o porto do Rio de Janeiro, depois rebatizada com o nome Central do Brasil, uma referência não só na geografia urbana da cidade como na cultura. E a Ferrovia São Paulo Railway, depois chamada de Santos-Jundiaí, já antecipando a importância que aquele porto teria na venda de café ao exterior.

Além disso, Mauá abriu o Banco do Brasil em sociedade com ingleses. Esse banco tinha o mesmo nome do antigo criado por Dom João VI e que já tinha falido há tempos.

E, por fim, até mesmo diversificou investimentos em outros países, abrindo um banco no Uruguai. E se o leitor já está espantado e admirado (e com um pouco de inveja, talvez tanto quanto Pedro II), Mauá inovou de novo e, em 1875, financiou o primeiro cabo submarino internacional para ligações de telégrafo, conectando Brasil e Portugal.

Essas ações industriais e de negócios não eram em absoluto uma novidade no mundo. Os EUA estavam fazendo as mesmas coisas, mas em uma escala imensa. E, na Europa, a transformação da economia industrial inglesa também seguia em ritmo acelerado, alterando a paisagem daquele país, pioneiro na industrialização mundial, com novas fábricas, muito mais modernas e produtivas. Pode-se dizer o mesmo de outros países europeus, em processo de industrialização ou renovação de seu parque industrial mais antigo. E, até mesmo o Japão, na chamada Revolução Meiji, a partir de 1868, também abria sua economia fechada e se modernizava. Portanto, Mauá não era um visionário isolado, mas um homem de seu tempo. Ou, pelo menos, pertencendo a uma parte do pensamento econômico e tecnológico de seu tempo. As obras futurísticas de Jules Verne expressam esse ímpeto renovador conhecido como Segunda Revolução Industrial ou Revolução Técnico-Científica Industrial. Talvez o melhor seria dizer que Mauá não era um homem avançado, mas a maioria da elite econômica e política brasileira que era atrasada. Ou melhor qualificando: confortável em sua posição de *status* social enquanto o mundo mudava muito rapidamente.

Toda essa visão de investimento trouxe duas coisas a Mauá: fortuna e inveja. A primeira se expressa em números: sua fortuna pessoal era maior do que a arrecadação do Império. A segunda, em leis:

> Uma larga porção do capital flutuante foi desviada (da agricultura) para a indústria, tendo sido convertida em capital fixo: os graves transtornos que esta conversão causa num país de produção acanhada tornam impossível que as empresas agrícolas vão adiante (Visconde de Itaboraí, 1860 *apud* Caldeira, 2017, p. 262).

Lida em retrospectiva, essa citação é como se fosse uma declaração de guerra ao país, ou, pelo menos, uma guerra à modernização econômica. Os gabinetes conservadores, apoiados por Pedro II, impuseram sérias derrotas políticas a Mauá. Entre elas, **mudanças nas taxas alfandegárias, permitindo concorrência dos produtos importados em algumas áreas**. Não podemos simplificar dizendo que "os ingleses" arruinaram Mauá, pois a maioria dos seus sócios no Brasil era exatamente inglesa. A maior causa da queda de Mauá está mesmo no Brasil.

Os conservadores escravocratas viam com pânico a modernização econômica iniciada por Mauá. A criação de fábricas e o uso de mão de obra assalariada poderiam alterar a forma como a sociedade se articulava e seus interesses. Ao mesmo tempo, não podemos também exagerar o argumento de que a escravidão era totalmente oposta aos investimentos de Mauá, afinal, suas primeiras ferrovias atravessavam áreas cafeeiras escravocratas, e vários dos seus sócios em seus empreendimentos eram justamente traficantes de escravizados. O que interessa é a questão da *forma* como Mauá via a articulação entre economia, sociedade e Estado. Essa visão liberal em essência estava totalmente contrária à forma como a política era exercida: "(...) as condições econômicas do capitalismo eram vistas como um jogo a ser barrado, e a existência da soberania popular, um perigo a ser conjurado" (Caldeira, 2017, p. 269).

É por isso que foi criada uma lei conhecida como "Lei dos Entraves", justamente pelo Visconde de Itaboraí citado acima e que era o presidente do Banco do Brasil, nomeado pelo Imperador e que tinha sido estatizado, comprado de Mauá. Na visão do Visconde e de muitos em sua época, concorrência era motivo de preocupação, pois bancos privados competindo entre si eram motivo de crises. A Lei dos Entraves criava justamente uma enorme dificuldade burocrática em abrir empresas, prejudicando qualquer investidor, principalmente o maior deles, Mauá.

Ou seja, o próprio Estado era contrário à industrialização, porque via uma suposta ameaça aos poderes políticos instituídos, e uma suposta ameaça à agricultura, o que não se justifica de nenhuma maneira, muito pelo contrário, já que as ferrovias eram construídas justamente para vender mais café ao exterior. E uma ameaça a uma sociedade: ou melhor, a *uma certa visão de sociedade*. Homens livres investindo e arriscando com um Estado fiador de regras estáveis impessoais. Isso era um perigo a ser evitado em um Império no qual o poder político era concentrado e qualquer mudança de direção que não tivesse origem neste centro do poder era uma possível ameaça.

Mauá se relacionava com Pedro II e com os poderes políticos de seu tempo. E recebeu várias vezes concessões (direito de exclusividade) em negócios de interesse público, como a iluminação. Portanto, é simplista dizer que Pedro II foi totalmente contra Mauá. Mas estudiosos atentos deste empresário, como o citado Jorge Caldeira, têm uma visão muito clara de que o maior dos obstáculos de Mauá foi o ambiente de negócios no Brasil, controlado por interesses políticos e não por regras estáveis, impessoais e de mercado. Com as alterações feitas pela Lei dos Entraves, somadas às mudanças drásticas das tarifas de importação, boa parte dos investimentos de

Mauá passou a dar prejuízos contínuos, cobertos pela emissão de dívida de seu banco.

Quando o banco foi estatizado pelo governo, por uma decisão política, Mauá recebeu o dinheiro, pagou suas dívidas e fechou ou vendeu seus investimentos, em sua maioria para seus sócios ingleses. Em seus últimos anos de vida, viveu em Petrópolis, voltando às suas origens como comerciante de café. Ao morrer, seu corpo foi transladado pela ferrovia que ele mesmo tinha construído, até a cidade do Rio de Janeiro. Chegava à estação final um trem que poderia ter modernizado a economia brasileira.

Figura 5.2 – Irineu Evangelista de Sousa, o Barão de Mauá, em imagem de 1861.

Fonte: Por Sebastien Auguste Sisson 1824-1898 – Disponível em: https://digital.bbm.usp.br/handle/bbm/3516.

O fracasso do Barão de Mauá não é apenas individual, mas coletivo, pois expressa a dificuldade em criar uma visão empreendedora em um país centralizado a partir de interesses políticos de grupos do poder.

5.4 Os casarões de Higienópolis por testemunha: nasce uma nova elite

Se a modernização tentada por Mauá deu errado, a sociedade e a economia brasileiras mudaram mesmo assim. O que é um aviso direto aos que detêm o poder político e querem manter-se nele para sempre: a realidade muda, mesmo que muitos não queiram.

A elite escravocrata cafeeira que tinha no Vale do Paraíba sua base geográfica, e nos ministérios e no entorno de Pedro II sua força política viu surgir um outro "inimigo", mais poderoso que o Barão de Mauá, porque não era apenas um, mesmo que muito rico: eram *vários*. O mesmo café que dava força a certa parcela dessa elite em torno do núcleo do poder político criou uma outra elite.

A demanda pelo café no mundo, e particularmente nos EUA, forçava um aumento na sua produção. E com a disponibilidade de terras seguiu uma linha geográfica muito lógica: da cidade do Rio de Janeiro e seu entorno, Vale do Rio Paraíba fluminense e depois paulista, passando pela região sul de Minas Gerais, até o extremo norte da província de São Paulo. Cidades tanto paulistas como mineiras, como Campinas, Ribeirão Preto, Itu, Pouso Alegre, Poços de Caldas passaram a substituir as cidades citadas no item anterior como centros de regiões produtoras de café. Toda essa riqueza convergia para outras duas cidades: Santos e seu porto, agora conectados com linhas férreas, boa parte delas financiadas por ingleses. E, finalmente, a capital da província, São Paulo, onde morava a maioria dos grandes fazendeiros.

Figura 5.3 – Mapa da expansão do café.

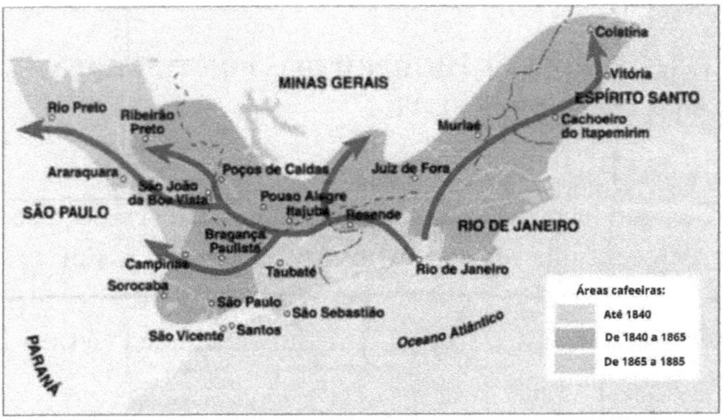

A expansão do café pela Região Oeste de São Paulo

Fonte: https://www.multirio.rj.gov.br/historia/modulo02/oeste_paulista.html.

São Paulo sempre foi isolada do litoral pelo paredão da Serra do Mar, de difícil acesso. Mas muito ligada ao interior, pelos rios e caminhos indígenas. Agora, os trens substituíram os caminhos do Peabiru, e o "ouro negro", como foi apelidado o café naquele tempo, passou a criar fortunas. A cidade alterou sua estrutura e em pouco tempo deixou de ser um pequeno triângulo entre os rios Tietê, Tamanduateí e Pinheiros para ampliar sua área, incorporando novas terras. Porém, nessa expansão, havia um problema de difícil solução. Quando os nativos tupis construíram a aldeia que seria São Paulo, ocupada depois pelos jesuítas, nunca iriam imaginar uma área muito maior do que a original.

Boa parte da região em torno da ocupação jesuíta e tupi era formada por várzeas de rios, sujeitas a enchentes constantes.

Em pouco tempo, doenças tropicais, fruto do desmatamento que expõe a um enorme desequilíbrio ecológico, aumentando a população de mosquitos sem seus predadores naturais, eram a face mais evidente da cidade que mais crescia no país. Salvo em momentos históricos muito específicos, como a cidade de Nassau, em Recife, no século XVII, a urbanização planejada fez parte da trajetória brasileira.

Por isso, já no final do II Reinado, para tentar fugir das regiões problemáticas dos baixios da cidade, foi criado um dos bairros mais tradicionais de São Paulo: "a cidade da higiene" ou Higienópolis. Hoje um espaço com prédios e centros comerciais, era um lugar de casarões, chácaras e jardins. Há poucos sobreviventes destes tempos, alguns abertos à visitação pública, como o Casarão da Vila Penteado, situado na rua Maranhão, número 88, um dos últimos representantes desta fase, pois foi construído em 1902, e atualmente pertencente à Faculdade de Arquitetura da USP. Sua presença ali lembra as famílias poderosas do final do II Reinado e do início da República.

E finalmente encontramos aqui esta palavra: república. Esta nova elite era republicana. Em parte, por formação ideológica. Já nos finais do século XIX, os EUA já despontavam como uma potência mundial em ascensão, embora só com o final da Primeira Guerra, em 1918, assumissem de fato sua posição. E o modelo republicano americano de menor intervenção do estado nos assuntos regionais, federalismo, era atraente para uma elite que tinha poucos contatos com o poder central do Rio de Janeiro. Muitos nos meios intelectuais paulistas entendiam o Imperador como um homem respeitável, mas o Império em si como uma estrutura de poder enferrujada para dar conta dos interesses regionais. Um dos exemplos mais marcantes era a ferrovia: empreendimento caro e que necessitava de investimentos privados, boa parte deles internacionais, mas que pela centralização do poder e das decisões no núcleo administrativo do Império, era lento ou às vezes, simplesmente, impossibilitado pela burocracia, pela má vontade ou desinteresse. Era necessário liberar financiamentos privados, que naquele momento estavam fortemente centralizados no Banco do Brasil, estatizado e sob comando dos ministros indicados pelo Imperador.

"Na época, as ferrovias eram empreendimentos baseados em tecnologia de ponta, alta capitalização, mão de obra assalariada intensiva e em financiamentos volumosos. Tudo o que o Brasil parecia não ter" (Caldeira, 2017, p. 261).

Começamos o parágrafo anterior citando motivos "ideológicos" para a nova elite paulista ser republicana, mas o leitor deve ter percebido que o tema exposto foi econômico. E podemos fazer uma reflexão histórica neste momento: será que os motivos de uma adesão a esta ou àquela ideia são totalmente isentos de motivações econômicas? É possível uma análise política sem estar ligada a fundamentos e interesses econômicos? Em praticamente todos os momentos históricos, a resposta com certeza é não. Porém, não podemos simplificar *toda a História* e dizer que as motivações são exclusivamente econômicas. Guerras de religião em outros períodos históricos são exemplos evidentes por si. Mas neste caso bem específico de um racha em duas elites, uma tradicional, vinculada ao Império, escravocrata, centralizadora e avessa à modernização econômica, e outra, republicana, federalista (ou seja, descentralizadora) e desejosa de ampliação de investimentos privados, a escolha ideológica era clara: a nova elite do oeste paulista olhava os EUA como modelo e não a "velha" Inglaterra.

Em 1873, mais de uma centena de políticos, em sua maioria fazendeiros de café, reuniram-se na cidade de Itu, interior de São Paulo. Ali assinaram o Manifesto Republicano, propondo, além do fim do Império, eleições.

Parecia haver uma combinação sólida contra o modelo de Império. Mas temos um tema central aqui: o modelo republicano americano não era o único. A palavra república pode designar muitas coisas, entre elas uma volta do embate centralização ou descentralização, agora acrescido de outros temas: eleição ou não. E, se for eleição, qual tipo de voto, amplo ou restrito? Intervenção econômica ou livre-mercado?

Veremos esses debates no capítulo 9. Agora é o momento de analisar mais de perto a personalidade e a formação de Pedro II. E, nos capítulos posteriores, analisar trajetórias paralelas a esta, a da formação desta nova elite, que construíram a República e encerraram o Império. Para finalizar este capítulo, podemos concluir de forma paradoxal que entre as continuidades e as rupturas da economia imperial, tivemos um curioso misto das duas: e, ironicamente, foi a continuidade do café que levou à ruptura da República.

6 AS CRÔNICAS DA VILA DE ITAGUAÍ: DOM PEDRO II – CULTURA

6.1 UM FOTÓGRAFO NOS TRÓPICOS: A FORMAÇÃO

> As crônicas da vila de Itaguaí dizem que em tempos remotos vivera ali um certo médico, o Dr. Simão Bacamarte, filho da nobreza da terra e o maior dos médicos do Brasil, de Portugal e das Espanhas. Estudara em Coimbra e Pádua. Aos trinta e quatro anos regressou ao Brasil, não podendo el-rei alcançar dele que ficasse em Coimbra, regendo a universidade, ou em Lisboa, expedindo os negócios da monarquia. – A ciência, disse ele a Sua Majestade, é o meu emprego único; Itaguaí é o meu universo. Dito isso, meteu-se em Itaguaí, e entregou-se de corpo e alma ao estudo da ciência, alternando as curas com as leituras, e demonstrando os teoremas com cataplasmas (Machado de Assis, 1882, p. 1).

Machado de Assis inicia a descrição do personagem Simão Bacamarte de forma irônica, como se ele fosse o "maior dos médicos do Brasil, de Portugal e das Espanhas" e, por sua inteligência muito acima do normal, teria sido o iniciador, na humilde Itaguaí, cidade a pouco mais de 80 quilômetros do Rio de Janeiro, de uma "casa de orates", ou seja, uma *casa de loucos*, um hospício. Como se dizia na época, de *alienados*. Daí o nome deste conto, um dos mais geniais do escritor, **O Alienista**, ou seja, o médico de loucos.

O tema da loucura é recorrente na obra de Machado de Assis. Um dos seus mais importantes romances, **Quincas Borba**, também aborda o tema da perda da razão. Mas, nesse conto, Machado constrói uma narrativa crítica da ciência de seu tempo e um personagem, Simão Bacamarte, que é ao mesmo tempo um cientista, um autoritário e um líder ridículo. Há muitas interpretações para esse personagem, mas também boas apostas de que Bacamarte é, na verdade, Pedro II.

Sem querer adiantar o prazer da leitura dessa pequena obra-prima do conto brasileiro, o médico Bacamarte estuda a loucura. E, nas duas pesquisas, conclui que a razão é o normal, e a loucura, sua exceção. Por isso, passa a prender em sua *casa de orates* todos os que considerava fora do normal, a seu mando autoritário na cidade, conquistado pelo convencimento científico sobre as autoridades municipais. O curioso desta duplicidade autoritarismo-ciência é que Bacamarte a exerce sempre em nome do bem comum. Nunca é um autoritário para seu poder pessoal, mas sempre buscando a melhoria da sociedade, de acordo com a boa teoria e práticas médicas e científicas. Como se vê, uma metáfora de Machado que pode ser usada em várias épocas, algumas infelizmente tenebrosas no século XX.

Há diversas leituras possíveis do conto. Alguns apontam a união entre ciência e autoritarismo como uma crítica ao Positivismo, ideologia muito influente no século XIX e que seria a base de alguns grupos republicanos, como veremos adiante. Outros veem Machado ridicularizando Dom Pedro II, que era um adepto apaixonado pela ciência de seu tempo (embora não fosse positivista, visto que era um monarca, e o positivismo era radicalmente republicano). Outros ainda podem entender Machado de Assis criando metáforas universais, que podem ser lidas e reinterpretadas em diferentes contextos. E, claro, todas as alternativas podem ser possíveis, e Simão Bacamarte seria uma síntese de duas coisas: um Imperador cientista e um Positivismo autoritário, ainda que contraditórias, mas unidas pela crítica do escritor.

Vamos seguir uma possível linha de interpretação de que Simão é Pedro II. E o que Machado de Assis coloca como ponto de possível crítica à figura do Imperador? Afinal, ele não era admirado exatamente por sua erudição e apego ao conhecimento? Vamos a partir de agora ter um olhar sobre a formação pessoal e intelectual de Pedro II. E, no final, podemos jogar com a ideia original do conto: nosso Imperador merecia ou não estar internado em uma *casa de orates*?

Se considerarmos o apreço que Pedro II tinha pela leitura, pela ciência e pelo conhecimento em geral, com certeza ele não era louco (ou seria, em um país no qual estes atributos eram quase sempre ignorados, até mesmo pela elite econômica e política?). Ele era um leitor dedicado, e o estudo de línguas foi uma de suas atividades mais assíduas. Em parte, pela sua própria família, já que, sendo um herdeiro Habsburgo, ele era fluente em alemão. Não por sua mãe, já que Leopoldina faleceu quando Pedro tinha um ano, mas pelo seu tutor, José Bonifácio, também fluente naquela língua, e para manter a tradição de sua linhagem.

Durante sua vida, além do alemão, estudou francês, italiano e espanhol, todos com fluência total. E não podemos esquecer sua fluência em inglês, já que admirava não só a literatura nessa língua, mas queria conversar com nomes importantes de seu tempo, muitos americanos. No item seguinte, citaremos alguns.

Também estudou com profundidade e interesse tupi, como um antropólogo amador que era. Lia e falava latim em profundidade. E causou espanto quando debateu em hebraico com rabinos em sua viagem para Jerusalém. Sem falar com fluência, mas com leitura e entendimento plenos, conhecia grego, árabe e sânscrito (língua muito antiga da região da Índia). Estudou e realizava leituras em dialeto occitano, também chamado de provençal, um dialeto medieval do francês falado no sul da França, na Suíça e no norte da Itália. Já no exílio, pós-República, publicou uma tradução de poesias de um dialeto hebraico falado no sul da França, chamado *comtadin*, para o francês, impressa em Avignon, em 1891.[12]

Entre as traduções de obras famosas feitas por Pedro II está a primeira versão em português da obra **As Mil e Uma Noites**, um dos maiores clássicos da literatura em árabe de todos os tempos. Realizou uma tradução em grego da tragédia **Prometeu Acorrentado**, de Ésquilo (hoje já editada e disponível para compra), além de trechos da **Divina Comédia**, de Dante Alighieri, poemas de Victor Hugo e outros. Chegou a ter conversas pessoais com o poeta americano Henry Longfellow, que lhe elogiou a tradução do português. Já no exílio, pós-República, seus netos publicaram em 1889 suas **Poesias originais e tradução de Sua Majestade o Senhor Dom Pedro II**, hoje disponível apenas para consulta no Museu Imperial de Petrópolis (mereceria uma publicação disponível aos leitores de hoje).

Essas atividades de leitura e tradução, feitas com profundidade, não eram isentas de crítica na época. Dizia-se que o Imperador era pouco preocupado com a política e mais interessado em textos arcaicos e dialetos. Tal crítica não corresponde à realidade, pois Pedro II dissolvia o Parlamento e usava o Poder Moderador regularmente, quando as diferentes políticas eram mais intensas, e ele achava necessário intervir. Aliás, foram 11 parlamentos dissolvidos em 49 anos de reinado, o que dá uma média de 4,5 anos, curiosamente muito

---

12 Obra original disponível para consulta em: https://digital.bbm.usp.br/handle /bbm/7084.

próximo dos atuais mandatos de deputados e executivos em todos os níveis. Esses dados indicam que Pedro II tinha tempo para as duas coisas: a política e o estudo de textos sofisticados. Portanto, se Machado de Assis ridicularizou Pedro II como Simão Bacamarte por ser talvez "culto demais" ou afastado da realidade em seus estudos de línguas, imagine-se como o mesmo Machado e seu humor ácido descreveriam presidentes recentes na trajetória brasileira.

Mas há outro ponto no qual Pedro II também se destaca: sua paixão pela tecnologia da época. Este fato é realmente digno de nota, pois na maioria das vezes há um lugar-comum de que a devoção por textos e pelas humanidades afastaria o estudioso das exatas e das tecnologias modernas. José Bonifácio, um dos principais mentores de Pedro II, como vimos, tinha formação em mineralogia e era um leitor com sólida formação humanística. Esse gosto pelo antigo e pelo moderno não era incompatível na vida intelectual de Pedro II.

Pedro II conversou com Thomas Edison, um dos maiores inventores de seu tempo, e se interessou muito nas novas tecnologias, como o fonógrafo e a lâmpada elétrica. E sua maior amizade no campo tecnológico deve ter sido com Graham Bell, o inventor do telefone. O equipamento foi primeiro mostrado ao público em 1876, em uma exposição nos EUA,[13] e Pedro II estava lá: aliás, de acordo com seu diário, ele teria dito "Meu Deus, isto fala", ao atender uma ligação do próprio Bell, entre um cômodo e outro. Pedro II voltou ao Brasil e trouxe alguns aparelhos. O Brasil foi o segundo país do mundo a ter uma linha telefônica, depois dos EUA, no caso, ligando o Palácio de Petrópolis, sua outra residência, ao Palácio da Quinta da Boa Vista, no Rio de Janeiro.

---

13 Ver o artigo no *site* https://bndigital.bn.gov.br/artigos/imperio-do-brasil-d-pedro-ii -na-exposicao-do-centenario-da-independencia-dos-estados-unidos-em-1876/.

E nada pode ser mais evidente desse interesse pela tecnologia do que o tempo que Pedro II dedicou a uma nova e revolucionária invenção em seu tempo: a fotografia. Essa tecnologia tem uma longa e complexa história que foge ao tema deste livro, mas podemos apenas contextualizar alguns momentos importantes: a primeira foto, tal como se conhece com este tipo de técnica, data de 1826, na França e os primeiros exemplares no Brasil são dos anos 30 do século XIX. Foi o francês Louis Jacques Daguerre que aperfeiçoou o método, tanto do filme, quanto da máquina em si, inventando o chamado "daguerreótipo", em 1839, que por muitos anos foi praticamente sinônimo de fotografia. Foi esta a técnica que Pedro II conheceu, ainda adolescente, aos 14 anos, tendo sido o primeiro proprietário de um equipamento desses no Brasil e, com certeza, o primeiro fotógrafo brasileiro.[14] Durante toda sua vida, Pedro II tirou e comprou fotos, acumulando um acervo de 25 mil fotografias, doado à Biblioteca Nacional do Rio de Janeiro e hoje disponível para consulta.[15]

É muito significativo que essa dedicação a uma técnica tão inovadora na época também era devolvida por grandes nomes da fotografia, que admiravam o ilustre Imperador. Na época, nem todos os setores sociais, principalmente da elite, davam o devido valor a esta técnica, vista como uma arte inferior à pintura ou apenas uma novidade com pouca importância. Um grande nome como ele, com sólida formação humanística, valorizar uma tecnologia inovadora era uma espécie de "selo de qualidade", uma forma de dar *status* a uma nova forma de expressão que ainda se firmava. Um dos nomes mais importantes no Brasil foi Marc Ferrez, fotógrafo carioca cujo pai tinha sido um dos artistas vindos a pedido de Dom

---

14   Houve fotógrafos estrangeiros no Brasil antes do próprio Pedro II.

15   Disponível em: https://brasilianafotografica.bn.gov.br/brasiliana/visualizar-grupo -trabalho/66.

João VI, na célebre Missão Artística Francesa. Ferrez tem um papel central na construção da memória da cidade do Rio de Janeiro e foi condecorado por Pedro II.

Podemos neste momento adiantar nosso último tema deste livro: a morte de Pedro II em Paris, retratada por Félix Nadar, o mais importante fotógrafo de seu tempo. Nesse caso, a paixão do Imperador por esta expressão não poderia ter um final mais coerente, pois ele amou a fotografia e foi retratado por ela até seu último momento.

Figura 6.1 – Fotografia de Pedro II de 1876, feita por Jose Maria Mora, cubano radicado em Nova Iorque, da coleção Teresa Cristina, doada à Biblioteca Nacional.

Fonte: https://brasilianafotografica.bn.gov.br/brasiliana/handle/20.500.12156.1/2942.

E o que poderia ser mais significativo para Pedro II do que a fotografia? A união dela com outra de suas paixões: as viagens, principalmente para estudos. É o que veremos a seguir, até mesmo com algumas fotos do próprio Imperador.

6.2 A MÚMIA DO CASARÃO IMPERIAL: AS VIAGENS

Em setembro de 2018, um incêndio destruiu boa parte do acervo do Museu Nacional, localizado exatamente na antiga moradia dos monarcas no Brasil, de Dom João VI, Pedro I e Pedro II, o Palácio da Quinta da Boa Vista. Entre "sobreviventes" do incêndio, está o crânio de Luzia, um dos mais antigos fósseis das Américas, que foi encontrado com poucos danos. Infelizmente, a maioria do acervo não teve a "sorte" de Luzia e foi destruído totalmente. Entre as diversas peças, uma sólida e rara coleção de artefatos do Egito Antigo, iniciado por Pedro I e aumentada por Pedro II.

Se pudéssemos acrescentar aos "mortos" pelo incêndio, a múmia de *Sha-Amun-Em-Su*, doada pelo vice-rei do Egito, Ismail, em 1876, quando Pedro II por lá esteve.[16] Ironicamente, o presente foi dado após Pedro II reclamar que os governantes do Egito naquele tempo, entre eles o vice-rei Ismail, não estavam dando a devida atenção à conservação dos seus patrimônios arqueológicos...

Hoje, o Egito tem um dos maiores programas de Arqueologia do mundo, com especialistas do país e convidados de várias partes, e um novo e grandioso museu[17] dedicado à memória e à preservação de seu passado. Pode-se dizer que

---

16   Pode-se ver a imagem dessa múmia em:https://www.museunacional.ufrj.br/dir/exposicoes/arqueologia/egito-antigo/arqegit009.html.

17   Disponível em: https://grandegyptianmuseum.org/.

muito disso não é apenas fruto do amor pela História e pela pesquisa arqueológica, mas interesse econômico, afinal, o Egito tem hoje no turismo uma de suas maiores fontes de renda. Se o interesse é nobre ou apenas de ordem prática, pouco importa. Aliás, os dois podem muito bem caminhar juntos. Nesse caso, pergunta-se por que no Brasil de hoje deixamos destruir nosso patrimônio, que é ao mesmo tempo cultural e fonte de renda. As viagens de Pedro II e seu interesse por Arqueologia poderiam muito bem ser tomados como exemplo.

E quais foram essas viagens? Pedro II demorou um bom tempo na verdade para viajar ao exterior, visto que era um homem tão letrado e curioso em vários assuntos. Ele fez três amplos roteiros de ida e volta do Brasil em sua vida, e sua primeira viagem foi em 1871, com 45 anos. E foi uma forma de aliviar uma dor pessoal: sua filha, Leopoldina (batizada em homenagem à mãe de Pedro II), tinha falecido em Viena, aos 23 anos. Ela era casada com um nobre da dinastia Saxe-Coburgo, a mesma família que tinha casamento em Portugal com a irmã de Pedro, Maria II, rainha portuguesa. Leopoldina era a irmã mais nova de Isabel, e sua morte prematura foi um motivador para que o Imperador brasileiro pudesse ver com seus olhos, e sua câmera fotográfica, o que ele conhecia pelas suas leituras.

Aqui, precisamos qualificar o termo "viagens do Imperador". Pedro II já tinha viajado para outros países, notadamente para o Paraguai e a Argentina, por conta da guerra, que veremos em capítulo posterior. Mas essas são viagens de trabalho, no caso, em meio a um conflito militar. Estamos dando enfoque aqui nas viagens turísticas, embora este termo fosse pouco usado na época. O melhor seria dizer *viagens de formação ou de aprendizado*. O próprio conceito de uma viagem como passeio turístico no exterior era ainda pouco adequado, dado o desconforto da viagem em si, longa e com poucos recursos nos navios, e o problema da acomodação, já que não existia uma ampla rede hoteleira como temos hoje. A indústria do turismo é uma criação do século XX e no XIX era ainda um projeto iniciante. Viagens eram basicamente uma necessidade, seja de imigração, comércio ou outro motivo muito forte, como um tratamento de saúde. Por isso, um homem culto e de posse de recursos materiais amplos como Pedro II fazer *somente* três viagens ao total em sua vida é um fato significativo, e não uma falta.

Sua primeira viagem iniciou-se em Lisboa, e ali ele pôde encontrar sua madrasta, Amélia de Lechtenberg, a segunda esposa de Pedro I, que o tinha como um filho. Ela já estava com sua saúde abalada e faleceria pouco tempo depois. Nota-se que seu sobrinho, o segundo filho de Maria II, Luís I, era o rei de Portugal naquele momento e evidentemente também se encontrou com Pedro II. O desembaraço com que Pedro II visitava lugares públicos, sem apreço ao rígido protocolo real, causou um certo espanto em Portugal e foi motivo ora de piadas, ora de críticas. E não se pode descartar um bom ressentimento entre portugueses e brasileiros, pois afinal era o rei de uma ex-colônia. É neste sentido que o desenhista Raphael Bordalo Pinheiro fez um livreto com caricaturas de Pedro II, como um rei meio ridículo, viajando sem rumo. O mesmo artista iria fundar anos mais tarde uma cerâmica que leva seu nome e é uma das mais famosas mundialmente de Portugal até hoje. Eça de Queiroz, o célebre escritor português, também aproveitou para satirizar Pedro II, chamando-o de "Pedro da mala".

A partir de Portugal, seguiu sua viagem passando por Espanha, França, Inglaterra e Alemanha. A viagem na França ocorreu em meio a uma situação de imensa crise naquele país, derrotado pelos alemães na Guerra Franco-Prussiana e com a queda de Napoleão III como imperador e a decretação da III república. É neste momento que ele reencontra um velho amigo, o Conde de Gobineau, uma amizade polêmica, para dizer o menos, que veremos mais adiante. Ainda no campo das amizades não recomendáveis, na Bélgica, Pedro II também se encontrou com o rei daquele país, Leopoldo II, um rei cuja memória está marcada por violências generalizadas no domínio colonial do Congo.

E, finalmente, o que deve ter sido muito emocionante para ele, na Alemanha encontrou-se com Wagner, o maior compositor de óperas de sua época e uma paixão que Pedro II, como sabemos, fluente em alemão, tinha. Polêmica nessa amizade? Também, pois Wagner tinha uma visão nacionalista do povo alemão que em época posterior foi usada pelos nazistas. Seria então Pedro II um racista? Deixemos por enquanto essa pergunta para encerrar as viagens deste turista real.

Da Alemanha, Pedro II foi até a Itália, e dali para o ponto alto de sua visita: o Oriente Médio e suas pesquisas arqueológicas. Deixemos o próprio turista/arqueólogo deixar sua visão:

Figura 6.2 – Foto da comitiva de Pedro II nas pirâmides do Egito.

Fonte: https://brasilianafotografica.bn.gov.br/brasiliana/handle/20.500.12156.1/2943.

Sua segunda viagem foi em 1876, iniciando-se nos EUA, onde conheceu o telefone, como vimos, e tornou-se quase uma volta ao mundo: Ásia, África, uma passagem por Jerusalém onde conversou em hebraico com rabinos, Rússia e Europa de novo, com direito a um encontro com Victor Hugo em sua casa em Paris e com o médico Pasteur. Mas o que mais chama a atenção nessas longas viagens é o seguinte trecho destacado por um eminente historiador: "As viagens ao exterior eram custeadas com empréstimos porque d. Pedro se recusava a usar dinheiro público"(Carvalho, 2007, p. 97).

Em sua terceira viagem, Pedro II buscou tratamento para sua diabetes, já em estado mais avançado, na França e na Alemanha. Apesar de ser uma viagem por motivos de saúde, Pedro II manteve sua tradição de fotografia e encontros com cientistas e intelectuais. É nesta sua ausência, em 1888, que é assinada a abolição da escravidão.

Contamos três grandes roteiros até agora, mas falta uma outra jornada, que está fora do conjunto de suas viagens de formação: sua última ida ao exterior também foi a sua derradeira: em 1889, com a Proclamação da República, Pedro II embarcaria para a França, mas, desta vez, para não mais voltar ao Brasil.

6.3 Diga-me com quem andas: o conde e o imperador

"Diga-me com quem andas e te direi quem és", lembra-nos o ditado popular. Pedro II se encontrou com quase todos os nomes importantes da Ciência, da Tecnologia e da Cultura de seu tempo. A lista é enorme e já citamos alguns aqui: Victor Hugo, Henry Longfellow, Camilo Castelo Branco, Alexandre Herculano, Alessandro Manzoni, todos estes literatos. No campo da Ciência, teve contatos pessoais ou trocou cartas com pessoas como Darwin, Pasteur, Graham Bell, Edison, Chevreul (este último, um químico francês). Conversou pessoalmente com Friedrich Nietzsche, fundamental filósofo alemão. Pedro II foi membro da Royal Society, até hoje uma das instituições mais prestigiosas de ciência do mundo, sediada na Inglaterra. E também da *Académie des Sciences* francesa, além de seus equivalentes, academias científicas da Rússia e da Bélgica.

No Brasil, o Colégio Pedro II, fundado na regência de Araújo Lima, em 1837, tinha a presença constante do Imperador na banca dos exames de final de ano, o que deveria ser bastante intimidador aos alunos. Imagine-se você, leitor, realizando um exame oral com um senhor com a cultura de Pedro II, e, ainda por cima, imperador.

Pedro II sempre dizia, e está registrado por ele mesmo em seus escritos pessoais e cartas, que, se não fosse imperador, desejaria ser professor. Mais uma vez, essa sua dedicação à leitura e suas viagens por motivos culturais eram vistas com estranheza no Brasil, o que muito provavelmente levou um (talvez invejoso...) Machado de Assis a satirizá-lo como Simão Bacamarte.

Mas nenhuma amizade de Pedro II chama mais a atenção do que aquela com o Conde de Gobineau. Diplomata francês, sua principal obra fala por si mesma pelo seu título: **Essai sur l'Inegalité des Races Humaines**, ou **Ensaio sobre a Desigualdade das Raças Humanas**, publicada em 1853. Nessa obra, Gobineau reconstrói um mito do Éden, um suposto Paraíso Perdido, onde havia uma raça pura, originária de toda a civilização, inteligência e cultura: a raça ariana, originária da região do Cáucaso, entre o sul da Rússia e a Pérsia, atual Irã, país cujo nome atual faz referência a esta suposta raça original: os *arianos*.

O leitor já deve estar antevendo onde esta linha de pensamento levou: a todo o racismo do século XX e suas tenebrosas consequências. Mas, antes, é necessário realizar uma inserção destas ideias no século XIX. Pedro II, por sua amizade com Gobineau, era um racista?

O que chamamos de racismo é um fenômeno complexo que envolve situações econômicas, sociais, culturais com um amplo histórico. Mas precisamos alertar ao leitor que esta visão de mundo um dia foi Ciência. No século XIX, os maiores estudos científicos sobre cultura e sociedade estavam reunidos na Antropologia. E essa ciência (*logos* = razão) era toda baseada nos conceitos de raça, evolução e superioridade. A própria cultura era baseada no conceito de uma raça.

Assim, não é apenas Gobineau que criou o racismo, mas ele o sistematizou em uma obra referência para o tema. E, depois dele, cientistas do mundo europeu e norte-americano realizaram centenas de pesquisas "confirmando" a superioridade da raça branca, os descendentes dos arianos, sobre as outras raças inferiores, africanos, asiáticos, polinésios, nativos de várias etnias da América e judeus. Havia até mesmo uma teoria e prática chamada *Frenologia*, o estudo dos crânios de vários seres humanos, para, a partir de suas características faciais, conhecer seu comportamento e até mesmo tentar adivinhar suas ações. A política britânica costumava usar tabelas frenológicas para ajudar a prender criminosos, "degenerados raciais", antes de cometerem os crimes. O estudo de crânios e posteriormente de cérebros de criminosos condenados à morte tomava boa parte do tempo dos sociólogos, dos criminologistas e dos antropólogos, e era prova irrefutável em qualquer tribunal de justiça da Europa, tal como se fosse um DNA nos dias de hoje.

Essas aberrações do pensamento circulavam em quase todas as universidades, academias de ciência e livros de Antropologia. A deturpação das ideias de Darwin fora conhecida como *Darwinismo*, uma forma de impor uma visão de superioridade/inferioridade às culturas humanas e uma suposta ideia de evolução, não como adaptação, mas como etapas de avanço contínuo da selvageria à civilização. E, claro, no ápice desta civilização, a raça branca. Somente no final do século XIX e início do XX, com os trabalhos de uma nova geração de antropólogos como Malinowski e Franz Boas, esta visão evolucionista passa a ser criticada.

Concluindo, se hoje o racismo é uma deturpação grosseira do pensamento e deve ser desprezado em qualquer meio, no século XIX ele era uma das linhas centrais da formação intelectual das principais universidades europeias. O que responde à pergunta se Pedro II era racista: a resposta aparentemente é simples; se ele era um estudioso do que havia de melhor em seu tempo, então com certeza a ideia central de uma evolução da humanidade baseada em critérios de raça fez parte de sua formação.

Sua amizade com o Conde de Gobineau, o principal teórico do racismo naquele momento, apenas confirma isso. Diga-me com quem andas...

Mas nada é tão simples assim, mesmo quando temos um tema tão evidentemente errado como o racismo. Gobineau foi embaixador da França no Brasil e já era um amigo de Pedro II. Quando voltou à França, em 1870, encontrou-se com Pedro, então em sua primeira viagem europeia, e o acompanhou em parte da viagem. Mas essa amizade não era isenta de afastamentos. Gobineau desprezava o Brasil, visto como a antítese de tudo o que ele acreditava: uma sociedade miscigenada, com múltiplas influências culturais. Para ele, somente Pedro II "salvava" o Brasil da degradação racial e cultural. Mesmo sendo elogiado como uma espécie de "farol de cultura" na floresta tropical selvagem por Gobineau, **Pedro II não aceitava suas ideias**, o que é duplamente notável. Primeiro, porque quem habita o núcleo do poder sabe o quão sedutor podem ser o elogio e a admiração excessiva. Pedro II, sendo o Imperador, teria tudo para ficar envaidecido com esta elevação de sua pessoa a um posto de quase divindade por um dos intelectuais mais respeitados de seu tempo. Mas não concordava que ele, só ele, seria um "farol da cultura" no país, mesmo sendo, de fato, muito letrado. Temos aqui um ponto que precisaria de uma sólida análise psicológica, se pudesse ser feita: é raro, muito raro mesmo, alguém que tem uma posição de poder não se deixar ficar envaidecido e até extasiado com elogios e admiração. Pedro II era bem raro nesse aspecto.

Em segundo, porque Gobineau era um racista que desacreditava na evolução. O que pode parecer contraditório. Nem todos os racistas eram iguais. Havia uma visão racista evolucionista que dizia que as raças inferiores deveriam ser eliminadas ou diluídas com miscigenações com as raças superiores, o chamado "branqueamento da raça". Mas Gobineau acreditava que esta situação não iria ocorrer e o contato da raça pura, a ariana, com as raças inferiores já era impossível de reverter e, portanto, haveria uma decadência irrefreável da civilização. Para ele, o Brasil era apenas o exemplo disso. Pedro II teve formação antropológica evolucionista e racista, mas nunca acreditou nesta visão pessimista da sociedade brasileira. Caso fosse, ele mesmo não se daria ao trabalho de trazer tecnologias novas ao Brasil ou mesmo de pesquisar e estudar. Em resumo, Pedro II não via a sociedade brasileira como degenerada e decadente por mistura racial, discordando do seu amigo Gobineau.

O resumo é contraditório, como quase sempre acontece com personagens complexos. Pedro II teve formação antropológica evolucionista, como todo intelectual de sua época, mas não via o Brasil, miscigenado e culturalmente múltiplo, como inferior, o que contradiz sua própria formação. Não há, aliás, registro de que ele tenha emitido qualquer opinião agressiva ou violenta a negros em sua convivência pessoal ou social.

Muito pelo contrário, os que tiveram acesso ao Imperador sempre o descreveram como muito cortês e respeitoso, mesmo com pessoas de classes sociais mais humildes ou de ascendência étnica não europeia. Ele tinha tudo para se tornar um racista radical: um Imperador de origem austríaca em um país miscigenado e, ainda por cima, amigo de um ultrarracista como Gobineau, tecendo-lhe elogios a todo vapor. Mas não caiu nessa armadilha, o que é admirável.

Pelo jeito, o ditado "diga-me com quem andas e te direi quem és" ou não vale para Pedro II ou vale: afinal, com vários amigos intelectuais, muitos deles racistas, e outros, não, Pedro II sabia valorizar amizades e afastar algumas opiniões.

Então, precisamos agora responder a outra questão: como explicar a imigração europeia para o Brasil em substituição parcial da mão de obra escravizada africana? Seria apenas uma questão econômica?

7 A FÁBRICA DE MASSAS ITALIANAS, ALI MESMO DA VIZINHANÇA, COMEÇOU A TRABALHAR: IMIGRAÇÃO

7.1 A IDEOLOGIA DA IMIGRAÇÃO

> O zunzum chegava ao seu apogeu. A fábrica de massas italianas, ali mesmo da vizinhança, começou a trabalhar, engrossando o barulho com o seu arfar monótono de máquina a vapor. As corridas até à venda reproduziam-se, transformando-se num verminar constante de formigueiro assanhado. Agora, no lugar das bicas apinhavam-se latas de todos os feitios, sobressaindo as de querosene com um braço de madeira em cima; sentia-se o trapejar da água caindo na folha. Algumas lavadeiras enchiam já as suas tinas; outras estendiam nos coradouros a roupa que ficara de molho. Principiava o trabalho. Rompiam das gargantas os fados portugueses e as modinhas brasileiras. Um carroção de lixo entrou com grande barulho de rodas na pedra, seguido de uma algazarra medonha algaraviada pelo carroceiro contra o burro (Azevedo, 1890, p. 14).

Aluísio Azevedo é o autor dessa obra, muito recorrente em concursos vestibulares, **O Cortiço**, publicada em 1890, apenas poucos meses depois de proclamada a República. Nascido em São Luís, Maranhão, veio ao Rio de Janeiro terminar seus estudos na Academia Imperial de Belas-Artes, e sua primeira ocupação foi de caricaturista em jornais da cidade. Essa inclinação para as artes plásticas é muito forte em seus romances, todos muito dotados de imagens fortes, às vezes, até agressivas, e descrições intensas e detalhadas da realidade social do Brasil da época. Também era abolicionista e seu primeiro romance, **O Mulato**, em 1881, causou escândalo por tecer sólidas críticas ao racismo e à escravidão. Foi um escritor bastante produtivo, escrevendo 11 romances, sete peças de teatro, contos, além de vários desenhos e caricaturas, embora seja reconhecido por sua tríade principal de obras, as duas já citadas e às quais se acrescenta o romance **Casa de Pensão**.

No trecho acima, bem ao gosto visual do escritor/desenhista, há a descrição de um cortiço no Rio de Janeiro do século XIX. Uma impressionante mistura de pessoas, animais, barulhos e cheiros. Quase se pode sentir como é viver em uma dessas habitações precárias que existiam nas grandes cidades do país, como era o Rio de Janeiro. A pobreza e a falta de formação profissional mínima jogavam milhares de pessoas nessas casas coletivas, sempre em condições muito difíceis e descritas, vividas e apresentadas de forma a chocar o público leitor pelo escritor. Aluísio via sua arte como uma forma de mudar a sociedade, tornando-a consciente de seus problemas. Isso parece soar até óbvio, mas em um momento no qual a escrita e a leitura eram privilégio de muito poucos, trazer essa realidade ao limitado público leitor era quase uma missão para ele. Missão da qual ele desistiu quando, já no período republicano, foi chamado para ser diplomata e passou a viver no exterior, abandonando sua carreira de escritor profissional. Mas não sua necessidade de escrever e principalmente de descrever. Sua experiência no Japão lhe rendeu um belo livro de memórias, talvez um dos primeiros escritos por um brasileiro sobre este país. Aluísio Azevedo veio a falecer em Buenos Aires, em 1913.

No trecho, podemos notar pelos menos três etnias e culturas diferentes: portugueses, italianos e brasileiros, todos reunidos no mesmo ambiente. A fábrica de massas italianas não representa apenas uma unidade produtiva, mas uma cultura nova que se coloca no Brasil, tão acostumado ao consumo de carboidratos vegetais em forma de farinha de mandioca. Na época da escrita desse romance notável, as mudanças demográficas do país eram rápidas. E não só no Rio de Janeiro, mas em outras cidades grandes, notadamente, São Paulo, e em outras regiões rurais. A pergunta que sempre se coloca: essa imigração é derivada exclusivamente da necessidade de mão de obra para o café, já que a escravidão estava em decadência pela pressão inglesa? A resposta é um paradoxal sim e não. E para dar base a esta estranha conclusão, as datas são importantes.

Quando citamos o termo "imigração" quase sempre nos referimos aos grupos étnicos europeus e excluímos portugueses e africanos. O que é um erro, pois, de um ponto de vista da precisão do termo, qualquer grupo social que se transfere de um espaço para outro é um imigrante, seja o colonizador português que construiu uma unidade de exploração na América, seja o imigrante forçado da África que era a mão de obra explorada para esta unidade produzir riquezas para a metrópole. Mas, aqui, vamos usar o termo mais didático *imigrante* como é referenciado no século XIX, excluindo apenas por clareza didática estes dois grupos, portugueses e africanos, ambos formadores originais da sociedade brasileira junto com os grupos nativos autóctones.

Nesse uso do termo, qual teria sido o primeiro grupo imigrante que veio ao Brasil e qual sua relação com o café? Lugar e data explicam o contexto: região serrana do Rio de Janeiro, hoje em torno da cidade de Nova Friburgo, criada em homenagem a Friburgo da Suíça, de onde se originou parte dessas 250 famílias iniciais. Nesta data, ainda não havia o café como força econômica que motivou esta imigração, pois essa primeira leva de suíços chegou ao Brasil em torno de 1820, ainda sob Dom João VI.

Suíços também foram trazidos já no governo de Pedro I para outras regiões, como Santa Catarina, juntando-se aos alemães que também ali se localizavam, principalmente em torno da Colônia Dona Francisca (assim chamada em homenagem à irmã de Pedro II e que se casaria com o príncipe de Joinville, dando nome à cidade de hoje). Os alemães foram um dos grupos mais numerosos de imigrantes na primeira metade do século XIX, sendo que a primeira leva de germânicos estabeleceu-se em São Leopoldo, Rio Grande do Sul, dois anos após a independência, em 1824. Regiões do Rio Grande do Sul e de Santa Catarina guardam ainda hoje forte tradição germânica, a partir de um arco temporal que vai de 1824 até 1857, em diferentes cidades, como Santa Cruz, Santo Ângelo, Nova Petrópolis, Teutônia, estas no Rio Grande do Sul, e Brusque, Blumenau, Pomerode e a já citada Joinville, em Santa Catarina. Embora pouco citado, o atual estado do Espírito Santo também teve forte imigração alemã desde as décadas de 50 do século XIX, e uma das cidades que mais demonstram isso é Santa Leopoldina, colônia fundada na região serrana do estado em homenagem à mãe e à filha de Pedro II, ambas de mesmo nome.

Um fato que também deve ser levado em conta é que vários desses grupos eram enviados para **regiões de serra**, ou seja, ocupação de terras elevadas. Poucas delas estavam associadas ao café, e algumas delas nunca tiveram.

Por que alemães e suíços em datas e regiões não ligadas ao café? Há uma dupla resposta.

O sul do Brasil era pouco ocupado. Desde que as missões jesuíticas foram arrasadas na sequência das guerras entre Espanha e Portugal pelas fronteiras, a presença de povos nativos ali tinha sido drasticamente reduzida. No entanto, os portugueses também eram pouco incentivados a irem para estas regiões, preferindo o litoral das áreas canavieiras. Assim, ao término da época colonial, estes dois estados tinham vazios demográficos importantes e perigosos: afinal, era uma área que tinha sido disputada pela Espanha e poderia bem ser tomada pelos novos países, como a Argentina. Portanto, ocupar a terra com imigrantes sob domínio político do Império do Brasil era manter um importante território sob controle. **Não é o café que inicialmente motiva essa imigração, mas a defesa da terra pelo Império**. Poderíamos dizer que a motivação inicial era de caráter geopolítico. Podemos incluí-la como construção de **colônias de povoamento**.

E por que imigrantes suíços e alemães? Por que não entregar lotes de terra para escravizados alforriados? Em uma sociedade toda baseada na escravidão, esta possibilidade seria um golpe mortal na própria estrutura escravocrata, baseada na exploração desta mão de obra. A simples notícia de algo assim levaria a uma fuga em massa de escravizados em todas as partes do país. A eles sempre lhes foi negada ou fortemente prejudicada a posse de terra como emancipação econômica, gerando imensos problemas sociais persistentes na trajetória brasileira até hoje. Veremos adiante a Lei de Terras de 1850 e suas consequências.

Então, por que não espanhóis? Outra resposta simples: se eram regiões de fronteira com países de língua espanhola, trazer imigrantes desta língua era, de um ponto de vista prático, incentivar a anexação destas terras pelo "inimigo". Portugueses poderiam ser a primeira opção? Mas o Brasil já tinha uma sólida imigração portuguesa, mesmo após a Independência, quase toda voltada à área urbana, principalmente no Rio de Janeiro. O país era pequeno e também pouco habitado para suprir população a uma vasta região. Pode-se argumentar que a Suíça também não é grande o suficiente, mas as regiões que formariam mais tarde a Alemanha eram. E, ao contrário dos dias de hoje, muitas dessas regiões tinham problemas crônicos de fome, falta de terras aos camponeses mais pobres e guerras. O leitor pode então pensar: mas, no século XIX, pobreza, guerras e exclusão social eram a regra e não a exceção em praticamente todo o mundo. Não poderiam optar por imigrantes russos, chineses ou qualquer outro grupo étnico de grandes populações? A escolha por suíços e alemães obedece a um critério bem específico: *civilizar* áreas do Brasil.

Por essa palavra, entenda-se: trazer povos considerados mais aptos ao processo civilizatório e de construção de sociedades avançadas. E se o leitor achar que essa observação é apenas racismo, acertou em cheio. A civilização não é uma capacidade exclusiva deste ou daquele povo, muito menos associada a uma etnia, a uma língua ou a uma cultura. Mas não era assim que parte do pensamento do século XIX operava, como, aliás, vimos no item anterior. Resumindo: a primeira motivação da imigração no século XIX para o Brasil foi a partir de uma visão ideológica, associada a uma preocupação geopolítica. E a origem dessas populações tinha um claro aspecto de escolha a partir de supostas qualidades específicas. Nos anos 20 do século XIX, as teorias darwinistas e evolucionistas ainda não estavam plenamente bem estabelecidas, mas, a partir dos anos 50 do mesmo século, e particularmente para as três décadas finais, essa visão adquire "verdade científica", ou seja, mesmo antes das teorias racialistas havia uma suposição de que nem todos os povos seriam aptos para construir "civilização". Com tais teorias, o que era suposição virou verdade científica. Como sabemos, e nunca é demais afirmar, péssima "ciência", pois nem racional estas ideias eram.

Essas afirmações eram tão arraigadas no pensamento que muitas dessas colônias germânicas eram construídas em regiões serranas, nos estados em que citamos (Rio Grande do Sul, Santa Catarina e Espírito Santo). Algumas de difícil acesso. Por que criar colônias de povoamento em áreas tão complexas de ocupação? Porque se dizia que certos povos tinham uma ligação com certos tipos de geografia. Assim, "povos de montanha e de clima frio" seriam naturalmente ligados a esse tipo de território e clima; portanto, trazer suíços e alemães não seria producente em regiões costeiras, o que é um evidente contrassenso, pois mesmo nas regiões mais altas o clima brasileiro nunca seria o mesmo da Europa. E sem contar que várias dessas regiões de serras tinham floresta de mata atlântica ainda quase intocada, como é o caso do Espírito Santo. Os primeiros imigrantes definitivamente não se "sentiam em casa" com as imensas dificuldades em adaptação com o novo clima e a nova região. Outro aspecto a ser notado: muitas das populações germânicas eram luteranas, o que criava inevitáveis choques com a Igreja Católica oficial do Brasil. Casamentos, batizados e enterros eram motivos de tensão constantes, pois eles não eram atos civis, como na República hoje em dia, mas religiosos.

A partir do final do século XIX, surge a teoria do "branqueamento da raça". O Brasil precisaria de imensas levas de imigrantes, quanto mais brancos, melhor, para dissipar a origem negativa dos mestiços africanos, dos nativos e dos portugueses. E tais ideias eram tão fortes que atravessavam até mesmo os interesses de ordem prática, econômica. Talvez o tema mais emblemático dessa discussão tenha sido o debate sobre a "questão chinesa".

Já na década de 50 do século XIX, com o avanço do café e as medidas cada vez mais restritivas da Inglaterra sobre o tráfico de escravizados (veremos em detalhe tais medidas em outro capítulo), abriu-se a possibilidade de uma imigração de chineses para o Brasil. Naquele momento histórico, a China ainda era um império, mas muito empobrecido, nem de longe lembrando a potência econômica de hoje, e com uma imensa população rural disponível para o trabalho. EUA e Peru já tinham sólidos fluxos de imigrantes chineses para o trabalho rural, e políticos como Quintino Bocaiúva defendiam abertamente essa imigração como barata e produtiva: o chinês teria um custo de viagem muito maior do que o de um europeu, mas se submeteria a ganhar menos e já era acostumado ao trabalho rural. Os debates foram intensos no Parlamento brasileiro e terminaram com uma conclusão exemplar desta visão racialista:

> A Sociedade Central de Imigração, criada em 1883, tinha como principal função promover a imigração européia. Entre seus principais membros estavam os abolicionistas, o membro do partido conservador Alfredo d'Escragnolle Taunay, o engenheiro André Rebouças e Carl von Koseritz. Em seu periódico chamado A imigração, eram veiculadas duras críticas aos chineses, considerados como o "pestilento fluido emanado da podre civilização da china", "uma raça atrofiada e corrupta", "bastardizada e depravada". A tese da Sociedade de Imigração é que o Brasil necessita da imigração européia muito mais por matizes culturais e civilizatórios do que apenas como mão-de--obra, apoiando a todas as diretrizes que facilitassem a vida do imigrante europeu no Brasil, bem como a sua naturalização (Lima, 2005, p. 1).

Assim, mesmo quando se tinha uma solução de ordem prática para o problema da mão de obra para o café, a ideologia da "civilização" e do branqueamento da raça permaneciam sólidas o suficiente para barrar tal solução. Esse item é uma demonstração absoluta de que nem sempre é a Economia o motor central da História, sendo esta subordinada muitas vezes à ideologia, ao modo de pensar e, no caso, aos preconceitos e às teorias erradas de uma época. Suprema contradição: justo a China, uma das civilizações mais antigas e sofisticadas de toda a História humana, com uma trajetória milenar e hoje uma grande potência em todos os sentidos, era vista como "racialmente inferior". Como se fosse necessária uma prova de quão erradas eram tais ideias.

Em tempo, a imigração japonesa no Brasil iniciou-se em 1908, quando boa parte das teorias racialistas já era amplamente questionada.

7.2 O CAMPO E A CIDADE: TRAJETÓRIAS DOS IMIGRANTES

A "solução" que conciliava interesses econômicos, ou seja, mão de obra abundante e barata para o café em expansão, e "branqueamento da raça", não foi encontrada nas montanhas da Suíça ou da Alemanha, mas na Itália. Nas décadas da segunda metade do século XIX, a Itália não existia como país, sendo uma coleção de cidades-estado, pequenos reinos, alguns reinos mais ricos e Estados Pontifícios, ou seja, terras da Igreja. O processo de unificação do país foi complexo, feito com negociações e guerras, e, junto a essa etapa difícil de construção do país, havia uma persistente pressão demográfica, com população em crescimento, mas pobre e excluída das terras para sua subsistência. Na zona urbana italiana, o aspecto social em geral não era muito mais brilhante, com algumas cidades industriais como Milão concentrando milhares de pessoas em condições precárias de vida.

Imigrar era a chance de uma vida melhor. E a população italiana foi uma das que mais emigraram para fora da Europa. Fluxos imensos foram para os EUA e para Argentina, as regiões que mais receberam italianos na América. E o Brasil também teve importante participação nesse processo. Hoje, há mais descendentes de italianos fora da Itália do que moradores no país de origem (Nova Iorque e São Paulo são as cidades que mais consomem pizza no planeta).

Essa motivação interna soma-se às duas utilidades da imigração brasileira. Italianos são europeus, portanto, contribuem para o "branqueamento da raça". Ao mesmo tempo, trata-se de uma imigração mais barata, pois as oportunidades de emprego e renda nas regiões de origem eram ainda piores do que as da Alemanha. Ao mesmo tempo, o governo de várias regiões alemãs começou a impor restrições à imigração de seus cidadãos, com as denúncias sempre crescentes de condições difíceis de vida e trabalho no Brasil. Não podemos também descartar a questão de o idioma italiano ser mais próximo do português, facilitando grandemente a assimilação. E finalmente um aspecto pouco lembrado, mas de fundamental importância: como vimos, a maioria dos imigrantes alemães era luterana, ao contrário da praticamente totalidade dos italianos, católica. Assim, os conflitos religiosos eram eliminados na imigração italiana.

Quantos vieram para o Brasil? Entre 1860 e 1920, já na República, 7 milhões,[18] superando o número de escravizados africanos, que foi de aproximadamente 4 milhões (embora as estimativas tenham ampla variação pela falta de dados precisos). Já o número de portugueses é muito difícil de estimar, porque foi um fluxo contínuo que acompanhou todo o processo colonizador e permaneceu no Império e na República. Mas, mesmo na época de maior imigração portuguesa, entre 1850 e 1930, ainda eram inferiores em número ao de italianos. Os outros grupos de imigrantes, como alemães, espanhóis, árabes ou japoneses, não atingem em número o de italianos, nem se todos somados.

---

18 Disponível em: https://brasil500anos.ibge.gov.br/territorio-brasileiro.

A maioria dos italianos veio em época posterior aos alemães, embora muitos ocupassem as mesmas regiões, como no Rio Grande do Sul, região da serra gaúcha, a maioria dedicada a dois ícones da produção culinária do país, trigo e uva, ou seja, massas e vinho. Antônio Prado, distante 180 quilômetros de Porto Alegre, é considerada a cidade mais italiana do Brasil, com boa parte de seu casario variando do final do século XIX até os anos 30 do século XX, ainda preservado.

Figura 7.1 Influências culturais – Itália e Alemanha.

Fonte: Acervo do autor.

(a) Cidade de Antônio Prado (RS).

(b) Dizeres alemães na reconstrução de uma moradia de colono no Museu Nacional de Imigração e Colonização, em Joinville.

O Brasil também passa a ser alemão. Nesse bordado, a casa do imigrante alemão é sua nova terra, do outro lado do oceano. O texto do bordado diz o seguinte: "Deixe suas preocupações do lado de fora, traga apenas sorte para dentro, aqui você nasceu, aqui você está em casa".

Mas é em São Paulo que vai se concentrar a maioria dos imigrantes italianos, e a relação com esta região é fortalecida no café. A partir de 1870, o fluxo de italianos torna-se massivo e vai ocupar as regiões do interior da província, em busca da *terra roxa*, o solo mais fértil para o café. Curioso erro linguístico, pois a terra na verdade era vermelha, *rosso*, em italiano, mas os brasileiros adotaram o nome em tradução equivocada. A imigração italiana na província de São Paulo ocupou tanto o interior como as principais cidades e a própria capital. E os imigrantes italianos em São Paulo também ocuparam distintas posições sociais: de camponeses assalariados em fazendas de café a pequenos proprietários rurais, e de operários nas fábricas até grandes industriais. Mas essa história já está no período republicano.

As primeiras tentativas de usar mão de obra assalariada em São Paulo datam de 1850, quando o fazendeiro Nicolau dos Campos Vergueiro trouxe alemães e suíços para sua propriedade principal, a Fazenda Ibicaba, região de Limeira, no atual município de Cordeirópolis, distante 175 quilômetros de São Paulo. O regime era chamado de **parceria**, mas na prática os imigrantes eram tratados pouco mais do que se fossem escravizados, incluindo até mesmo retenção de seus documentos pessoais e dívidas impagáveis, já que o custo da viagem era pago pelo fazendeiro e depois cobrado em parcelas do camponês. Como o leitor deve imaginar, as parcelas eram eternas e tomavam quase todo o salário do trabalhador. Em 1856, houve uma revolta desses colonos, encerrando o sistema.

Era necessária uma saída para a questão da mão de obra, cada vez mais urgente pela dupla pressão do aumento pela demanda do café e da Inglaterra pela abolição. Foi então que o governo da província de São Paulo assumiu a tarefa e passou a pagar os custos da viagem dos imigrantes. Ao mesmo tempo, a Sociedade Promotora da Imigração, criada em 1886, abriu escritórios na Itália para atrair imigrantes. Inicialmente o fluxo ainda era pequeno, mas o desespero de boa parte da população pobre daquele país e as promessas, nem sempre cumpridas, aliás, de uma vida melhor na América levaram muitos a emigrar. Um ponto central deste processo é que tudo foi feito no âmbito provincial, ou seja, sem auxílio direto ou indireto do governo imperial, ainda apegado à escravidão mesmo quando ela já demonstrava sinais de óbvia decadência no mundo. Mais um ponto, e muito importante, para a nova elite paulista do café acreditar que o Império mais atrapalhava do que ajudava e que era necessária uma nova forma de governo, com liberdade regional para resolver problemas. A República estava ligada fortemente ao tema da mão de obra imigrante.

8 AO VENCIDO, ÓDIO OU COMPAIXÃO: DOM PEDRO II – POLÍTICA EXTERNA

8.1 EXPULSAR O EMBAIXADOR: OS CONFLITOS COM A INGLATERRA

> Daí o caráter conservador e benéfico da guerra. Supõe tu um campo de batatas e duas tribos famintas. As batatas apenas chegam para alimentar uma das tribos, que assim adquire forças para transpor a montanha e ir à outra vertente, onde há batatas em abundância; mas, se as duas tribos dividirem em paz as batatas do campo, não chegam a nutrir-se suficientemente e morrem de inanição. A paz, nesse caso, é a destruição; a guerra é a conservação. Uma das tribos extermina a outra e recolhe os despojos. Daí a alegria da vitória, os hinos, aclamações, recompensas públicas e todos os demais efeitos das ações bélicas. Se a guerra não fosse isso, tais demonstrações não chegariam a dar-se, pelo motivo real de que o homem só comemora e ama o que lhe aprazível ou vantajoso, e pelo motivo racional de que nenhuma pessoa canoniza uma ação que virtualmente a destrói. Ao vencido, ódio ou compaixão; ao vencedor, as batatas (Machado de Assis, 1891, p. 6).

Nesse trecho, Machado de Assis explica uma de suas frases mais enigmáticas: *ao vencedor, as batatas*. Essa frase tinha aparecido na fala do personagem Quincas Borba no romance **Memórias Póstumas de Brás Cubas**, publicado em 1891. Porém, o teor completo da frase somente é revelado no romance posterior, **Quincas Borba**, publicado em formato de livro 10 anos mais tarde, 1891. O personagem do primeiro romance aparece de novo no segundo romance, que leva seu nome, porém não é o principal da narrativa.

Quincas Borba, no romance que tem seu nome, é um senhor já idoso, internado no hospital de Barbacena, com problemas mentais. Seu cuidador é Rubião, um homem simples que aprende o conjunto das ideias de Quincas, chamado de *Humanitismo*, uma paródia de Machado de Assis para todos os "ismos" de seu século – Liberalismo, Positivismo, Cientificismo e outras –, em uma obra marcada pela crítica dura às certezas ideológicas e pela visão niilista de seu autor. Niilismo aqui significa duvidar de tudo, não acreditar em nada e colocar todas as certezas como meras possibilidades: uma atitude altamente improvável no século XIX, tão cheio de grandes ideias definidoras da História e da humanidade.

A leitura do trecho expressa o estilo ácido, quase cruel, de Machado de Assis em sua plenitude. Se há uma luta pela sobrevivência do mais forte, que assim seja. Não se deve ficar tentando criar igualdade em um mundo onde ela nunca existiu e nunca existirá: ao vencedor, as batatas. E ao vencido pode-se dar o ódio, como forma de justificar a vitória, ou a compaixão, talvez como forma de desculpar a consciência do vencedor pela vitória. Mas esta, quando garantida, sequer precisa ser comemorada: afinal, quem ganhou já tem as vantagens por si mesmas: ao vencedor, as batatas.

Há várias linhas interpretativas sobre Machado de Assis. Existe uma linha consolidada que indica que o autor tinha um ponto de vista crítico sobre esse tipo de afirmação de seu personagem, ou seja, Machado *não concorda* com a afirmação de Quincas Borba, apontando que esta luta pela sobrevivência, esta visão crua sobre a realidade, deve ser superada, o que daria a Machado uma consciência social de mudança.

Porém, há outra linha possível, na qual Machado não queria ter uma posição predeterminada de crítica, mas apenas um olhar niilista e duro: esta é a realidade, e não devemos criar ilusões sobre ela, ou seja, Machado pode até não concordar que a luta pela sobrevivência seja boa mas não podemos criar fantasias de que poderia ser diferente.

Se Machado de Assis queria de fato mudar a sociedade ou apenas fazer uma constatação fria e aguda sobre suas falhas, é motivo de debates e reflexões. Mas nesse trecho há a presença de uma realidade que se abateu na política externa do II Reinado: a guerra. E para o derrotado, o Paraguai, ao invés de ódio, ficou a compaixão. Mas as batatas talvez não tenham ficado com o vencedor, o Brasil.

Voltando ao trecho citado: Quincas Borba, o personagem, falece pouco depois do início do romance, deixando uma boa herança para Rubião, além de seu cachorro, também chamado Quincas Borba. Assim, podemos dizer que o romance na verdade tem seu nome mais derivado do cão do que do humano. A guerra aqui adquire o sentido de um exemplo do *Humanitismo*, a ideologia do personagem. E se há um grande vencedor nela, é algo que precisa ser investigado.

A política externa do II Reinado tem na Inglaterra e seus temas seu principal eixo condutor. Mas é a Guerra do Paraguai que coloca o mais alto desafio ao Império e talvez um dos maiores desafios bélicos na trajetória brasileira. Assim como em Machado de Assis, haveria linhas diversas sobre as causas desta guerra? Ou apenas exemplos de falsas impressões e visões equivocadas? Qual a relação entre a Inglaterra, tão poderosa no século XIX e a guerra? São temas dos quais trataremos neste capítulo.

Há uma data fundamental na história da política externa brasileira: 1845. Nessa data, o parlamento britânico aprovou uma lei, a *Bill Aberdeen*, que proibia o tráfico de escravizados em todo o Oceano Atlântico, dando poderes para a marinha daquele país de apreender navios negreiros e levá-los de volta à África. É uma aberração jurídica que um país possa legislar sobre um oceano inteiro, mas no século XIX o conceito de "Direito Internacional" tal como entendemos hoje era precário, e na prática valia a lei do mais forte. E, nesse caso, o mais forte era a poderosa marinha britânica.

No capítulo 1, vimos os motivos pelos quais a Inglaterra queria a abolição da escravidão. Mas vamos recapitular brevemente:

1) Ampliação do mercado consumidor, pois, com o fim da escravidão, a mão de obra assalariada iria consumir mais e a Inglaterra era o maior produtor industrial do mundo.

2) Liberação de capitais dos bancos que financiavam a escravidão, atividade lucrativa e de pouco risco. Se a escravidão fosse abolida, muito dinheiro que era emprestado aos escravocratas poderia ir para a indústria britânica em novos financiamentos, reforçando o poder daquele país.

3) Influência da opinião pública, contrária à escravidão, pois a Inglaterra tinha uma sólida imprensa, um sistema parlamentar consolidado, e a opinião dos eleitores contrários à escravidão era poderosa na eleição.

Também vimos que a Inglaterra tinha tentado abolir a escravidão no Brasil em dois momentos: Dom João VI e, após a Independência, com Pedro I. Mas os interesses tanto dos fazendeiros quanto dos comerciantes escravocratas eram enraizados demais no Parlamento brasileiro, aliás, mesmo o próprio Pedro I e depois seu filho, Pedro II serem abolicionistas convictos. A gota d'água da Inglaterra foi a Lei Alves Branco, em 1844. Como também já foi visto, motivada por questões exclusivamente arrecadatórias, motivou uma ação direta dos ingleses. Não é, portanto, uma coincidência que logo após o fim dos privilégios comerciais da Inglaterra no Brasil, uma lei como a *Bill Aberdeen* tenha sido aprovada.

Veremos em capítulo posterior o tema central do abolicionismo, tanto nas discussões do Parlamento como na opinião pública brasileira. Mas aqui é necessário dar foco ao tema de política externa.

Em 1861 e 1862, dois pequenos incidentes transformaram-se em uma grande questão diplomática.

Um navio saído do porto de Glasgow e com destino final Buenos Aires encalhou na costa do Rio Grande do Sul, no ano de 1861. A carga tinha sido aparentemente saqueada e houve a suspeita de assassinatos, pelo fato de alguns corpos terem sido encontrados na praia. Na prática, não se sabe ao certo se esses atos ocorreram, porque a região onde o navio encalhou era famosa por ser de difícil navegação, e um possível naufrágio poderia ter acontecido.

A investigação feita pela polícia local não chegou a nenhuma conclusão determinada, fato que irritou o cônsul britânico no Rio Grande do Sul, que comunicou o fato ao embaixador no Rio de Janeiro, **William Dougal Christie**. Nascido na Índia, então sob domínio britânico, formado na prestigiosa Universidade de Cambridge, tinha passagens como embaixador na Argentina e no Paraguai e, desde 1859, era o representante britânico no Brasil. Devemos lembrar que, naquele tempo, os embaixadores tinham uma ampla liberdade de tomar decisões e principalmente de emitir notas oficiais entre os países, já que os meios de comunicação ainda não eram como os de hoje. Resumindo, o governo inglês iria tomar como certas as cartas e observações de Christie no Brasil, o que claramente poderia ser perigoso, pois uma relação entre dois países dependia de possíveis imprecisões de um único indivíduo. E já vimos que a boa simpatia inglesa com o Brasil não existia pelo tema da abolição. Christie exigiu um pedido de desculpas do Imperador e uma indenização pela carga. Ambos negados por Pedro II.

Em 1862, ainda sob os efeitos da não solução do problema anterior, outro incidente viria a azedar ainda mais as relações entre os dois países. No Rio de Janeiro, um grupo de marinheiros ingleses tinha sido preso pela polícia local após uma discussão, muito provavelmente motivada pelo excesso de consumo de álcool dos tripulantes do navio. O incidente, de menor gravidade, era apenas mais um ponto de discórdia entre Pedro II e o embaixador britânico Christie, que exigiu novo pedido de desculpas. Para ele, a prisão de um cidadão inglês no Brasil devia obedecer aos tratados que tinham sido assinados ainda por D. João VI e ratificados por Pedro I, que diziam que cidadãos ingleses no Brasil deviam ser julgados pela lei inglesa. De novo, Pedro II não aceitou os termos do embaixador. Ele então comunicou ao governo inglês que o Brasil estava descumprindo acordos diplomáticos entre os dois países.

Ato contínuo, a marinha britânica tomou cinco navios brasileiros ancorados no porto do Rio de Janeiro e bloqueou a entrada de qualquer outra embarcação. Era a Inglaterra dando uma demonstração da sua posição militar. O Brasil podia retaliar militarmente ou propor uma solução negociada. Fato é que Pedro II tinha neste momento um imenso apoio popular, já que, para a maioria das pessoas, os atos ingleses eram vistos como arrogantes e belicosos. No parlamento brasileiro e na opinião de Pedro II, era necessário evitar uma possível guerra com a Inglaterra. Não apenas pela muito provável derrota militar, mas porque uma guerra com uma derrota futura podia resultar em algo ainda pior: a definitiva abolição da escravidão no Brasil, imposta pela Inglaterra. A situação tinha atingido um ponto de tensão máxima, muito próxima de uma guerra, que redundaria em um enorme desastre ao Brasil.

Pedro II e o parlamento britânico concordaram com a resolução negociada do conflito. Antes da criação dos organismos multilaterais, como a ONU, era comum que dois países em disputa chamassem um terceiro, neutro, para ser um árbitro. De antemão, concordavam em aceitar a resolução proposta, seja vencedora ou perdedora para um dos lados. O rei Leopoldo I da Bélgica foi o escolhido. Imagine o leitor a possibilidade de derrota brasileira: afinal, era um rei europeu, atuando como árbitro de um conflito entre a maior potência mundial e um país sul-americano escravocrata. Ainda mais certa era a derrota, pois Leopoldo I era tio da rainha Vitória da Inglaterra.

A verdade era que Leopoldo I era representante da família Saxe-Cobugo-Gota, que também tinha relações dinásticas com Maria II, irmã de Pedro II, e que tinha sido rainha de Portugal após a morte de D. Pedro I em Portugal (naquele país, D. Pedro IV). Ou seja, os laços familiares de Leopoldo I o ligavam tanto à rainha Vitória quanto a Pedro II. E como este era considerado na Europa como um rei respeitado e único representante de uma monarquia em toda a América, a posição política dele estava longe de ser desprezível.

Pedro II pagou antecipadamente a quantia pedida pelos ingleses de indenização. E, talvez não tão surpreendentemente assim, ganhou a causa. Desnecessário dizer o espanto e a humilhação dos ingleses com a decisão. A pergunta agora é: eles aceitaram pedir desculpas e devolver a quantia paga por Pedro II antecipadamente? Não.

Com essa recusa e a vitória no arbitramento, Pedro II expulsou o embaixador Christie do Brasil e rompeu relações diplomáticas com a Inglaterra. Do ponto de vista das relações internacionais, é um fato gravíssimo, só precedido na escala de tensão por uma guerra aberta. Esse fato foi idealizado pelo pintor Victor Meireles, no quadro "Estudo para a Questão Christie", de 1864.

Figura 8.1 – Estudo para a Questão Christie, de Victor Meireles.

Fonte: *Google Arts and Culture* – Museu Nacional de Belas Artes – RJ.

Um triunfante Pedro II, aclamado por populares, impõe sua postura diante de um quase submisso senhor que se vê no centro do quadro. Esse senhor é William Dougal Christie, o embaixador britânico no Brasil naquela época.

Nessa temática nacionalista do quadro de Victor Meireles, poderia estar descrita uma vitória moral brasileira? Vejamos: o tema central das tensões entre os dois países era o tráfico de escravizados. Podemos, portanto, questionar esta vitória como um tema a ser realmente comemorado. O que a Inglaterra queria impor no Brasil era a abolição. Deve-se questionar a imposição de uma decisão de uma potência militar sobre outro país soberano. Mas também é nada defensável que este ato de soberania seja para defender outro ato, a escravidão, totalmente abominável. A posição de Pedro II nesse caso foi ambígua: ele, um abolicionista, defendendo a posição do Brasil como nação autônoma, o que é louvável, na defesa da escravidão, o que é lamentável. São complexas as relações entre política interna, externa e posicionamentos ideológicos sobre temas específicos.

O resultado final da Questão Christie se deu em 1865, já no início da Guerra do Paraguai. O novo embaixador britânico Thornton reuniu-se com Pedro II, e a rainha Vitória emitiu um pedido de desculpas formais ao Brasil. A indenização paga antecipadamente por Pedro II e que, pela decisão do rei Leopoldo I da Bélgica, devia ser devolvida ao Brasil, não foi restituída pelos ingleses. Esse fato foi aceito pelo parlamento brasileiro e pelo próprio imperador. Afinal, a Guerra do Paraguai já tinha começado e era necessário obter créditos dos bancos ingleses para a compra de armamentos. E aqui temos um ponto importante para começarmos a entrar na Guerra do Paraguai: o Brasil iniciou sua participação nessa guerra sem ter relações diplomáticas com a Inglaterra. Mais uma vez, volta a pergunta: qual a relação dos ingleses com a guerra? É o que vamos ver a seguir.

8.2 MALDITA GUERRA: A PERSISTÊNCIA DO ERRO

A Inglaterra foi a causadora da Guerra do Paraguai. O Paraguai era visto como um país em processo de acelerado desenvolvimento industrial, cujo líder, Solano López, propunha um modelo de desenvolvimento social e político autônomo, livre das amarras do imperialismo britânico, como geralmente se diz, e cujo resultado seria uma sociedade menos desigual, letrada e próspera na América Latina. Sob tal ponto de vista, o Paraguai seria um *mau exemplo* para os países da região e interessava sobremaneira aos ingleses a destruição desse país. Por isso, a guerra seria uma espécie de armadilha feita para que Brasil, Argentina e Uruguai, com armas e empréstimos ingleses, destruíssem o Paraguai.

Tal versão ainda é mais ou menos corrente nas aulas e nas obras do ensino médio. Há apenas um pequeno problema com ela. Não há sequer um único documento que comprove sua veracidade.

História não é uma ciência exata no sentido laboratorial da palavra. Diferente da Química ou da Física, na qual equações que expressam experimentos são colocadas à prova com resultados mensuráveis e precisos, História e outras Ciências Humanas são motivadas por pontos de vista, visões de mundo e, portanto, mutáveis à medida que novos conhecimentos e interpretações são incorporados, debatidos e, algumas vezes, desconstruídos. Porém, se tal posição é correta, História não pode ser uma área na qual apenas a opinião, desprovida de fatos que a sustentem, é válida. Não posso afirmar que as bombas atômicas de 1945 foram jogadas na China ou que Napoleão era alemão. Não é uma questão de opinião, mas de fatos.

Assim sendo, uma ampla revisão desse ponto de vista acerca de um Paraguai quase mítico foi feita por alguns estudiosos da área de História e de Relações Internacionais. Merece destaque a obra **Maldita Guerra**, de Francisco Doratioto, de 2002, na qual o autor desfaz mitos sobre o tema. O Paraguai era na prática uma ditadura de Solano López, e sua "modernização", na verdade, era apenas restrita ao campo militar, já que a maioria da população vivia no meio rural em condições sociais precárias. Nada parecido com uma suposta potência sul-americana a ser temida pelos ingleses.

> *É fantasiosa a imagem construída por certo revisionismo histórico de que o Paraguai pré-1865 promoveu sua industrialização a partir "de dentro", com seus próprios recursos, sem depender dos centros capitalistas, a ponto de supostamente tornar-se ameaça aos interesses da Inglaterra no Prata. Os projetos de infraestrutura guarani foram atendidos por bens de capital ingleses e a maioria dos especialistas estrangeiros que os implementaram era britânica* (Doratioto, 2002, p. 34).

Já as causas da guerra fincam raízes profundas no próprio processo de formação territorial dos países envolvidos – Brasil, Uruguai, Argentina e Paraguai. As fronteiras brasileiras foram relativamente bem resolvidas pela diplomacia ainda na época da colônia, com os tratados assinados entre Portugal e Espanha, destacando-se o Tratado de Madrid, sob liderança do diplomata luso-brasileiro Alexandre de Gusmão, em 1750.

Mas o cone sul ainda era motivo de disputas, tanto territoriais como políticas. Muitas dessas disputas internas acabavam por se ligar a temas de política externa. O Uruguai é um foco dessa tensão que desemboca, por vários caminhos, no conflito.

1. Disputas políticas no Uruguai

Desde sua independência do Brasil, as disputas internas no Uruguai eram constantes: basicamente havia dois grupos, os *colorados* e os *blancos*. O Uruguai tinha uma instabilidade política crônica, e suas disputas eram quase sempre resolvidas por golpes de Estado. Durante as décadas de 30 e 40 do século XIX, o país esteve envolvido em violentas disputas entres esses dois partidos, com intervenções externas dos governos da Argentina e do Brasil. Era um processo de guerra civil interna com vitórias pendulares ora para os *blancos*, ora para os *colorados*. Para tornar ainda mais tenso esse ambiente, essas disputas não eram apenas uruguaias, pois afetavam interesses argentinos e brasileiros.

2. Interesses brasileiros no Uruguai

Os conflitos entre uruguaios e brasileiros eram também constantes na área aberta entre os dois países. Gado brasileiro atravessava a fronteira uruguaia, e vice-versa, nesta estranha mania dos animais em não reconhecer fronteiras humanas...

Sistematicamente havia pequenos conflitos na fronteira e que poderiam escalar até em uma guerra aberta. Voltando não muitos anos na História, durante a Farroupilha, alianças foram feitas entre revoltosos gaúchos e uruguaios (Garibaldi, o revolucionário italiano, participou desse processo, como vimos anteriormente). Um Uruguai antibrasileiro poderia levar não só a um conflito de fronteira, mas a uma nova possível revolta separatista no sul do Brasil.

Para o interesse brasileiro ter um presidente aliado no Uruguai era fundamental em uma área tão sensível do Império. Dentro do espectro binário da política uruguaia, o grupo *colorado* tinha maiores ligações com os pontos de vista brasileiros.

O Brasil chegou a ganhar uma guerra contra o Uruguai, chamada *Guerra contra Oribe e Rosas*, em 1851. Esta foi um conjunto de três conflitos: 1) uma guerra entre dois grupos uruguaios; 2) uma guerra entre dois grupos argentinos; 3) uma guerra do Brasil contra uruguaios e argentinos, com apoio de outros grupos uruguaios e argentinos...

Confuso? Vamos entender melhor no item seguinte.

3. Interesses argentinos no Uruguai

No entanto, havia dentro da mesma política uruguaia interesses argentinos.

Manuel de Rosas, governante de Buenos Aires e, na prática, um ditador sobre toda a Argentina, durante os anos 30 a 50 do século XIX, tentou várias vezes recriar o antigo território espanhol do Vice-Reinado do Prata, entrando em guerra com a Bolívia e tentando reincorporar o Paraguai, ao mesmo tempo em que também buscava apoio em líderes uruguaios, como Oribe, que viam com simpatia a anexação do território do Uruguai à Argentina. Portanto, **Rosas e Oribe, presidentes argentino e uruguaio, eram aliados, sendo que o projeto de Rosas era unificar os dois países**. O Império brasileiro era contra Rosas e Oribe:

Figura 8.2 – Resumo das alianças entre Brasil, Argentina e Uruguai.

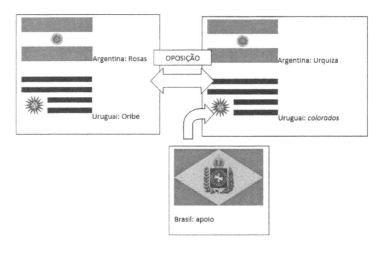

Fonte: Elaborado pelo autor.

Os governadores de províncias argentinas contrários à ditadura de Rosas também buscavam apoio em outros líderes uruguaios, oposicionistas daqueles que apoiavam Rosas. O governador da província de Entre-Rios, Urquiza, se revolta contra Rosas e busca apoio nos uruguaios, que não queriam essa anexação com a Argentina. Por motivos evidentes, o Brasil apoiou Urquiza, que derrotou tanto Rosas quanto Oribe.

Nessa guerra, chamada de **Guerra contra Oribe e Rosas**, Montevidéu é tomada por tropas brasileiras, e o presidente Oribe é derrotado. Do lado argentino, Urquiza, com apoio de tropas brasileiras, derrota Rosas.

Os interesses brasileiros na região se fizeram prevalecer, ao mesmo tempo em que certos grupos políticos argentinos e uruguaios derrotaram seus opositores.

No Uruguai, deposto Oribe, subiu ao poder o partido *colorado*, aliado do Brasil. E, na Argentina, após Urquiza, chegou ao poder o presidente Mitre, que seria o aliado dos brasileiros na Guerra do Paraguai.

O quadro total é mais complexo e não pode ser explorado aqui por motivos de espaço: mas o resumo que se segue é: **as lutas políticas dentro do Uruguai se ligavam às lutas políticas internas da Argentina e aos interesses brasileiros**.

Imagine o leitor um bolo recheado ou uma lasanha, feitos em camadas, uma sobre a outra. Nesse caso acima, essa é a "camada" de explicação política do complexo jogo de interesses entre estes três países, mas há uma outra camada, mais profunda, pois é estratégica e não depende diretamente das disputas políticas de curto prazo. Tal "camada" de conflitos é de longa duração no tempo histórico e é explicada pela geografia do cone sul.

4. Importância estratégica do rio da Prata

A navegação pelo Prata era vital para a economia da Argentina, já naquela época um importante exportador de gado. Se o leitor olhar um mapa, verá que o porto de Buenos Aires divide suas águas com a costa uruguaia e foi motivo de fortes tensões desde a fundação da Colônia de Sacramento, por portugueses, na época colonial. Qualquer ocupação hostil da costa uruguaia aos argentinos é motivo de enorme tensão naquele país, pois sua principal cidade, Buenos Aires, e boa parte de sua economia podem ser diretamente afetados. Nesse caso de posições estratégicas envolvendo a própria sobrevivência dos Estados, os interesses permanecem os mesmos até quando a política muda. Atualizando o tema para os dias de hoje, a península da Crimeia e seu porto de águas quentes são fundamentais para a Marinha russa, seja a Rússia czarista do século XIX, a Rússia comunista do século XX ou a Rússia nacionalista de Putin no início do século XXI. Isso se pode dizer de vários outros pontos estratégicos fundamentais para os Estados. Nesse ponto, o ferramental teórico da área de Geopolítica em Relações Internacionais costuma ser mais assertivo sobre o tema do que em outras áreas como História ou Ciência Política.

Continuando com o tema estratégico, os interesses brasileiros também eram fundamentais naquela região. Naquela época as redes de comunicação terrestres eram muito precárias, basicamente pouco melhores, ou talvez nem isso, do que as do início da época colonial. Basicamente todo o centro-sul do Brasil dependia da bacia do Prata para exportar qualquer produto, inclusive, o que parece estranho, para "exportar" para outras partes do Brasil. Isso mesmo, um produto como gado do Centro-Oeste (naquela época ainda não era uma grande área produtora como é hoje) só podia chegar ao maior mercado consumidor, o Rio de Janeiro, via marítima, saindo do porto de Buenos Aires e chegando por mar. Não havia nenhuma ligação terrestre entre todo o interior do Brasil do Centro-Oeste e o litoral Atlântico, como há hoje mesmo em nossas precárias rodovias. **O equilíbrio geopolítico indicava que os três países, Uruguai, Argentina e Brasil, tinham de concordar com essa liberdade de navegação, caso contrário, a guerra entre eles seria inevitável.**

Em breve, essas lutas se ligariam aos interesses do Paraguai.

5. Interesses paraguaios no Uruguai

Os *blancos*, no Uruguai, representados pelo presidente Bernardo Berro, foram eleitos em 1860 para o governo daquele país, mas Brasil e Argentina apoiavam o partido *colorado*, liderado por Venâncio Flores, por um importante motivo: **esse grupo mantinha uma posição de livre-navegação no rio da Prata**. Os *blancos*, também chamados de Partido Nacional, eram contrários aos interesses brasileiros e argentinos e desejavam maior autonomia do Uruguai em relação aos interesses dos outros dois países dentro da política uruguaia.

Curioso que justamente o Paraguai, que estava fora deste jogo de poder, pelo menos inicialmente, foi o fator que acabou por desencadear o conflito.

6. Intervenção brasileira no Uruguai

Solano López do Paraguai queria ter o apoio do partido *blanco* do Uruguai, porque imaginava nesse grupo um forte suporte às suas pretensões de também manter a livre-navegação no Prata. Os *blancos* procuraram a aliança com o Paraguai exatamente para diminuir a influência de brasileiros e argentinos dentro do Uruguai.

O partido *blanco* foi deposto do poder por (mais um...) golpe de Estado. Este, liderado por Venâncio Flores, contou com participação de tropas brasileiras, que invadiram o Uruguai e depuseram o presidente uruguaio. Era mais uma intervenção brasileira no Uruguai. Esse fato ocorreu no final de 1864 e desencadeou o início da guerra do Paraguai.

Solano imaginou uma conspiração contra ele: *colorados* uruguaios, Argentina e Brasil iriam manter a livre-navegação no Prata apenas para eles, excluindo o Paraguai. Aqui, mais uma vez, voltamos ao tema da persistência no erro de que o Paraguai tinha uma economia autônoma e não precisava de comércio exterior para se manter. É justamente o contrário disso: a principal fonte de renda do país era a exportação de produtos agrícolas, principalmente a erva-mate e toda sua estrutura produtiva (que aliás era precária, pois o Paraguai era um país pobre, nem de longe lembrando uma suposta potência sul-americana), estava ligada aos interesses da economia internacional. Definitivamente, o mito do Paraguai como um país "livre das amarras do imperialismo britânico" é apenas isso: um mito.

Tal fato iria acontecer? A deposição dos *blancos* pelo Brasil e pela Argentina era para fechar o rio ao Paraguai? Do lado brasileiro, as intenções eram outras, como vimos. Enquanto no lado argentino, a visão defensiva de que ter aliados no Uruguai era um suporte às suas aspirações de livre-navegação. O Uruguai era o equilíbrio de todo o cone sul, e Solano López interveio neste equilíbrio pelos seus próprios interesses. É uma cruel ironia que todos os países da região, inclusive o Paraguai, queriam a livre-navegação no Prata e que Solano López iniciou uma guerra por isso.

Sentindo-se ameaçado por ver sua aliança com os *blancos* acabar no Uruguai pela intervenção brasileira, Solano López atacou o Brasil.

Há que se citar que o Paraguai era uma antiga região da província do Prata, que basicamente deu origem à Argentina. O governo argentino tinha pretensões de reincorporar o Paraguai ao seu território? Essa é outra possibilidade que pode ter motivado Solano López a iniciar o conflito, já que ele mesmo também queria um aliado seu na presidência argentina, sem sucesso. Mas igualmente não há documentos ou mesmo articulações que permitam dizer que o presidente argentino de então, Bartolomeu Mitre, desejava reincorporar o Paraguai (ao contrário do ditador anterior da Argentina, Rosas, este, sim, com claros objetivos de anexação).

Solano López tinha um sólido aliado no governo da província de Entre-Rios, na Argentina, que desejava que fosse o presidente argentino ou talvez até, no limite, incentivar a independência daquela região e incorporá-la ao Paraguai. Admirador de Napoleão, Solano López tinha uma intenção de criar um *"Grande Paraguai"*, que abarcasse regiões da Argentina e do Brasil, e até mesmo incorporar o Uruguai. Para ele, manter a saída para o mar era vital. Mas ele também tinha uma visão imperialista própria, de expansão de seu território e seu poder pessoal.

Naquele momento do século XIX, a independência dos países mal tinha completado 50 anos em média. As definições de fronteira, sempre tão problemáticas e na maioria das vezes envolvendo guerras, eram uma afirmação da identidade nacional.

Não devemos persistir no erro de argumentações simplistas para a causa de um fenômeno complexo como foi a Guerra do Paraguai, e, por extensão, de quase todas as guerras. Na maioria das vezes, uma guerra tem raízes profundas que envolvem questões estratégicas, economia, posicionamentos políticos e, não raro, questões pessoais. Dizer que Solano López é o único culpado pelo conflito certamente é uma simplificação, mas não podemos descartar sua personalidade autoritária e militarista como um fator. Mas se vários estudos de História ainda persistem neste erro de criar mitos ao invés de analisar fatos, veremos no decorrer desta sangrenta guerra que houve, por vários atores nela envolvidos, uma teimosia na persistência do erro. Teimosia essa que custou milhares de vidas.

8.3 A TERRA ESTÁ CHEIA DE SANGUE: O PROCESSO DA GUERRA DO PARAGUAI

Em dezembro de 1864, Solano López invadiu o Mato Grosso, aprisionando o presidente da província e tomando navios brasileiros. O Império não foi exatamente pego de surpresa, dado que havia um crescimento das tensões entre os países, mas não tinha preparo militar organizado. O exército brasileiro era limitado e a maior força terrestre era a Guarda Nacional, que, como vimos, tinha um papel de polícia interna mais do que de força militar para uma guerra externa. A marinha brasileira, no entanto, era mais bem equipada, em parte pelas tensões, já antigas, com a Inglaterra.

E por falar nela, na maior potência do mundo daquele momento, qual foi o papel dos ingleses no conflito? O de observadores atentos e vendedores de armas para os dois lados. Outra vez, desfaz-se o mito Paraguai x Inglaterra. Como Solano López já tinha ambições militaristas e expansionistas, foi buscar na Inglaterra antes da guerra equipamentos bélicos. E os ingleses, bons vendedores, não perderam negócio:

Contudo, o Exército paraguaio poderia, sim, ter-se armado bem, se Solano López não tivesse se precipitado em invadir Mato Grosso. O Paraguai comprara armamento na Europa que estava prestes a ser entregue. Em novembro de 1864, antes de a Marinha brasileira bloquear o Prata para navios que fossem a Assunção, o governo paraguaio recebeu da Inglaterra 106 caixões com rifles e munições, além de recursos humanos representados por três médicos e quatro técnicos contratados, todos ingleses. O representante paraguaio na Europa, Cándido Bareiro, tinha "muito armamento" para enviar. Havia, ainda, quatro encouraçados em construção, encomendados pelo governo paraguaio a estaleiros europeus, além de 36 canhões raiados de grosso calibre encomendados na Prússia (Doratioto, 2002, p. 136).

O Paraguai, como se vê, tinha bons contatos com países europeus e não era, em absoluto, uma república isolada e autônoma. Porém, a guerra tomou um rumo diferente do que Solano imaginava. E dois erros foram fatais para o Paraguai.

O primeiro é terrestre. As tropas, bem armadas e em maior número do que o Paraguai, tinham como objetivo tomar trechos dos atuais estados do Mato Grosso e Paraná, garantindo as duas margens dos rios Paraguai e Paraná. Ao mesmo tempo, iriam até o Rio Grande do Sul e ocupariam o Uruguai, seja para colocar de volta ao poder os *blancos* ou até mesmo tomar o país todo, como projeto deste *Grande Paraguai* que Solano imaginava. O erro dessa estratégia era que uma parte do território argentino foi atravessada por tropas paraguaias. Era verdade que ele desejava incorporar tais regiões, as províncias de *Entre-Rios* e *Corrientes*, mas não de uma forma que provocasse uma guerra com dois países ao mesmo tempo. E mesmo que as tropas paraguaias fossem maiores do que as do Brasil e as da Argentina juntas, prova dessa intenção militarista de Solano López, os dois países tinham recursos e populações muito maiores do que os do Paraguai, em uma época na qual o fator tecnologia, sempre importante em um conflito militar, era menos determinante do que hoje, sendo que a infantaria, ou seja, o número de soldados em si, era o maior fator de desequilíbrio.

E aqui temos o segundo erro de Solano López, na parte fluvial. Como seu país não tinha acesso ao mar, garantir esse suprimento de armas do exterior era essencial. Foi exatamente o que ele perdeu na batalha do Riachuelo, quando a Marinha brasileira aniquilou a Marinha paraguaia e bloqueou todo o acesso do país vizinho ao comércio exterior. De um ponto de vista estratégico, a guerra já estava ganha. Era junho de 1865, e a guerra tinha começado em dezembro de 1864. Porém, as coisas não foram tão simples como se pensava.

Houve uma dupla persistência no erro, tanto por parte de Solano López quanto por parte de Pedro II. Assim que ocorreu a invasão ao Mato Grosso e o deslocamento de tropas paraguaias para a Argentina, Pedro II, legitimamente indignado com uma invasão ao país que ele jurou defender quando tomou posse como Imperador, foi até Uruguaiana, cidade na fronteira argentina, e encontrou-se com o presidente Mitre e o presidente Flores, do Uruguai. Firmaram um tratado de aliança militar, e o próprio Pedro II passou a acompanhar a guerra de perto, às vezes até mesmo em área de combate, o que nunca é correto para um líder de uma nação. Qual o erro persistente de Pedro II? Ele exigia a rendição incondicional do Paraguai e a captura de Solano López, para que fosse julgado no Brasil. Do ponto de vista estratégico, seria melhor apenas o bloqueio naval, já conquistado após Riachuelo, e esperar o Paraguai pedir algum cessar-fogo.

No entanto, esse erro de Pedro II também foi seguido pelo próprio López, que via a guerra como um tudo ou nada. Ele poderia ter negociado alguma saída, mas igualmente persistiu no erro, em grande parte porque acreditava na capacidade militar de suas tropas. O paraguaio até tentou um acordo com o presidente Mitre da Argentina, mas Pedro II barrou qualquer possibilidade de negociação, o que pode ser visto também como uma persistência no erro da guerra. Sem saída diplomática, López parte para uma guerra total.

Batalhas terrestres como Tuiuti, com vitória brasileira e argentina, e Curupaiti, com vitória paraguaia, encharcaram as terras da região de sangue. Praticamente toda a população masculina foi convocada para a guerra, e quando os soldados adultos passaram a diminuir, adolescentes foram chamados. Ao final do longo e terrível conflito, jovens de 13 anos eram os combatentes, muitos com um braço decepado e lutando só com uma espada na outra mão: era essa a punição dos que não queriam ir para a guerra quando chamados por Solano López.

A guerra tornou-se um lento e desgastante combate em terras alagadas e pantanosas, com imenso sofrimento humano principalmente da população civil paraguaia, em sua maioria, aliás, descendentes de nativos guaranis, que foram desalojados de suas roças, quando não forçados a lutar por Solano López. Infestações de tifo e outras doenças agravadas pela fome foram motivo de espanto e horror, até mesmo entre os militares. A maioria das mortes foi de civis paraguaios, causadas pela fome e por doenças.

É provável que na cidade em que o leitor mora exista uma rua chamada Voluntários da Pátria. Essa rua pode ter origem em duas participações militares brasileiras. A da Segunda Guerra Mundial, com a Força Expedicionária Brasileira, ou da Guerra do Paraguai.

Quando houve o primeiro ataque paraguaio, a população brasileira indignou-se. Havia filas nos quartéis para alistamento voluntário. Em pouco tempo, o Exército nacional, com pouco menos de 18 mil soldados, tinha quintuplicado de tamanho. Faltavam até mesmo armas para todos. E, mais uma vez, esta empolgação cívica passou muito rápido. À medida que a guerra ia se estendendo e as notícias terríveis do campo de batalha chegavam aos jornais de todo o país, os "voluntários" passaram a ser os escravizados, que eram literalmente laçados nas fazendas ou nas áreas urbanas. Mais uma vez recai nas costas deles a tarefa de carregar o país, nesse caso, nas piores condições possíveis. A logística de distribuição de alimentos, roupas, medicamentos e até armas era precária. Muitos dos que iam lutar não recebiam treinamento militar adequado.

Com o caos já se instalando nas tropas, Pedro II chama o Duque de Caxias para reorganizar o exército. E ele o faz com grande competência. Sob seu comando, no final do ano de 1868, a capital do Paraguai, Assunção, é tomada. Mas Pedro II não via isso como uma vitória, pois ele queria que López fosse preso. Caxias dizia que essa fixação era inútil. Ele se demite do comando das tropas indicando que a persistência na guerra para a captura de Solano López levaria a uma carnificina ainda maior.

É neste momento que Pedro II aceita a demissão e entrega o título de Duque a Caxias, o único da nobreza brasileira fora da família real. É um título que carrega um forte significado: ao mesmo tempo em que reconhece o trabalho de Caxias no conflito, também carrega um pedido de desculpas pela insistência irracional em manter uma guerra por um período muito maior do que seria razoável. Em seu lugar, assumiu o comando das tropas o genro do Imperador, Conde d'Eu, casado com a Princesa Isabel.

López fugiu de Assunção, e sua captura foi uma verdadeira caçada por matas densas e pântanos, arrastando o final da guerra por mais de um ano. Ele é morto no início do ano de 1870, e com ele morria seu país de certo modo. Não sem antes dar sinais de clara psicopatia:

> As tropas brasileiras continuavam a caçada a López, que agora contava com apenas uns trezentos soldados válidos. Seu filho Panchito, de quinze anos, fora nomeado chefe de estado-maior. Na fuga, arrastava todos que podia para impedir que caíssem em mãos do inimigo. Mandava fuzilar ou lancear os que tentavam desertar e os que não podiam prosseguir na marcha, inclusive mulheres e crianças. Outros foram mortos acusados de participar de suposta conspiração para envenenar o generalíssimo. Entre os suspeitos estavam o irmão Venancio López, duas irmãs, Inocência e Rafaela, e a própria mãe, Juana Carillo. Venancio, depois de açoitado e despido, foi arrastado até morrer de exaustão. As irmãs foram torturadas para revelar os participantes da conspiração (Carvalho, 2007, p. 120).

Esse episódio triste da trajetória da América do Sul indica o quão terrível pode ser para um país ser governado de modo ultrapersonalista, sem a criação de instituições permanentes. Tal foi o caso do Paraguai do ditador López. Apesar de as causas da guerra serem mais complexas, como vimos, a visão individual de López foi decisiva para o conflito. Sua opinião e sua ideia de grandeza mataram 75% da população masculina e praticamente arrasaram sua economia. A derrota do Paraguai nessa guerra foi total: *ao vencedor, as batatas*.

Uma das contribuições da guerra foi a ampliação da fotografia como meio de registro histórico. Outro fato notável é que a imprensa esteve presente na guerra, noticiando o dia a dia do conflito, mesmo quando as notícias não eram boas. Pedro II pagou um preço alto pelos seus princípios, pois a livre-imprensa que ele tanto valorizava não hesitou em mostrar os horrores dos combates.

Figura 8.3 – Procissão de N. S. da Conceição, em 30 de maio de 1868, no Acampamento Brasileiro, no Tayi.

Fonte: Biblioteca Nacional – RJ. Disponível em: https://brasilianafotografica.bn.gov.br/brasiliana/handle/20.500.12156.1/4150.

Na foto, nota-se a presença de soldados negros, ex-escravizados, alistados na guerra.

Figura 8.4 – Foto Guerra do Paraguai: morada de Dias da Motta, Secretário do General em Chefe Marquez de Caxias, em Tuyú-Cué.

Fonte: Biblioteca Nacional – RJ. Disponível em: https://brasilianafotogra fica.bn.gov.br/brasiliana/handle/20.500.12156.1/4158.

A foto mostra militares brasileiros em acampamento na guerra.

O maior conflito da América do Sul deixou outro importante saldo, desta vez na política interna: **a ativa participação de escravizados nas forças armadas brasileiras**. Eram convocados à força e, após a guerra, voltavam para casa em uma posição social estranha a eles: libertos e soldados, mas convivendo com uma sociedade que era toda baseada em sua posição social anterior, como escravizados. O Exército brasileiro absorveu esses indivíduos, alguns com medalhas e honras por sua participação militar, em suas fileiras, adotando o tema da **abolição**, que, como vimos, era um ativo nas disputas entre Inglaterra e Brasil. A escravidão, agora, tinha dois inimigos poderosos: a maior potência militar do mundo e os próprios militares brasileiros.

O Império brasileiro, todo ele fundado na escravidão, não conseguiria se manter ao adiar essa decisão tão importante. A Guerra do Paraguai, ganha pelo Império do Brasil, ironicamente foi uma das causas mais fortes da queda desse Império: não só o tema da abolição, que era pressionado pela Inglaterra, crescia, agora era o próprio **Exército que, ao voltar da guerra, é uma entidade política**, no sentido pleno da palavra: ele passa a ter opinião própria, com uma sólida estrutura interna e articulada com a sociedade de seu tempo. E os militares passaram a questionar o papel que tinham no Império, muitos deles aderindo às ideias republicanas. Em breve, a ideologia do Positivismo, que veremos adiante, será o eixo articulador dessa visão de mundo militar que está se formando rapidamente.

Ou seja, do ponto de vista do Império, foi mesmo *ao vencedor, as batatas*? Nesse caso, o Humanitismo de Quincas Borba não funcionou.

8.4 O BARÃO É O REI: CONSTRUÇÃO DA DIPLOMACIA

O leitor deve ter se deparado alguma vez com alguma avenida chamada **Rio Branco**. Ou outro marco geográfico, como uma praça. Existe a referência evidente da capital do estado do Acre, que leva esse nome.

José Maria da Silva Paranhos Júnior, nascido e falecido no Rio de Janeiro, entre 1845 e 1912, formou-se em Direito. Cursando inicialmente a prestigiosa Faculdade de Direito do Largo São Francisco, em São Paulo, mais tarde incorporada à USP, terminou seu curso na faculdade de Direito do Recife. Teve atuação no jornalismo político na capital federal, Rio de Janeiro, e era filho de um importante político do Império, o

Visconde do Rio Branco, de onde retirou seu posterior título nobiliárquico e que, ele também, teve destacada atuação diplomática em temas da região do Prata, antes e durante a Guerra do Paraguai. Era um homem de estrita confiança de Pedro II, mas foi seu filho quem conseguiu ir mais além na atuação diplomática.

Iniciando sua carreira na Inglaterra, em 1876, ainda durante o Império, permaneceu como ministro das Relações Exteriores do Brasil durante quatro mandatos presidenciais seguidos, feito nunca igualado, e ainda mais notável pois, como podemos ver pelo seu próprio título, era um monarquista convicto. Apesar de, a partir de 1889, o Brasil ter proclamado a República, os diversos presidentes seguintes mantiveram Rio Branco no cargo, pois tinham consciência da capacidade técnica da sua atuação.

Em linhas gerais, podemos afirmar que Rio Branco teve uma atuação fundamental em entender a nova configuração do mundo naquele final do século XIX e início do XX: a ascensão econômica dos EUA e a necessidade do Brasil de buscar pontes com aquela nova potência.

Pode-se dizer que Rio Branco inaugura uma maior "americanização" da política externa brasileira. Mas deve-se entender essa palavra com a complexidade que ela exige. Não se trata de um alinhamento automático a tudo o que era de interesse norte-americano, mas um entendimento de que a nova potência hegemônica, os EUA, eram uma força no continente americano com a qual o Brasil tinha de se relacionar de modo coerente, com interesses de longo prazo.

Uma mudança profunda, já que desde a época da independência nossos interesses estavam ligados às potências europeias, particularmente ao binômio Inglaterra e França.

Rio Branco define a atuação brasileira na diplomacia como "americana", no sentido continental, sendo nesse espaço geográfico que o Brasil teria de exercer liderança ou pelo menos, disputá-la, de forma preferencial. Embora nos dias de hoje, 100 anos depois, tal posição seja considerada lógica, para a mentalidade da época, fortemente ligada à Europa até pela herança colonial e cultural brasileira, essa mudança foi bastante significativa. Guardadas as diferenças enormes, e desde já colocando como uma comparação limitada por serem diferentes os contextos, pode-se tratar como paralela a ascensão da China e o novo posicionamento de política externa que o Brasil deve ter diante dessa realidade no final do século XX e início do XXI, com a mudança efetuada por Rio Branco, mas, desta vez, em relação aos EUA.

Outro aspecto a que devemos diretamente a atuação do Rio Branco foi a criação de um corpo de diplomatas profissionais, capacitados como carreira de Estado, e não como meros agentes dos desejos do governante. Não deixa de ter uma certa ironia que um monarquista como ele tenha trabalhado no início da República exatamente para dar a este regime um certo padrão de estabilidade que era necessário, e ainda é, para uma política de longo prazo. Uma diplomacia como carreira de Estado é elemento-chave para dar credibilidade à atuação de um país no âmbito externo. E, nesse ponto, a diplomacia brasileira é reconhecida até hoje. Sem sombra de dúvida, Rio Branco ainda tem sua herança positiva mais de 100 anos depois de sua morte.

Convido o leitor a percorrer as artes e a cultura nacionais. Verá o destaque que diplomatas tiveram nas mais diversas áreas, notadamente na Literatura. Nomes como João Cabral de Melo Neto, João Guimarães Rosa, Vinícius de Moraes, para ficar apenas em alguns selecionados, todos tiveram carreira diplomática. Na época da formação do Itamaraty, Rio

Branco chamou para trabalhar com ele intelectuais do porte de Joaquim Nabuco, o primeiro embaixador brasileiro nos EUA, um dos maiores abolicionistas que o Brasil já teve. Também Euclides da Cunha, autor da obra **Os Sertões**, trabalhou na comissão de demarcação da fronteira Brasil-Peru. Como se vê, o Itamaraty desde seu início tinha uma geração de brilhantes mentes a serviço do Brasil.

A maior parte das ações de Rio Branco na política externa brasileira se deu na I República, entre elas, a questão do Acre, a disputa fronteiriça com a Guiana Francesa e, como vimos, a aproximação do Brasil com os interesses americanos: nesse caso, a palavra aqui significa tanto o continente quanto o país, EUA. E mesmo Pedro II sendo um monarca e os EUA o mais perfeito exemplo de uma república liberal federalista, a admiração do Imperador pela potência da economia americana e seu rápido desenvolvimento tecnológico aproximavam os dois países e seus líderes. Presidentes americanos de várias matizes políticas tinham um sólido respeito internacional por Pedro II, que igualmente também admirava o país. Não à toa, para conectar esta relação, Pedro II fez questão de ir à Exposição de 1876, que comemorava os 100 anos de independência americana, e apoiar o inventor Graham Bell.

Foi nesse contexto que, por influência de Rio Branco, o Brasil indicou seu primeiro embaixador em Washington. Um nome que também merece ser lembrado.

8.5 Vai para Washington, Nabuco: nasce uma nova potência

Nascido em Recife no ano de 1849, Joaquim Nabuco poderia dividir as honras com o Barão do Rio Branco como um dos principais formadores da diplomacia brasileira durante o

II Reinado. Mudou-se para o Rio de Janeiro e ali iniciou seus contatos com o mundo intelectual e político da capital imperial. Mundo esse que lhe foi aberto pelo próprio pai, Nabuco de Araújo, senador e membro do Conselho de Estado, homem de grande confiança de Pedro II. Seu filho, Joaquim Nabuco, iria seguir os passos do pai e iniciou estudos de Direito em São Paulo, onde conheceu Rui Barbosa, Rodrigues Alves e Afonso Pena. Estes, políticos importantes da República, sendo que os dois últimos, presidentes. Foi em São Paulo que Joaquim Nabuco também manteve sólida amizade com Castro Alves, o grande poeta abolicionista do século XIX. Antes de terminar o curso, transferiu-se para o Recife. É bastante interessante esta trajetória, quase a mesma de Rio Branco, e com datas muito próximas também.

Sua tradição familiar era a de grandes proprietários de engenhos de açúcar e de escravizados. Porém, sua formação intelectual o levou a questionar essa herança social. Entre os anos 70 do século XIX, teve ativa participação intelectual no Rio de Janeiro, incluindo artigos e livros publicados e uma amizade de vida toda com Machado de Assis. É neste momento que se torna um importante líder abolicionista. Contribuiu muito para a tomada dessa posição uma viagem que fez à Inglaterra em 1874, na qual em definitivo entendeu como o mundo moderno funcionava: economia de mercado, investimentos privados, avanços técnicos, industrialização e mão de obra assalariada. Nada próximo do que existia na sonolenta economia brasileira. Para Nabuco, a escravidão simbolizava tudo o que havia de atraso no país, nos planos econômico, tecnológico, social e moral.

Nessa intensa atividade em prol da abolição, junto a grandes nomes do movimento que veremos em detalhes mais adiante, como André Rebouças, Luiz Gama e José do Patrocínio, Nabuco inicia também uma carreira diplomática, como adido em Washington, EUA. Adido é um funcionário da representação diplomática, mas não o embaixador em si, que é o chefe da delegação de uma nação no país estrangeiro. A representação diplomática do Brasil nos EUA já era bem estabelecida (como vimos, os EUA foram pioneiros no reconhecimento da independência), mas embaixada com a estrutura que temos hoje e dentro de uma organização como a criada por Rio Branco, somente em época posterior. Esta primeira experiência de Nabuco nos EUA só confirmou sua posição já adquirida em Londres. Reforça o fato de que Nabuco esteve nos EUA por pouco mais de um ano, entre 1876 e 1877, e a Guerra Civil Americana tinha terminado em 1865. Ligando as datas, Nabuco vê, em suas viagens pelo país, como o fim da guerra e da escravidão promoveu um acelerado desenvolvimento econômico.

De volta ao Brasil, inicia uma carreira parlamentar como deputado liberal. Talvez seja essa sua fase da vida que mais poderia despertar admiração dos brasileiros. Um deputado abolicionista em meio a um Parlamento de maioria escravocrata, na qual a abolição era um tema nacional e internacional, isso na década de 70 do século XIX, talvez a mais intensa acerca do tema. No item 10.2 veremos uma parte destes debates e o cenário social e político em torno do abolicionismo.

Com a República, Nabuco perdeu seu posto de deputado quando o Parlamento foi fechado. Sua posição era de apoio a um regime federalista, descentralizado, mas não via a Monarquia como um mal em si e sempre respeitou muito a figura de Pedro II. Entre Londres monárquica e Nova Iorque republicana, Nabuco admirava um pouco dos dois sistemas políticos. Mas não se empolgou com a República no Brasil. Ao mesmo tempo, por insistência de Rio Branco, foi enviado como diplomata em Londres e, posteriormente, encerrando uma carreira intelectual, política e diplomática admirável, o primeiro embaixador (com esse título e estrutura) em Washington, onde faleceu em 1910.

Nabuco e Rio Branco ligam o Brasil aos EUA. E podemos dizer que também a certas causas como a abolição, a profissionalização da diplomacia, a crítica a um imenso isolacionismo do Brasil no mundo. Do ponto de vista da projeção do país, tínhamos uma dualidade: um Imperador muito querido e respeitado mundo afora, mas um país pouco aberto à economia mundial em avançado processo de modernização. Sobrevisão de um Brasil sem escravizados, Nabuco pode finalmente sorrir, satisfeito, no final de sua trajetória

Nascia no final do século XIX uma nova potência no mundo e que em algumas décadas iria ultrapassar a Inglaterra. Intelectuais como Nabuco já sabiam com aguda consciência que esse novo ator iria mudar o modo como o mundo se organizava.

9 UM ACORDAR ALEGRE E FARTO DE QUEM DORMIU DE UMA ASSENTADA SETE HORAS DE CHUMBO: O MOVIMENTO REPUBLICANO – A VOLTA DE QUEM NUNCA FOI

9.1 FRANCESES, AMERICANOS, MINEIROS E PAULISTAS: AS VÁRIAS REPÚBLICAS

Eram cinco horas da manhã e o cortiço acordava, abrindo, não os olhos, mas a sua infinidade de portas e janelas alinhadas. Um acordar alegre e farto de quem dormiu de uma assentada sete horas de chumbo. Como que se sentiam ainda na indolência de neblina as derradeiras notas da última guitarra da noite antecedente, dissolvendo-se à luz loura e tenra da aurora, que nem um suspiro de saudade perdido em terra alheia. A roupa lavada, que ficara de véspera nos coradouros, umedecia o ar e punha-lhe um farto acre de sabão ordinário. As pedras do chão, esbranquiçadas no lugar da lavagem e em alguns pontos azuladas pelo anil, mostravam uma palidez grisalha e triste, feita de acumulações de espumas secas. Entretanto, das portas surgiam cabeças congestionadas de sono; ouviam-se amplos bocejos, fortes como o marulhar das ondas; pigarreava-se grosso por toda a parte; começavam as xícaras a tilintar; o cheiro quente do café aquecia, suplantando todos os outros; trocavam-se de janela para janela as primeiras palavras, os bons-dias; reatavam-se conversas interrompidas à noite; a pequenada cá fora traquinava já, e lá dentro das casas vinham choros abafados de crianças que ainda não andam. No confuso rumor que se formava, destacavam-se risos, sons de vozes que altercavam, sem se saber onde, grasnar de marrecos, cantar de galos, cacarejar de galinhas. De alguns quartos saíam mulheres que vinham pendurar cá fora, na parede, a gaiola do papagaio, e os louros, à semelhança dos donos, cumprimentavam-se ruidosamente, espanejando-se à luz nova do dia (Azevedo, 1890, p. 14).

Mais uma vez, fazemos referência a essa obra tão visual e, ao mesmo tempo, tão sinestésica. Por essa palavra, uma figura de linguagem, a *sinestesia*, dizemos que há uma mistura de sensações, uma confusão proposital de elementos dos cinco sentidos, como no exemplo: *o cheiro quente do café*. Nesse trecho do romance, temos a descrição do amanhecer no cortiço, com suas pessoas, animais, aromas, barulhos, tudo misturado, construindo um conjunto único e múltiplo. Afinal, o cortiço é a união, muito pouco organizada, de vários elementos diferentes.

Tal pode ser a comparação com a palavra **república**: o que ela significa, afinal? Por simples eliminação, o oposto de monarquia. Mas, se a ausência de um rei define um regime, tal definição é ampla demais. República centralizada ou descentralizada? Ditadura ou sistema eleitoral? Tem-se voto, mas ele é censitário ou universal? E o que dizer da relação entre Estado e economia? Será uma república liberal, com pouca intervenção estatal no setor produtivo ou intervencionista? Como no cortiço que amanhece, as confusões de vozes eram comuns no movimento republicano brasileiro.

Um acordar alegre e farto de quem dormiu de uma assentada sete horas de chumbo. A ideia de república no Brasil dormiu bem mais que sete horas. Suas raízes estão nos movimentos coloniais de contestação ao domínio português, como as Inconfidências Mineira e Baiana ou as diversas revoltas em

Pernambuco, todas republicanas. E, mesmo nas propostas da independência, vimos que a monarquia para alguns era apenas transitória e não deveria passar de Pedro I. Portanto, apontar um renascimento do movimento republicano é, em grande medida, a volta de quem nunca deixou de estar presente na discussão política.

Mas houve durante o II Reinado um sólido e coerente movimento republicano? Há uma data que pode delimitar de forma muito coerente uma resposta: 1870, o final da Guerra do Paraguai. Em definitivo, e para demonstrar como podem ser complexas e contraditórias as interações entre os elementos de uma trajetória histórica, o Império ganhou a guerra, mas não ganhou **com a guerra**.

E aqui podemos antever a primeira proposta de república, a primeira voz dentro dos ruídos deste acordar farto: o Positivismo.

Foi um dos movimentos filosóficos mais importantes do século XIX e teve participação fundamental nas mudanças políticas de vários países, entre eles México, Turquia e Brasil. O Positivismo merece um estudo aprofundado e em detalhes, o que foge da proposta deste livro, mas basta dizer que a própria bandeira da república brasileira carrega uma versão abreviada de seu lema central: "O Amor por princípio e a Ordem por base; o Progresso por fim", frase de Auguste Comte, o criador deste modelo de filosofia. E podemos começar afirmando que o Positivismo é um sistema, ou seja, não pode ser resumido a uma única frase ou a um lema.

Comte estudou na Escola Politécnica de Paris ao mesmo tempo em que se aprofundava em leituras filosóficas, um caso não comum de pensador humanista e científico. E foi esta inclinação ao pensamento racional e matemático que o levou a afastar da Filosofia considerações metafísicas, ou seja, fora da realidade concreta e da experiência humana. Essa visão na história da Filosofia não é nova e tem raízes em Kant e na corrente filosófica chamada de Empirismo, mas no contexto da época, segunda metade do século XIX, adquire uma força especial, dado o avanço da tecnologia e da ciência do período. Comte queria que a Humanidade deixasse suas crenças tradicionais e buscasse na Ciência e na Razão uma nova forma de organização social, política, e mesmo um modo de construir a identidade individual de cada um, tal como se fosse uma religião. Aliás, ele criou mesmo um culto, que em sua visão iria substituir aos poucos o desejo humano de acreditar em um poder sobrenatural. Sua visão de história era linear, como era comum no século XIX, e para ele a Humanidade teria três estágios: 1) o teológico, baseado em crenças irracionais; 2) o metafísico, quando estas crenças são suplantadas por noções abstratas já mais racionalizadas; e, finalmente, 3) opositivo, quando a Ciência e a Razão adquirem a supremacia e apenas o que é real e concreto na natureza é tema do pensamento e da ação humana.

Por motivações pessoais e filosóficas, Comte de fato criou uma Igreja, o que pode soar altamente contraditório a um filósofo racionalista. Mas faz sentido no todo de sua concepção, pois para ele a religião não era um conjunto de crenças, mas uma forma de organizar a sociedade, com regras, rituais e um objetivo em comum: no caso, sai Deus ou qualquer outra divindade e coloca-se um culto à Humanidade, sendo esta um conjunto de indivíduos dotados de razão. Sua Igreja tinha festas, sacramentos e rituais, como casamento e enterro (claro que Comte não acreditava em alma ou imortalidade ou reencarnação, para ele, os mortos devem ser lembrados na memória dos vivos, como uma corrente de tradição cultural). O Brasil é o único país onde ainda existe um templo do Positivismo, com atividades regulares, inclusive. Sua sede fica no bairro da Glória, no Rio de Janeiro.[19] O primeiro exemplar criado da bandeira da República ficava nesse prédio, mas foi furtado e ainda não foi encontrado.

O personagem Simão Bacamarte, criado no conto **O Alienista**, de Machado de Assis, pode ser interpretado como o próprio Pedro II, como vimos, ou também pode ser visto como uma caricatura destas proposições científicas de se recriar a sociedade. Mas a visão republicana dos seus seguidores positivistas no final do século XIX não eram nem um pouco tomadas como piada. Muito ao contrário, foi a concepção de República mais influente e que, ao fim, foi a que de fato unificou o Exército para derrubar o Império.

Estamos começando a diferenciar "no confuso rumor que se formava" nos ruídos do amanhecer republicano, algumas vozes mais distintas. E fala mais alto a voz do Positivismo, agora não como um sistema filosófico, mas uma visão política.

Comte criou um sistema de política positiva cujo eixo articulador é a sociocracia. Palavra pouco usada nos dias de hoje, é uma junção de *krátos*, do grego, sempre usada como forma de governo (democracia, autocracia, aristocracia etc.), e sociedade, ou seja, o governo deveria ser **da** e **para** a sociedade. Mas isso não seria a democracia, ou seja, pessoas eleitas pela sociedade? Era exatamente isso que Comte mais abominava, ou seja, a eleição. Para Comte, a sociedade deveria ser um todo organizado com vistas ao progresso científico e unida pela força da solidariedade, o *amor como princípio*.

As eleições dividem as sociedades, portanto, não criam harmonia ou solidariedade entre todos, mas apenas entre os grupos políticos que se identificam em si mesmos. Além do mais, Comte tinha uma visão claramente platônica da

---

19   *Site* oficial da entidade: https://templodahumanidade.org.br/.

democracia, pois acreditava que, nas eleições, vence quem cria boas narrativas, mas não quem expressa a verdade. Para ele, deveria haver um governo dos melhores, como Platão propunha na sua obra **A República**. Mas quem seriam os melhores para Comte, já que para Platão eram os filósofos? Os científicos, os com as mentes mais treinadas na razão e na capacidade de entender a realidade: era uma república platônica com um viés cientificista. Portanto, o Positivismo era republicano, mas não queria eleição. A *sociocracia* seria fundada no mérito pessoal adquirido com o estudo, o conhecimento técnico e científico isento de visões emotivas ou abstratas.

Nunca houve um modelo prático das ideias de Comte, ao contrário do marxismo, que tentou ser aplicado de diferentes formas e em vários países. Mas o Positivismo como influência tem seu lugar em mudanças importantes no século XIX, e o Brasil foi uma delas. Nomes de pensadores positivistas marcaram época no Brasil, como Teixeira Mendes, Pereira Barreto e Miguel Lemos. Mas o maior deles foi **Benjamim Constant**, um dos principais mentores dos ideais de Comte no Brasil e um formador de várias mentes positivistas no final do século XIX e início do século XX, na sua função de professor na Escola de Militar da Praia Vermelha, no Rio de Janeiro. Do ponto de vista intelectual, a ideia mais central de República entre os militares é fruto dos pensamentos de Benjamim Constant.

Ele mesmo um militar na Guerra do Paraguai, formado em engenharia, unia tudo o que formava **os ideais republicanos dos positivistas**: ativa participação dos militares na sociedade e na política, república sem eleição, com a liderança de técnicos, engenheiros e cientistas no comando do país. Mas essa era a única voz republicana no amanhecer.

A outra voz republicana no cenário político era a da elite paulista do café. O ano também pode ser facilmente datado: 1873, quando foi feita a Convenção de Itu (SP) e fundado o Partido Republicano Paulista. Chamar esse grupo de "elite paulista" é uma simplificação, já que muitos eram realmente prósperos fazendeiros de café, mas outros eram profissionais liberais como advogados, médicos e engenheiros, o que hoje poderíamos chamar de classe média. Em comum, alguns pontos centrais, que já vimos no capítulo dedicado à economia do período imperial:

1) Descentralização administrativa, ou seja, um **sistema federativo** no qual as decisões e os impostos tivessem origem nas províncias e não no Parlamento central do Império.

2) Liberalismo, entendido como uma **nova forma de relação entre o Estado e a economia**, pois o Parlamento e os ministérios conservadores do Rio de Janeiro dificultavam, propositalmente, o afluxo de capital em atividades privadas. Nesse sentido, a sombra do sucesso e posterior fracasso do Barão de Mauá era presente nas mentes destes fazendeiros. Eles desejavam regras estáveis para os investimentos e a menor interferência do Estado, principalmente nas novas atividades industriais que demandavam capitais privados nacionais e internacionais.

Tanto no modelo federalista como na visão liberal de economia, os paulistas eram admiradores dos EUA. Essa nova potência industrial do período era vista como um exemplo a ser seguido pelo Brasil. Vimos no item dedicado a política externa como a relação de aproximação entre os dois países era um tema do qual o Império não podia escapar. Para os paulistas do café, exportar café para os EUA era mais do que uma aproximação econômica, mas um modelo de governo a ser seguido.

3) **Abolição e imigração**. Ambas andavam juntas no processo de modernização da economia imperial, pois os interesses dos fazendeiros escravocratas do Vale do Paraíba e dos traficantes de escravizados do Rio de Janeiro eram unidos,

mas opostos aos dos novos fazendeiros paulistas de café. Mas todos os fazendeiros paulistas eram abertamente favoráveis à abolição da escravidão? Essa identificação não é tão imediata assim. Alguns deles tinham tantos escravizados quantos imigrantes em suas fazendas. Muitos eram abolicionistas, mas de forma gradual e com o pagamento dos escravizados libertos feito pelo Estado. Há também um fato geográfico fundamental: a província de São Paulo tinha duas áreas produtoras de café e uma delas, justamente a região do Vale do Paraíba, ainda era escravocrata. Portanto, quando os paulistas se reuniram na Convenção Republicana de Itu, o tema abolição era algo delicado para alguns. Portanto, ligar diretamente o movimento republicano à abolição não é uma conclusão válida.

Veremos no próximo o tema central da abolição e sua relação complexa com a República.

4) **Mudanças políticas e administrativas.** Nessas mudanças, podemos identificar pontos do Liberalismo político clássico, como a **separação entre Igreja e Estado**. Praticamente todos os membros da Convenção de Itu eram maçons, e esta instituição tinha como foco central este tema. Curioso que o próprio Pedro II não via isso como um problema, pois nunca impôs o Catolicismo, apesar de esta ser a religião oficial do Brasil. Já sua filha, Isabel, era fortemente ligada aos grupos católicos mais tradicionais e era vista como uma possível ameaça a esta liberdade prática que Pedro II permitia. Outro ponto de mudança era o fim do Senado vitalício indicado pelo Imperador. Na tradição liberal, os republicanos paulistas queriam eleição para o Senado.

A essa elite paulista juntou-se a elite mineira. Mais uma vez, devemos ter cuidado com esta generalização. Por elite mineira devemos pensar tanto em fazendeiros de gado e de café, mas também nas mesmas classes médias urbanas educadas que não eram exatamente tão prósperas. A província de Minas Gerais tinha muito dos mesmos problemas de São Paulo: desejava descentralização e atrair capitais, sem a interferência do poder central. E, no caso mineiro, a sólida tradição republicana que vinha desde a Inconfidência de 1789 dava uma legitimidade ideológica às suas posições.

9.2 OS PARTIDOS REPUBLICANOS E A PRAÇA POPULAR

E aqui chegamos a um ponto central no debate: votos e eleição. Já vimos que os positivistas eram republicanos, mas críticos da eleição. Não hesitavam em dizer abertamente que seu modelo era o de uma república centralizada e dirigida pela elite científica, não eleita. Não fica exatamente claro como seria escolhida esta elite nas ideias de Comte, pois ele sugere uma espécie de linhagem hereditária de dirigentes.

Já a elite liberal paulista era republicana e exatamente oposta ao centralismo positivista. O que não quer dizer que eram apaixonados por voto... Ou, pelo menos, não como entendemos o voto nos dias de hoje. A maioria dos membros do PRP (a sigla do Partido Republicano Paulista) imaginava uma república com eleição, mas sem uma ampliação do direito do voto. Temas como o voto feminino sequer eram lembrados no debate, mas mesmo o voto masculino universal não era prioridade. Imaginava-se uma república com eleição, partidos organizados, mas uma limitação do direito ao voto, fosse renda ou outro critério, como a alfabetização (este irá prevalecer na I fase da República) e mesmo a eleição para presidente não precisava ser direta, como é hoje, mas sob forma indireta, como em um Colégio Eleitoral, como é o atual sistema norte-americano. Em resumo, para o PRP, república, sim, voto, mais ou menos...

Mas nem todos pensavam assim. Havia um grupo republicano com uma voz bastante diversa. Chamados de "radicais", tal grupo era formado por profissionais liberais de classe média, com pouca ou nenhuma ligação com os interesses dos grandes fazendeiros, sejam os escravocratas ou os já adeptos da imigração. Ao mesmo tempo, muitos desses também não tinham ligações com os militares positivistas. Eram republicanos a partir de uma visão de descentralização, abolição total e imediata e um ponto que hoje nos chama a atenção: amplo direito ao voto. Poderíamos chamar esse grupo de herdeiro de certa tradição política jacobina da Revolução Francesa.

A França da revolução era seu modelo, e os EUA iluministas e federativos, também. Complexa esta associação entre dois pontos de vista republicanos diversos: os paulistas do café admiravam o federalismo americano, enquanto os "radicais" admiravam o mesmo país pelo sistema eleitoral mais amplo, embora indireto. Esse grupo era totalmente urbano em sua origem, e a leitura de textos e jornais estrangeiros, muitos em francês e já com influência de socialistas das revoluções de 1848 de Paris, dava forma a uma visão de república bem diferente do modelo positivista ou da elite cafeeira do oeste paulista.

Em quais cidades tais pontos de vista tinham mais força? Nas maiores e com acesso a esse tipo de leitura, como São Paulo e, principalmente, naquele momento, o Rio de Janeiro. Um dos maiores nomes deste grupo é o do jornalista e advogado Silva Jardim, que propunha que a República no Brasil tinha de ser feita por uma revolta popular e não por um movimento militar (como efetivamente foi) ou por discussões políticas a portas fechadas. Se fosse nos dias de hoje, Silva Jardim poderia ser chamado de "republicano raiz". E é esta precisamente a definição da palavra: radical vem da palavra raiz, ou seja, com uma proposta central e bem definida.

Ao citar a praça pública, devemos aqui incluir o setor social dos escravizados. A posição deles é conhecida? Infelizmente, pelo seu pouco acesso à leitura, não temos documentos que possam dar pistas sobre o que pensavam. Mas podemos intuir, a partir de dados indiretos.

> No governo liberal de Ouro Preto foi criada a Guarda Negra, espécie de força paralela ao Exército para proteger a monarquia. Essa guarda nascera de uma ideia de José do Patrocínio, para quem a lealdade à abolição era mais importante do que os sistemas políticos, incluindo-se a República. (...) A situação era de fato paradoxal. Os ex-escravos guardavam lealdade à monarquia e opunham-se aos republicanos, chamados de "os paulistas", como se estes fossem os verdadeiros algozes. (...) na visão da época era apenas a monarquia que garantira a abolição e a esse regime se pedia lealdade (Schwarcz; Starling, 2015, p. 312).

Podemos inferir que muitos escravizados não tinham o tema *república* como sua preocupação. Claro está que a abolição era seu maior, se não único, foco. E, no trecho acima, podemos ver que, após a abolição de 1888, a Monarquia teve imenso prestígio entre os setores de escravizados e de ex-escravizados, pois tinha sido ela, Isabel, como legítima representante e herdeira do Império, que tinha abolido a escravidão. Podemos também sugerir aqui motivações culturais muito profundas, pois as etnias às quais pertenciam os escravizados eram originárias de monarquias africanas, e o poder simbólico do rei, como fator de identidade, unidade e solidariedade de grupo, tinha raízes de longa duração em toda a África. Como se vê, o vocabulário político europeu e norte-americano, federalismo, positivismo, república, eleição etc., tinha pouco ou quase nenhum impacto nos sistemas de crenças e valores desta parcela da população.

Apresentando pontos ainda mais diversos, podemos indicar importantes nomes que apoiavam a Monarquia, mas que desejavam mudanças. Por exemplo, Joaquim Nabuco, já analisado no item referente à política externa. Monarquista e reformista, Nabuco propunha que o sistema imperial permanecesse, mas que fosse descentralizado, com ampla liberdade política e administrativa às províncias, o que justamente iria encerrar as críticas da nova elite cafeeira de São Paulo ou de Minas. E ele, como vimos, também era abertamente abolicionista.

Resumo do exposto até aqui: o termo república pode significar muitas coisas. O ponto em comum era ser antimonarquia, e tal ponto unia setores como os militares, os liberais paulistas, os "radicais" urbanos. Todos eles eram abolicionistas, e podemos dizer que ser abolicionista é ser, automaticamente, republicano? A resposta é não. A abolição ocorreu, e a Monarquia poderia ter sobrevivido. Então, por que a associação entre um e outro, a abolição e a queda da Monarquia, é tão forte? É o que veremos a seguir.

10 TAIS ERAM AS REFLEXÕES QUE EU VINHA FAZENDO, POR AQUELE VALONGO FORA: ABOLICIONISMO

10.1 A CONSTRUÇÃO DE UMA INTELIGÊNCIA CRÍTICA: NOMES DO ABOLICIONISMO

> Tais eram as reflexões que eu vinha fazendo, por aquele Valongo fora, logo depois de ver e ajustar a casa. Interrompeu-mas um ajuntamento; era um preto que vergalhava outro na praça. O outro não se atrevia a fugir; gemia somente estas únicas palavras: "– Não, perdão, meu senhor; meu senhor, perdão!" Mas o primeiro não fazia caso, e, a cada súplica, respondia com uma vergalhada nova. "– Toma, diabo! dizia ele; toma mais perdão, bêbado! – Meu senhor! gemia o outro. – Cala a boca, besta!", replicava o vergalho. Parei, olhei... justos céus! Quem havia de ser o do vergalho? Nada menos que o meu moleque Prudêncio – o que meu pai libertara alguns anos antes (Machado de Assis, 1891, p. 77).

É um dos capítulos mais ricos em significado e, ao mesmo tempo, dos mais polêmicos da obra **Memórias Póstumas de Brás Cubas**. O contexto do episódio descrito gira em torno do escravizado Prudêncio, que desde criança pertencia à família de Brás Cubas. Os dois, escravizado e proprietário, conviveram juntos na infância: "Eu, em criança, montava-o, punha-lhe um freio na boca, e desancava-o sem compaixão; ele gemia e sofria". Após alguns anos, o pai de Brás Cubas concede a alforria a Prudêncio e os dois perdem contato. É neste momento que o adulto Cubas se encontra com o ex-escravizado, e, para seu espanto, o vê na exata situação inversa. Agora é ele quem agride a outro escravizado, no caso, do próprio Prudêncio: "Cheguei-me; ele deteve-se logo e pediu-me a bênção; perguntei-lhe se aquele preto era escravizado dele. – É, sim, nhonhô" (Machado de Assis, 1891, p. 78).

Machado fez absoluta questão de descrever essa cena no Valongo, não à toa. Era naquela região que havia o mercado de escravizados, lugar de tão triste memória.

A justificativa para o castigo é o Prudêncio quem dá:

> – Fez-te alguma coisa?
>
> – É um vadio e um bêbado muito grande. Ainda hoje deixei ele na quitanda, enquanto eu ia lá embaixo na cidade, e ele deixou a quitanda para ir à venda beber (Machado de Assis, 1891, p. 77).

Na sequência da descrição, Cubas intervém:"– Está bom, perdoa-lhe, disse eu. – Pois não, nhonhô manda, não pede. Entra para casa, bêbado!" (Machado de Assis, 1891, p. 78).

O rico e ocioso Brás Cubas, que se orgulha de nunca ter trabalhado na vida, coloca-se em uma posição de benfeitor. Afinal, interferiu nos castigos violentos que um homem livre dava a um escravizado. O problema do contexto todo é explicitado pela própria narrativa nestas memórias:

> Era um modo que o Prudêncio tinha de se desfazer das pancadas recebidas, transmitindo-as a outro. Eu, em criança, montava-o, punha-lhe um freio na boca, e desancava-o sem compaixão; ele gemia e sofria. Agora,

porém, que era livre, dispunha de si mesmo, dos braços, das pernas, podia trabalhar, folgar, dormir, desagrilhoado da antiga condição, agora é que ele se desbancava: comprou um escravo, e ia-lhe pagando, com alto juro, as quantias que de mim recebera (Machado de Assis, 1891, p. 78).

Há múltiplas possibilidades de interpretação desse episódio. A primeira está na sequência de *escravizado – livre – escravizador*. Quem sofre a violência, quando pode, passa-a adiante, não por um ato de maldade implícita, mas como uma forma de purgar a violência sofrida. Há profundas reflexões sobre este tipo de comportamento, muitas no núcleo mesmo de religiões milenares, como o Cristianismo, que criaram normas de conduta ética justamente para evitar este ciclo eterno de vinganças.

Há outra forma de interpretação, menos otimista. Machado de Assis não era exatamente um crente em alguma religião ou metafísica, de acordo com seus biógrafos, e, nesse trecho, ele pode ter apenas demonstrado, da forma mais crua possível, que o ser humano é desse modo. A violência e o poder são atos em si mesmos e serão praticados por quem tem um, o poder, sobre quem não tem. Não haveria um freio metafísico religioso ou ético, porque, no fundo da mente humana, temos um comportamento mais ou menos igual. E mesmo a questão de pertencimento a uma classe social, no caso ambos têm origem na condição de escravizado, não levaria a uma empatia com o próximo.

Por último nessa exposição, mas sem sequer pensar em fechar as possibilidades interpretativas, uma sequência de *escravizado – elite – escravizado*. Menos individualizada que a primeira interpretação, mas dentro de um amplo contexto social. O comportamento das elites escravocratas de domínio e poder não afeta apenas a ela, elite, mas chega até as classes mais baixas, inclusive, mesmo, a dos próprios escravizados, que passam a ter os mesmos "valores" (ou falta deles) que os da elite. Dito de outro modo, se uma sociedade é fundada na base da propriedade do outro, espere-se pouco pela liberdade de todos.

E você, leitor? Qual sua interpretação sobre essa cena do Valongo?

O tema da abolição é amplo. Não é um tema restrito a uma área política ou social, mas aprofunda-se na ética, na psicologia, até na teologia, se o leitor assim o preferir. De fato, nada acompanhou tanto a humanidade quanto a escravidão. E devemos sempre lembrar: vivemos em um mundo no qual a posse de outros seres humanos é exceção (embora, terrivelmente ainda exista), mas esse mundo mal chega aos 300 anos. Sociedades e cultura que admiramos na História pelas suas conquistas em todas as áreas como Roma e Grécia, foram profundamente escravocratas.

No Brasil, a abolição trilha dois caminhos. Um é externo, pela constante pressão inglesa da qual já falamos neste livro em alguns momentos. E, aqui, retomamos uma sequência de leis vistas anteriormente para acrescentarmos outras. Recapitulando:

1- **Lei Alves Branco** – 1844: aumentava as taxas alfandegárias para importação, possibilitando indústrias no Brasil e diminuindo as enormes vantagens inglesas que vinham desde a independência.

2- *Bill Aberdeen* – 1845: lei no Parlamento inglês que permitia o apresamento de navios negreiros no Atlântico. Em parte é uma reação à perda de benefícios ingleses no Brasil, e em parte é a continuidade de uma longa pressão pela abolição que vinha desde Dom João VI, ainda em 1810.

3- **Lei Eusébio de Queiróz** – 1850: reação do Parlamento brasileiro, proibindo o tráfico **internacional** de escravizados.

O grifo acima é importante: a escravidão não foi abolida, nem o tráfico interno, ou seja, eram proibidas a compra e a venda de escravizados vindos da África, mas o tráfico interno era permitido. O que isso significou na prática? Que senhores de engenho do Nordeste passaram a vender escravizados aos cafeicultores escravocratas do Vale do Paraíba. Ao mesmo tempo, o contrabando de escravizados da África para o Brasil aumentava, com o auxílio involuntário de novas técnicas de navegação, com navios a vapor menores e mais rápidos, que permitiam desembarques em portos menores sem fiscalização.

Apesar dessas tentativas de desvios para se manter a escravidão, estava evidente que a combinação de uma enorme pressão internacional e o aumento em escala da imigração assalariada europeia iriam derrubar o sistema escravocrata mais cedo ou mais tarde. Porém, a trajetória histórica brasileira ainda levaria longos anos, de 1850 até 1888, tentando manter o que já estava condenado, o que é um triste exemplo de como certos interesses específicos, quando articulados com o poder, conseguem se manter mesmo em condições adversas a eles.

4- **Lei de Terras** – 1850: essa lei, à primeira vista, não parece estar diretamente associada ao abolicionismo. Mas veremos que sim. E o que ela indica? O título oficial de uma propriedade agrária só poderia ser entregue caso a terra tivesse sido comprada. O que parece bastante óbvio aos olhos de hoje, mas há sutilezas a serem consideradas. Havia uma imensa quantidade de terras que tinham a posse, mas não a propriedade. O que isso significa? Pessoas estavam naquela terra, muitos há décadas, mas não tinham comprado de ninguém. Simplesmente tinham ocupado o lugar. É importante dizer que isso valia tanto para grandes proprietários como para pequenos.

A Lei de Terras dizia que um posseiro, mesmo que vivesse anos naquela terra, teria de provar sua compra de alguém ou, caso não houvesse um vendedor original, pois a terra tinha sido ocupada há muitos anos, tal propriedade deveria ser comprada do Estado, via leilão. Havia exceções, pois se o posseiro provasse que vivia e produzia na terra, poderia ter o título de propriedade, em algo muito próximo da atual usucapião. O que esta lei significa na prática? Que o acesso à terra deveria ser para quem tinha alguma forma de pagar por ela. O que excluía os escravizados libertos, que muito provavelmente não conseguiriam ter nenhuma renda para comprar sequer um minúsculo pedaço de terra para sua sobrevivência mínima. Ao mesmo tempo também excluía os imigrantes que, vindo pobres da Europa, teriam muita dificuldade em comprar terras. Ou, no mínimo, boas terras, tendo de se contentar em comprar em áreas mais desvalorizadas e de difícil acesso.

Muito significativo notar que em 1862 o presidente americano Abraham Lincoln conseguiu aprovar no Congresso o *Homestead Act*, em muitos sentidos o oposto de nossa Lei de Terras. Por essa lei norte-americana, qualquer um que pagasse uma quantia minúscula, algo como 4 dólares, podia comprar do governo uma propriedade rural com mais ou menos 600 mil metros quadrados, algo como 85 campos de futebol, o que equivale a uma média propriedade rural. A proposta era atrair imigrantes europeus em imensa quantidade, ocupar o meio oeste e criar uma sólida classe média rural produtiva que por sua vez seria a base da futura classe média urbana americana. Para incentivar ainda mais a imigração, o governo americano fez propaganda dessa oferta na Europa. É muito simplificador dizer que um único ato fez a prosperidade de um país, mas podemos afirmar que o *Homestead Act* tem uma sólida contribuição para o sucesso da economia americana no período após a Guerra Civil. Proprietários rurais enriquecidos compram produtos, e isso incentiva a industrialização de toda a economia americana. Até hoje, no século XXI, uma parte significativa da sociedade e da riqueza americanas vem justamente das áreas rurais produtivas e prósperas.

5- **Lei do Ventre Livre** – 1871: proposta pelo Visconde do Rio Branco (pai do Barão do Rio Branco, o grande nome da diplomacia brasileira), estabelecia que toda criança nascida a partir da data da lei seria livre. Essa lei fazia parte do projeto abolicionista gradual, do qual muitos eram adeptos no Parlamento brasileiro: acabar com a escravidão de forma gradativa, permitindo uma transição para o trabalho imigrante. Ao mesmo tempo, a lei nada dizia sobre a óbvia manutenção de crianças em um ambiente onde suas mães permaneciam cativas. Resultado: elas ficariam sob tutela das mães e poderiam trabalhar nas fazendas para sua manutenção pelos fazendeiros, e quando fossem alforriadas ao atingir a maioridade, seriam pagas pelo Estado. Resumo da lei: aos escravocratas, os futuros ex-escravizados eram uma boa poupança em créditos a receber do governo, enquanto por bons anos trabalhariam do mesmo jeito como escravizados na prática.

6- **Lei dos Sexagenários** – 1885: quando a lei foi promulgada, foi motivo de piada na imprensa. Por ela eram livres os escravizados com mais de 60 anos. E, claro, desde que fossem pagos, seja pelo Estado, seja pelo mesmo escravizado, trabalhando ainda por mais 3 anos até ser livre de fato... imagine o leitor um escravizado com mais de 60 anos, em pleno século XIX, em trabalhos pesados na agricultura! Na prática, a lei era irreal, pois mesmo pessoas com boas condições de renda faleciam bem antes disso. O próprio Imperador Pedro II, com acesso ao que havia de melhor na medicina, incluindo tratamentos na Europa, faleceu com 66 anos.

Essas duas leis ganharam um título que acabou por se tornar uma expressão: "para inglês ver". Essa expressão, hoje menos usada, significa "não é pra valer", "algo falso ou mentiroso". O objetivo das leis era duplo: sim, em grande medida literalmente *para inglês ver*, diminuindo as pressões internacionais. E igualmente para incentivar os escravocratas a adotarem mão de obra imigrante. Como sinalização política, não são tão inúteis como fazem parecer. Por elas, o Parlamento indicava que o fim da escravidão estava próximo. Mas como propostas concretas de abolição não devem ser levadas a sério, os interesses de fazendeiros escravocratas ainda permaneciam sólidos no Parlamento brasileiro, pelo maior tempo possível para manter seus interesses.

Havia alguma narrativa que dava uma possível legitimidade a esses interesses? Havia pelo menos duas:

> A doutrina do *laissez-faire* data da segunda metade do século XVIII, com o advento da hegemonia burguesa, que assestou um golpe de morte nas corporações de ofícios e nos privilégios estamentais. Mas há também um uso colonial-escravista dos princípios ortodoxos; uso que, em retrospectiva, nos pode parecer abusivo ou cínico, mas que serviu cabalmente à lógica dos traficantes e dos senhores rurais.
>
> Um mercador da costa atlântica da África citava, em favor de seus direitos de livre cidadão britânico (*free-born*), a Magna Carta, a qual lhe conferia o poder inalienável de comerciar o que bem entendesse, dispondo com igual franquia de todas as suas propriedades móveis, semoventes e imóveis. Esse direito, alegado por um negreiro em 1772, seria ainda a base de sustentação jurídica dos parlamentares que, no Brasil de 1884, obstaram aos trâmites da proposta do conselheiro Dantas que visava alforriar os escravos maiores de sessenta anos sem indenização aos senhores. O ministério caiu: e o Saraiva, que o sucedeu, teve que manter o princípio do pagamento obrigatório (Bosi, 1992, p. 205).

Nesse trecho de obra muito significativa para entender o Brasil, o professor da USP, Alfredo Bosi, indica um dos argumentos para se defender a escravidão: se pessoas compram propriedades, qualquer modo de tomar tais posses é ilegal a não ser que seu proprietário seja indenizado. E por propriedade aqui pode-se entender um ser humano enquanto escravizado. Alfredo Bosi indica que um certo liberalismo poderia dar base à escravidão. Afinal, a propriedade deve ser respeitada.[20]

Outro argumento era de natureza nacionalista, e já vimos esse tipo de atitude na Questão Christie: o Brasil não se podia curvar ao imperialismo britânico, mesmo quando ele pressionava contra algo abominável como a escravidão.

São argumentos para defender interesses muito concretos. Mas, mesmo assim, não devem ser descartados apenas como "falsa consciência" ou mentiras cínicas. Na História, ações e interesses de grupos sociais se confundem com as narrativas que os sustentam. Um regime político pode estar assentado em mentiras ou teses absurdas e mesmo assim ter uma ação concreta que "comprova" tais teses. Mais uma vez, o século XX é um triste exemplo disso.

Voltemos ao capítulo de Machado de Assis. Brás Cubas realmente acreditava que tinha feito uma "boa ação" quando impediu Prudêncio de continuar batendo no escravizado? O argumento de que a propriedade privada dá base à escravidão era algo em que os escravocratas acreditavam ou apenas uma desculpa?

Por isso que precisamos analisar agora os argumentos contrários à escravidão. Ainda que ela seja em si um absurdo

---

20 Não se pode, contudo, ampliar totalmente o argumento, concluindo-se que o Liberalismo é a origem da escravidão. Como facilmente se observa, escravidão ocorreu em outras épocas históricas, muito antes de qualquer formulação teórica liberal. O mesmo autor aponta que uma das críticas mais sólidas à escravidão virá justamente do campo liberal de pensamento, como veremos adiante.

ético e moral aos olhos de hoje em dia, a escravidão precisou ser *criticada como narrativa*. Não bastava dizer: esse ato é imoral, era necessário construir um modo de dar legitimidade ao combate à escravidão. O abolicionismo tinha de ter bases intelectuais e nomes que o defendessem. E, no Brasil do século XIX, algumas das mentes mais brilhantes de nossa trajetória se envolveram ativamente naquela crítica.

Já citamos **Joaquim Nabuco** aqui em sua riquíssima trajetória na diplomacia nacional. Devemos voltar a citá-lo, agora como um ativo abolicionista. Com sua experiência na Inglaterra e nos EUA, Nabuco entendeu que escravidão era incompatível com desenvolvimento econômico e tecnológico. E que os países que se mantivessem apegados a essa forma de organizar sua produção agrícola estariam na verdade apegados ao atraso. Tais argumentos não excluem as questões morais e éticas sobre a escravidão, mas são sólidos acréscimos ao tema do abolicionismo. Nabuco fundou um jornal, **O Abolicionista**, em 1881 e dois anos depois escreveu sua obra mais importante, **O Abolicionismo**. Monarquista e abolicionista, Nabuco foi uma das vozes mais atuantes na campanha contra a escravidão.

Nabuco faz parte de uma geração de pensadores cuja origem social era justamente a de filhos de proprietários de escravizados. Porém, esclarecidos tanto pela educação formal como pelas viagens ao mundo industrial e tecnológico de seu tempo, Nabuco e outros de sua geração e origem tomam posição altamente crítica ao escravismo. Além dele, nessa posição, temos Tavares Bastos, advogado e deputado originário de Alagoas, um entusiasta do liberalismo e adepto da modernização industrial da economia brasileira; Perdigão Malheiros, jurista que escreveu uma obra analisando leis e costumes referentes à escravidão e à causa abolicionista;[21] e Rui Barbosa, um dos

---

21 Pode ser lida no original no arquivo do Senado Federal: https://www2. senado.leg.br/bdsf/item/id/174437.

grandes nomes do abolicionismo brasileiro e que teria sólida trajetória política e diplomática na República.

> Um pensamento liberal moderno, em tudo oposto ao pesado escravismo dos anos 40, pôde formular-se tanto entre políticos e intelectuais das cidades mais importantes, quanto junto a bacharéis egressos das famílias nordestinas que pouco ou nada podiam esperar do cativeiro em declínio (Bosi, 1995, p. 224).

O próprio Joaquim Nabuco batizou esse momento de Novo Liberalismo: se foi usada a tese da propriedade privada como elemento para fundamentar a escravidão, na mesma doutrina liberal eram usadas outras teses, de caráter ético, humanitário, econômico e político, para criticá-la. Exemplo muito evidente de como são complexas e muitas vezes contraditórias as relações entre ideologias como um conjunto de ideias articuladas e sujeitas a interpretação variada e ação política e social dentro de um contexto.

Um nome que merece destaque é o de **José do Patrocínio**, fundador da Confederação Abolicionista, em 1883. Sua formação inicial era na área farmacêutica, mas atuou ativamente no jornalismo do Rio de Janeiro. Patrocínio é também mais um simpatizante abolicionista da monarquia e até mesmo um defensor da Princesa Isabel, exatamente por ela ter um histórico de defensora da causa dos escravizados e ao mesmo a "Redentora", como foi chamado ao assinar a Lei da Abolição. Veremos que este título pode ser questionado, mas na época muitos abolicionistas o usaram. Um fato que mostra o espírito mais aberto às novas ideias do tempo por Patrocínio: ele projetou e construiu um dirigível e tinha em seu círculo de amigos um jovem engenheiro, Santos Dumont...

Também ligado à tecnologia, pois formado na Escola de Engenharia Militar da Praia Vermelha, no Rio de Janeiro, o baiano **André Rebouças** teve uma trajetória pessoal admirável. Após formado, teve uma viagem de estudos pela Europa, conhecendo os avanços tecnológicos da época. Também visitou Nova Iorque. Alistado na Guerra do Paraguai, quando de volta ao Brasil, teve participação em projetos de engenharia famosos em seu tempo, sendo o mais conhecido deles o trem que liga Curitiba ao litoral, nas cidades de Paranaguá e Morretes, hoje um trajeto turístico de grande beleza, e que na época foi uma construção ousada. André e seu irmão Antônio, também engenheiro, exigiram que nenhum escravizado trabalhasse no empreendimento. A Avenida Rebouças, em São Paulo, hoje um importante centro financeiro, e o túnel Rebouças do Rio de Janeiro são homenagens a esses dois irmãos engenheiros negros que foram tão importantes na abolição. Os irmãos Rebouças foram muito ativos na causa abolicionista, publicando artigos em jornais, em conferências públicas e ajudando, inclusive, com dinheiro, entidades e jornais.

Antônio morreu precocemente, mas seu irmão André teve a felicidade de ver abolida a escravidão. E, mais uma vez, também foi monarquista e muito ligado a Pedro II e a Isabel, a tal ponto que acompanhou a família real no exílio após a República, vindo a falecer na Europa.

Luiz Gama nasceu como escravizado na Bahia, na mesma época da Revolta dos Malês. Com uma trajetória complexa, vem a São Paulo, onde consegue a alforria. Aprendeu a ler e a escrever, e alistou-se no Exército. Com uma inteligência brilhante e um dom notável para a oratória, tentou cursar Direito na Faculdade de São Paulo, mas os estudantes dali não permitiram, sendo Luiz Gama um ex-escravizado. Ele assistia às aulas sem matricular-se e terminou o curso inteiro. Por isso, quando se olha sua biografia, sua profissão consta como *rábula*:

um advogado prático, um indivíduo com amplo conhecimento de Direito, mas sem o diploma em si. E, com esses dons, advogou pela causa dos escravizados, usando as *leis para inglês ver*, como base de sua argumentação. É simplesmente brilhante que um advogado use leis tão pouco efetivas e tão abertamente favoráveis aos proprietários de escravizados como base para ganhar causas, mas era o que ocorria, pois muitos fazendeiros, mesmo as leis sendo-lhes favoráveis em muitos aspectos, não as cumpriam.

Mas se a trajetória até aqui de Luiz Gama já merece profunda admiração, há ainda mais a ser dito. Fundou alguns jornais de crítica política e abolicionistas em São Paulo, e fundou, junto com Rui Barbosa e outros, uma Loja Maçônica que teve papel ativo na criação de escolas noturnas para pessoas mais pobres, o que faz de Luiz Gama um legítimo patrono da educação inclusiva do ponto de vista social no Brasil, o que significa escravizados, ex-escravizados e muitos imigrantes pobres. Em sua banca de advocacia na cidade de São Paulo também atendia a este grupo social, pois, para ele, a identidade étnica estava abaixo das questões sociais.

Também foi poeta, e como tal deixou um sólido testemunho de sua visão de mundo:

O que sou e como penso,
Aqui vai com todo o senso,
Posto que já veja irados
Muitos lorpas enfunados,
Vomitando maldições
Contra as minhas reflexões.
Eu bem sei que sou qual Grilo
De maçante e mau estilo;
E que os homens poderosos
Desta arenga receosos,
Hão de chamar-me tarelo,

Bode, negro, Mongibelo;
Porém eu, que não me abalo,
Vou tangendo o meu badalo
Com repique impertinente,
Pondo a trote muita gente.
Se negro sou, ou sou bode,
Pouca importa. O que isto pode?
Bodes há de toda a casta,
Pois que a espécie é muita vasta...
Há cinzentos, há rajados,
Baios, pampas e malhados,
Bodes negros, bodes brancos,
E, sejamos todos francos,
Uns plebeus, e outros nobres,
Bodes ricos, bodes pobres,
Bodes sábios, importantes,
E também alguns tratantes... (...)

(Gama, 1944, p. 97-100)

Bode era um apelido pejorativo dado a ele pela sua ascendência étnica. Pelo escrito, Luiz Gama devolveu com estilo e bom humor, mas sem esquecer da crítica, o apelido. Ao falecer, com apenas 52 anos, a cidade de São Paulo viu um dos seus maiores velórios. Toda a população reconheceu sua importância. Está enterrado em uma sepultura sem luxos ou ostentação, a homenagem mais honesta do que foi sua vida, no Cemitério da Consolação.

Figura 10.1 – Desenho de Luiz Gama no jornal O Mequetrefe – 1882.

Fonte: https://memoria.bn.gov.br/pdf/709670/per709670
_1882_00284.pdf.

Um de seus maiores amigos foi o escritor Raúl Pompéia, autor do conhecido romance **O Ateneu**, e ele mesmo também um jornalista da causa da abolição. Pompéia era caricaturista e deixou um retrato de Luiz Gama no jornal **O Mequetrefe**, de 30 de agosto de 1882, poucos dias depois de sua morte.

10.2 Política como deveria ser: na rua, na praça, nos jornais

Pode-se dizer que o movimento abolicionista foi, depois da própria Independência, o maior movimento civil e social do Brasil Império. Quando a Guerra do Paraguai se iniciou, houve uma intensa agitação nacionalista, mas que pouco tempo depois diminuiu. Já o abolicionismo foi crescendo até seu desfecho final e tomou conta de praticamente todas as classes sociais.

Em um país onde a prática política era um sonolento balanço entre liberais e conservadores no Parlamento, mediado por Pedro II, agora tínhamos enquanto sociedade um tema a ser debatido **fora** do Parlamento: e é assim que toda prática política deveria ser, como entendiam os gregos na ágora: na rua e na praça, e nos jornais, que tiveram importante papel nesse processo.

Não havia uma imprensa a partir de grandes investimentos e estruturada como empresas de grande porte como é hoje. Estamos em uma época em que pequenos jornais eram criados e deixavam de circular a todo momento. Muitos deles misturando temas "sérios" com fofocas cotidianas e banalidades sociais. Havia jornais de poesia dedicados a um minúsculo círculo de leitores, jornais de caricatura, de grupos políticos específicos atacando outros grupos. Quem se propõe a estudar a imprensa do Brasil no século XIX descobre uma diversidade de vozes, temas e formatos que mais lembram a cacofonia de nossos tempos de redes sociais do que uma imprensa empresarial como o termo *jornal* sugeriria.

E é exatamente nesse ambiente, que não era censurado, aliás, que a campanha abolicionista atingiu seu ponto máximo. Entre as décadas de 70 e 80 do século XIX o tema era sempre presente. E nas conversas do dia a dia, na rua, também. A elite econômica do país se dividia: uma parte era mais favorável à imigração e outra apegada à escravidão. Os debates abolicionistas não eram ignorados por esses grupos de grande importância econômica. Portanto, o que ocorria na rua chegava até o Parlamento.

Mas não se limitava a uma questão de debates e imprensa. Havia ações concretas. O momento é de fuga de escravizados em várias fazendas, e muitas dessas fugas não recebiam a ação repressiva do Exército, que já era abolicionista, seja pela prática solidária dos soldados, cuja origem social era composta em boa parte de ex-escravizados, seja pela ideologia do Positivismo.

Figura 10.2 – Críticas na imprensa à escravidão após a Guerra do Paraguai.

Fonte: Agostini, 1870.

> Cheio de glória, coberto de louros, depois de ter der-
> ramado seu sangue em defesa da pátria e libertado um
> povo da escravidão, o voluntário volta ao seu país natal
> para ver sua mãe amarrada a um tronco horrível de
> realidade!... (Agostini, 1870, p. 3).

O abolicionismo não estava somente nas ruas e nas praças, na imprensa e na caricatura: estava nos quartéis. E o Exército como uma entidade *política*, no sentido nobre e cor-reto do termo, ou seja, uma entidade com raízes sociais e uma visão de mundo, era frontalmente contra a escravidão.

A arte também se fez presente em debate tão fundamen-tal. Talvez a maior voz abolicionista tenha sido a do poeta Castro Alves. Formado em Direito em São Paulo, o poeta baia-no, morto prematuramente aos 24 anos, escreveu poemas crí-ticos de alta intensidade. Sua forma era a de uma voz aberta, voltada não à leitura em quartos fechados, mas em amplos espaços. Foi muito influenciado pelo também grande literato social Victor Hugo e pode-se dizer que inaugurou a vertente de uma *arte por uma causa* na Literatura brasileira. Seu poema, Navio Negreiro,[22] de 1880, é uma mostra dessa relação entre arte e ação social:

> Era um sonho dantesco... o tombadilho
> Que das luzernas avermelha o brilho.
> Em sangue a se banhar.
> Tinir de ferros... estalar de açoite...
> Legiões de homens negros como a noite,
> Horrendos a dançar...
> Negras mulheres, suspendendo as tetas

---

22 O original pode ser lido no *site* http://www.dominiopublico.gov.br/download/texto/
bv000068.pdf.

Magras crianças, cujas bocas pretas
Rega o sangue das mães:
Outras moças, mas nuas e espantadas,
No turbilhão de espectros arrastadas,
Em ânsia e mágoa vãs!
E ri-se a orquestra irônica, estridente...
E da ronda fantástica a serpente
Faz doudas espirais ...
Se o velho arqueja, se no chão resvala,
Ouvem-se gritos... o chicote estala.
E voam mais e mais...(...)

Nessa associação entre um tema de debate social amplo e a estética, temos um belo exemplo: a *camélia*. Uma frágil flor que se tornou símbolo do movimento pela abolição no Rio de Janeiro, principalmente a partir de um quilombo que ficava na região do Leblon. O comerciante português José de Seixas Magalhães tinha ali, na região onde fica o atual Clube Campestre, no sopé do Morro Dois Irmãos, uma chácara onde cultivava a flor com a ajuda de escravizados fugidos. Ocorre que o quilombo era conhecido, mas não perseguido: tinha uma **protetora poderosa, a princesa Isabel**, simpática à causa abolicionista.

Era comum ver nas ruas da cidade pessoas portando camélias nas lapelas ou nos chapéus, indicando o apoio ao movimento. Quase 100 anos depois, em 1974, outra flor, o cravo, seria o símbolo de uma mudança, quando Portugal derrubou a ditadura salazarista, e, por um ato não planejado, o cravo tornou-se o símbolo do movimento, sendo delicadamente colocado na ponta dos fuzis dos soldados.

A revolução ocorreu, para azar de um dono de restaurante, no dia da inauguração do estabelecimento que daria cravos de presente aos primeiros frequentadores. Cancelada a inauguração, os cravos comprados foram jogados fora e usados pelos militares que ocupavam Lisboa. Um exemplo de como um símbolo de grande importância na História pode ter origem em algo totalmente inesperado.[23] A camélia tornou-se o símbolo por excelência do movimento abolicionista, e símbolos unem diferentes classes sociais, e até diferentes pontos de vista, mas alinhados em uma única proposta: a frágil flor da camélia tinha uma força enorme.

Na política, símbolos contam. E, quando eles saem dos gabinetes dos parlamentares e tomam as ruas, tornam-se poderosos meios de pressão. Para tornar ainda mais difícil a situação dos escravocratas, acrescenta-se a posição abolicionista do Exército e da Inglaterra. E, para acrescentar mais força ao já enorme rio da abolição, os principais interessados e sujeitos centrais do tema: os próprios escravizados.

Fugas de escravizados sempre existiram, e quilombos são presença constante na trajetória brasileira desde a época colonial. Nas décadas de 70 e 80 do século XIX, os quilombos foram se multiplicando e, dado ainda mais fascinante, grande parte em áreas urbanas. O quilombo do Leblon já se tornou nos dias de hoje mais reconhecido historicamente, até letra de música já foi nele inspirada. Mas há outros exemplos, muito bem mapeados na História:

> Nas últimas décadas do século XIX, e com apoio de abolicionistas, multiplicaram-se refúgios de escravos em torna da área urbana do Rio de Janeiro: o quilombo Camorim, na zona rural de Jacarepaguá; o quilombo Raimundo, no Engenho Novo; o quilombo Miguel Dias, no Catumbi; o

---

23 O filme Capitães de Abril, da cineasta Maria de Medeiros, de 2000, reconstrói este episódio histórico.

quilombo Padre Ricardo, na Penha; o quilombo Clapp, na praia de São Domingos, já nos arrabaldes da cidade de Niterói. Havia ainda outra rota de fuga para longe das fazendas de café que seguia pela porção paulista do Vale do Paraíba e terminava no famoso complexo Jabaquara, instalado em área vizinha à cidade portuária de Santos (Schwarcz; Starling, 2015, p. 308).

Além dos quilombos, também há elementos de pressão regionais. Em 1884, duas províncias onde a escravidão nunca foi muito presente, Ceará e Amazonas (esta, na época, equivalente aos atuais estados do Amazonas e de Roraima), aboliram a escravidão. A descentralização regional previa esta possibilidade. Na prática, para as regiões citadas, o fato era de menor importância, dada a já muito pequena quantidade de mão de obra escravizada. Mas era um fator simbólico significativo e um fator estratégico: se um escravizado fugisse de outras províncias para o Ceará ou o Amazonas, ali não poderia ser recapturado. Imediatamente, grupos abolicionistas passaram a organizar viagens para estas províncias.

Muitos anos mais tarde, na década de 40 do século XX, jangadeiros cearenses fizeram uma viagem até o Rio de Janeiro para pedir a inclusão de pescadores como eles nos direitos trabalhistas de Getúlio Vargas. Trajetória tão épica e ousada que levou até o cineasta Orson Welles a realizar um filme sobre o episódio, que terminou tragicamente, com a morte de um de seus líderes, Manoel Jacaré. Como são inusitadas, trágicas, ousadas e épicas as trajetórias de brasileiros em busca de uma vida mais digna.

10.3 Dom Pedro II pensa o quê?

Diante de tal avalanche de forças, qual foi a reação de Pedro II?

Podemos afirmar com certeza que o Imperador sempre foi abolicionista. Lembremos que a abolição não era uma exclusividade dos liberais, pois importantes nomes conservadores eram contrários à escravidão ou acreditavam que ela deveria ser extinta em prazo o mais curto possível, gradualmente. José Bonifácio, o principal articulador da Independência e um conservador centralizador, sempre foi abolicionista. O próprio Pedro I tentou colocar na Constituição de 1824 a abolição, mesmo que gradual. Pedro II seguia a mesma linha de pensamento: ou abolição imediata ou gradual.

Devemos também lembrar que, na posição abolicionista, mesmo alguns republicanos não eram tão fechados com o tema. Como vimos nos itens anteriores, o próprio Manifesto Republicano não citava abertamente a abolição.

Se o Imperador sempre foi abolicionista, então pode-se criticar Pedro II por não ter feito esforços suficientes para tal? Essa é uma pergunta de difícil resposta.

Ele sabia que boa parte da elite escravocrata do Vale do Paraíba, em São Paulo e no Rio de Janeiro, era a sua principal base de sustentação política. O mesmo vale para os fazendeiros de açúcar do Nordeste. Longe, muito longe, como geralmente se supõe, de serem "decadentes elites regionais", eram poderosos membros da elite agrária e extremamente fortes na política central do Parlamento. E havia uma escravidão enraizada nas camadas médias da população: pequenos comerciantes e donos de oficinas de artesanato, como ferreiros, marceneiros, sapateiros, alfaiates, quase todos, proprietários de pelo menos um ou dois escravizados. Não era raro sequer que ex-escravizados, alforriados por trabalhos urbanos, adquirissem escravizados, uma situação que nos lembra a cena descrita por Machado de Assis. Ser contrário à escravidão no Brasil era, em larga medida, combater uma prática profundamente solidificada nas relações sociais e de trabalho do Brasil. Não era, como poderíamos pensar a princípio, apenas uma questão restrita às elites econômicas, embora afetasse mais diretamente os seus interesses.

Haveria outro aspecto que nos leva a reforçar a posição ambígua de Pedro II diante desta realidade tão forte? Pode-se suspeitar de seu ponto de vista racialista. Vimos que a formação intelectual do Imperador estava enraizada em seu tempo, no qual as teorias sobre raça e cultura eram a base de quase toda a Ciência Humana da época. De forma paradoxal para nosso tempo, mas explicado pelo contexto, ser abolicionista não significava em absoluto **não** ser racista. A posição poderia ser exatamente essa: muitos eram racialistas e por isso mesmo entendiam a escravidão como algo negativo, pois aproximava "raças superiores" em contato com "raças inferiores".

De forma espantosa para nossa forma de ver o mundo hoje, era perfeitamente possível ser um abolicionista e um segregacionista: acabar com a escravidão seria livrar a sociedade de um peso, não ético ou moral como entendemos atualmente, mas racial. Como se vê, as posições acerca do tema abrangiam um aspecto amplo, complexo e muitas vezes totalmente fora do nosso padrão mental de entender a sociedade.

Apesar dessa formação racialista, não podemos afirmar que Pedro II era abolicionista exatamente por isso. Não há elementos diretos que nos permitem ver sua posição, mesmo sabendo de sua sólida amizade com o Conde de Gobineau, como vimos. Aliás, suas discordâncias com o conde eram evidentes, pois Pedro II não via o Brasil como condenado por ser formado por "raças inferiores". O racialismo do Imperador não era extremado, nem tão solidificado assim, e muito menos associado a uma visão negativa sobre o negro ou a cultura africana. Sua posição abolicionista era de fundo moral, ético e econômico.

Se assim o era, Pedro II não fez força política incisiva para acabar com a escravidão, mas, igualmente, diante do movimento abolicionista crescendo imensamente, também não fez nenhum esforço para detê-lo. Discreto em sua posição ambígua de ter como base de apoio político poderosos fazendeiros escravocratas e ser um abolicionista convicto, simpatizou a distância pelo crescimento do movimento. Poderia ter feito mais e até mesmo forçado, pelo Poder Moderador que detinha, a abolição? É uma possibilidade aos olhos de hoje e pode até ser uma conclusão válida. Ao mesmo tempo, colocando-se no contexto da época, em uma sociedade na qual a escravidão estava entranhada até mesmo nas camadas mais baixas da população, como nos lembra de forma crua Machado de Assis, a abolição não seria uma tarefa tão imediata e pessoal. Diante de um tema tão intenso, provavelmente o maior da sociedade brasileira em toda sua trajetória, a posição de pode render uma reflexão muito profunda sobre o poder e as limitações deste mesmo poder diante de uma realidade que se quer mudar.

Já não se pode dizer o mesmo de sua filha e presuntiva herdeira, Isabel. Esta, sim, abertamente abolicionista, incluindo aí sua participação ativa em movimentos e até mesmo, como vimos, na proteção a quilombos urbanos. O que não gerava uma clara simpatia dela nos mesmos poderosos setores políticos no Parlamento, como podemos facilmente adivinhar.

Mas havia outros motivos pelos quais a posição de poder do Imperador e a de sua família real eram questionadas. E são estes fatores, somados, que levaram ao fim do II Reinado e da trajetória imperial do Brasil.

10.4 O fim de uma coisa é o fim de outra:
A ABOLIÇÃO FINALMENTE

Há uma tradição consolidada nos livros de História do Brasil que remete a três **questões** que teriam confluído para encerrar o II Reinado: a Questão Religiosa, a Questão Abolicionista e a Questão Militar.

Tradição didática que facilita o entendimento de um processo que foi único em sua essência e que explica como a aparente solidez do sistema monárquico brasileiro foi substituída pelo regime republicano. Vamos analisar cada uma delas e reunir todas ao final deste processo. Neste capítulo, veremos as duas primeiras e no próximo, a Questão Militar.

Inicialmente, podemos começar pela **Questão Religiosa**.

Um mito bastante difundido indica que Pedro II era maçom. Ele não participou nem foi iniciado na Maçonaria. Mas era a ela simpático. Ao contrário de Pedro I, ele, sim, maçom e cercado de amigos da Maçonaria, Pedro II sabia que a fraternidade era importante politicamente, pois reunia boa parte da elite brasileira da época, incluindo aí o comando do Exército, no qual se destaca Duque de Caxias, durante anos o maior líder da Maçonaria brasileira.

É importante notar que a Maçonaria nunca foi única, nem concordante com as mesmas opiniões. Formada por uma diversidade de pessoas, muitas vindas de diferentes camadas sociais, a fraternidade concorda com certos princípios básicos elementares, compartilha certos rituais gerais, mas não é um grupo social e político fechado e direcionado, e sua hierarquia é mais ritualística do que formal. Ou seja, não é uma ordem no sentido estrito do termo, na qual líderes mandam e seguidores obedecem. Por isso, podemos ver maçons no Brasil do II Reinado com opiniões altamente divergentes:

um abolicionista convicto e militante como Luiz Gama ou um escravocrata contrário à abolição como o Barão de Cotegipe. Republicanos e monarquistas, liberais e conservadores. Ricos e poderosos fazendeiros e pequenos comerciantes ou profissionais liberais. Havia maçons entre todos eles.

O que unia esse amplo espectro de pessoas era a fidelidade a certos princípios básicos, entre eles, a liberdade religiosa. A Maçonaria não é contrária a nenhuma religião, muito menos à Igreja Católica. No Período Colonial, padres maçons eram presença constante. Porém, esta circulação entre as duas instituições começou a mudar drasticamente a partir da Revolução Francesa. Entre os princípios essenciais da Maçonaria está o Iluminismo, base do processo revolucionário americano (praticamente todos os primeiros fundadores dos EUA eram maçons) e da própria Revolução Francesa, que separou o Estado da Igreja. Essa proposição tornou as duas instituições inimigas ferrenhas. Na medida em que o século XIX acelerava seu desenvolvimento tecnológico e industrial, o pensamento racionalista e cientificista afastava cada vez mais a Igreja de amplos setores da sociedade. Vimos até mesmo como filosofias racionalistas como o Positivismo copiavam ritos e formatos de reunião social da Igreja, em uma substituição progressiva que apontava para sociedades laicas nas quais o Cristianismo e a Igreja Católica tinham menos presença. Em resumo, durante todo o século XIX, a Igreja perdeu enorme influência social, política e cultural.

A "culpa" disso não é somente da Maçonaria. Mas, como uma instituição que sempre propôs um Estado laico, a Igreja a via como uma opositora nesse processo. E essa posição de antagonismo tomou uma forma oficial na Encíclica *Humanum Genus*,[24] do Papa Leão XIII, de 1884.

---

24 O original pode ler lido em:https://www.vatican.va/content/leo-xiii/pt/encycli cals/documents/hf_l-xiii_enc_18840420_humanum-genus.html.

O problema seria restrito a duas instituições, importantes e influentes, mas tomou o caminho de um enorme impasse no II Reinado. Quando vieram a Encíclica e a posição muito forte do Papa Leão XIII de que bispos deveriam expulsar padres maçons da Igreja, Pedro II ficou em uma situação difícil. Não sendo um maçom, mas sendo cercado por eles e sempre defendendo a não imposição de uma religião oficial, Pedro II não aceitou a ordem papal. **Em seu governo, o ato de nomear bispos era duplo, pela Igreja e pelo Imperador, instituição chamada de Padroado**. E Pedro II não acatou a ordem papal de expulsão dos padres maçons e expressamente vetou que qualquer bispo expulsasse maçons de suas dioceses.

Como a Igreja reagiu? Inicialmente, de forma conciliatória. A Igreja brasileira sabia que havia muitos padres maçons, mas preferia convenientemente deixar o assunto sem muita publicidade, ou seja, evitar o problema era manter tudo como está: basta os padres maçons serem discretos e os bispos evitarem perguntas indesejáveis. Funcionou **quase** muito bem.

O Arcebispo de Salvador, Antônio de Macedo Costa, e o Bispo de Olinda, Vital de Oliveira, contrariando a ordem do Imperador, emitiram decretos eclesiásticos nos quais proibiam a Maçonaria em suas dioceses, ou seja, se soubessem de algum padre maçom, ele seria sumariamente expulso da Igreja. Nota-se que a Igreja não tinha o poder de prender alguém, já que o Estado Brasileiro era a instituição legal superior, mas pela Lei Eclesiástica dela mesma, poderia expulsar um padre de seus quadros. O problema era exatamente esse: a Igreja tem poder legal dentro de sua jurisdição, em assuntos exclusivamente eclesiásticos, mas não pode superar os poderes legais do Estado. E, nesse caso específico, Pedro II tinha abertamente declarado que um Bispo **não** poderia exercer este poder de expulsão. Afinal, quem "manda" na intersecção de um indivíduo que pertence a duas instituições, a Igreja ou o Estado?

Pressionado pelos maçons que eram maioria em seu governo, incluindo aí o influente Duque de Caxias, e pela afronta à sua posição de Imperador, que era cioso de manter a liberdade religiosa, Pedro II não tem alternativa senão prender os dois Bispos. Estava criada a crise.

A prisão foi seguida de uma condenação a trabalhos forçados, rapidamente anulada pelo próprio Pedro II. Do outro lado veio uma feroz condenação verbal, desta vez do Papa Leão XIII. A maioria da população brasileira era católica e viu nessa crise uma contraditória constatação: o Brasil tinha pela Constituição de 1824 uma religião oficial, a Católica, mas garantia a liberdade religiosa (lembremo-nos de que foi uma Constituição outorgada pelo maçom Pedro I). Quando Pedro II prendeu os dois Bispos, deu uma evidente demonstração de autoridade, amplamente lastreada na lei; porém, ao mandar soltar e anistiar as penas, também concedeu à maioria católica da população uma outra demonstração: a de que era um Imperador conciliador.

Então, se o caso foi resolvido, por assim dizer, por que a Questão Religiosa enfraqueceu o II Reinado? O argumento foi mais restrito à elite política do que à população em geral: com a República e a formação de um Estado laico, tais crises não existiriam. A Igreja teria sua área de atuação jurídica restrita, e um Imperador não iria tomar partido de uma instituição ou outra, porque o Padroado, a dupla nomeação de bispos, deixaria de existir. Principalmente para os positivistas, a questão religiosa era uma prova incontestável da necessidade da República para substituir de uma vez por todas o poder da Igreja. Não devemos exagerar esta "prova": a Inglaterra monárquica de hoje tem uma religião oficial, o Anglicanismo, e é democrática em relação à escolha pessoal da religião de cada um. A relação Estado e Igreja poderia passar por uma reforma legal, e a instituição do Padroado poderia ser revista.

Foi a Questão Religiosa determinante na queda do Império? Isoladamente, não. Mas, relacionada a outras, teve papel desestabilizador. Aqui, podemos acrescentar um tema que escapa à tradição didática das três questões: uma quarta, que poderíamos chamar de **Questão Sucessória**.

Pedro II e Teresa Cristina, a Imperatriz, tiveram quatro filhos: Afonso Pedro, morto prematuramente, com dois anos; Isabel, a filha mais velha e herdeira; Leopoldina, batizada em homenagem à mãe de Pedro II, casada com um príncipe alemão e falecida na Europa aos 23 anos; e Pedro Afonso, também falecido prematuramente, com dois anos incompletos.

Podemos ver que a monarquia brasileira tinha uma única herdeira: Isabel. Não havia um impedimento de mulheres se tornarem rainhas no Brasil, ou mesmo em Portugal, origem da linhagem real brasileira. Vimos que até mesmo a irmã de Pedro II, Maria II, reinou em Portugal. Mas a questão religiosa se cruza com a questão sucessória. Isabel era católica ultramontana, uma doutrina bastante ortodoxa da Igreja que seguia as ordens do Papado rigorosamente. O leitor agora deve imaginar o que isso significaria se a Questão Religiosa tivesse ocorrido não no reinado de Pedro II mas em um possível reinado de uma rainha Isabel I. A Maçonaria não seria apenas perseguida dentro da Igreja, mas fora dela.

Claro que isso é uma suposição, pois Isabel não se tornou rainha. E a Constituição era clara em permitir liberdade religiosa. Mudar a lei significaria entrar em choque com o Parlamento, que, nesse aspecto específico, dificilmente iria aceitar. Mas uma crise poderia estar contratada caso a rígida católica Isabel chegasse ao poder. E, a partir da decadência da saúde do Imperador, visível a todos, era a única possibilidade.

O próprio Pedro II sabia disso e construiu uma saída: embora confiasse em sua filha Isabel, que como ele foi muito bem formada e educada para o poder, Pedro II preparou um sucessor. Pedro Augusto era seu neto, filho de sua segunda filha Leopoldina. Igualmente culto e extremamente educado como o avô, ganhou rapidamente o apelido de "O Preferido".

Para Pedro II, a hipótese de um Pedro III não era totalmente descartada. E muitos no círculo político do II Reinado também achavam que o jovem neto do Imperador era preferível à católica Isabel. Pode-se imaginar que havia aí um pouco disfarçado preconceito de gênero: afinal, em um país sempre governado por homens e no qual a presença feminina em posições de poder era limitadíssima, uma rainha seria vista como um elemento estranho. De fato, não podemos descartar de todo este ponto de vista.

Em contrapartida, no século XIX tivemos rainhas poderosas em vários países, destacando-se principalmente a Rainha Vitória da Inglaterra. E, mais uma vez, Maria II em Portugal reinou sem grandes críticas por ser uma mulher. A posição contrária a um reinado de Isabel era menos por ser uma mulher e mais pela sua posição fortemente católica, na linha ultramontana. A comparação com o neto Pedro Augusto era ainda mais forte: um jovem educado na Europa, formado em Engenharia, adepto como o avô das novas tecnologias e da ciência de seu tempo. Com certeza, com ele no cargo, não haveria uma guerra entre Igreja Católica e Maçonaria. Não à toa, ao apelido de *"O Preferido"*, que Pedro Augusto acumulava nas fofocas na Corte, soma-se o apelido pouco elogioso de Isabel: *"A Carola"* (a palavra significa, em tom de ofensa, pessoa fanática, beata, devota ao extremo, ou como também se dizia na época, *"papa-hóstia"*).

Isabel, pelo seu envolvimento com o movimento abolicionista e pela sua ativa demonstração de fé católica ultramontana, acumulava outro ponto de crítica: seu marido, Gastão de Orléans, o Conde d'Eu, francês de nascimento, foi nomeado líder militar das tropas brasileiras no final da Guerra do Paraguai, quando Duque de Caxias deixou o cargo. Podemos dizer que foi ali que começou uma longa antipatia da população brasileira por ele.

Com a guerra em situação já bastante avançada e com as notícias horríveis que a imprensa trazia todo dia do campo de batalha, seu comando no Exército não podia lhe render uma boa imagem. Para piorar, o fato de ele ser estrangeiro não ajudava. Tinha dois apelidos, "O Francês" e "O Surdo", característica que foi se acentuando com a idade. Os círculos republicanos sempre associaram a ele notícias falsas. Entre elas, a de que ele era dono de cortiços no Rio de Janeiro, explorando a pobreza da população. Em um movimento que se retroalimenta, sua impopularidade tornava fácil falar mal dele, o que por sua vez só aumentava a imagem negativa do marido da futura rainha. Aluísio Azevedo (1890, p. 79), autor da obra **O Cortiço**, escreve:

> Agora, na mesma rua, germinava outro cortiço ali perto, o "Cabeça-de-Gato". Figurava como seu dono um português que também tinha venda, mas o legítimo proprietário era um abastado conselheiro, homem de gravata lavada, a quem não convinha, por decoro social, aparecer em semelhante gênero de especulações.

Era verdade que o Conde d'Eu era dono de cortiços? Com toda certeza, não. Mas, uma vez criada a imagem de explorador de pobres, cruel líder militar na guerra e "estrangeiro", foi impossível deslocar os adjetivos ruins do conde e, por extensão, de Isabel. Não é de todo descartado imaginar que parte destas fofocas fosse criada exatamente pelo círculo de Pedro Augusto, para incentivar ainda mais sua posição de futuro Pedro III.

Como construir uma saída para a Monarquia em crise com o movimento abolicionista e às voltas com questões envolvendo a Igreja e a sucessão da família real? Aqui temos a trajetória que levaria o Império à sua escolha mais dramática: a **Questão Abolicionista.**

Em uma viagem para tratar de sua diabetes, já em estado de saúde bastante delicado, Pedro II deixou sua filha Isabel como regente. O ano era 1888 e ela, ativa abolicionista, viu nesta oportunidade a chance que ela tanto queria: chega de gradualismo e "leis para inglês ver". A abolição é uma das leis mais curtas da História Brasileira:

> A Princesa Imperial Regente, em nome de Sua Majestade o Imperador, o Senhor D. Pedro II, faz saber a todos os súditos do Império que a Assembléia Geral decretou e ela sancionou a lei seguinte:
> Art. 1º: É declarada extincta desde a data desta lei a escravidão no Brazil.
> Art. 2º: Revogam-se as disposições em contrário.
> Manda, portanto, a todas as autoridades, a quem o conhecimento e execução da referida Lei pertencer, que a cumpram, e façam cumprir e guardar tão inteiramente como nella se contém.

Há um tema importante jurídico a ser discutido. Não foi uma lei imposta pela Isabel. O Brasil não era absolutista. A lei tramitou no Parlamento brasileiro, que era composto pelo Senado e pela Câmara. Diante das pressões abolicionistas por todos os lados, imprensa, Exército, Inglaterra, sociedade civil, incluindo aí os líderes que citamos anteriormente e, por último, das fugas constantes de escravizados, agora abertamente apoiadas por todos e até pela própria regente Isabel, a iniciativa da lei começou com uma mudança de governo.

O Conselho de Estado, órgão que preparava as leis enviadas ao Parlamento pelo Imperador, era liderado na época pelo Barão de Cotegipe. Poderoso fazendeiro baiano, era contrário à Abolição. Quando Isabel chegou ao poder, pressionou-o a enviar ao Parlamento a lei da abolição. E, como político experiente, não disse *não*. Mas, igualmente, não fez nenhum esforço para o *sim*. Ganhava tempo, mesmo sabendo das fortes pressões sociais. Pode-se até perguntar o porquê desta estratégia que não tinha nenhuma chance de dar certo. O problema central dos escravocratas era menos a escravidão, que todos sabiam que estava marcada para acabar, mas a indenização. Vimos como as leis anteriores estabeleciam uma forma de pagamento para o proprietário de escravizados. A última boia de salvação dos escravocratas era alguma forma de pagamento feita pelo Estado. Para eles, a abolição não era mais o problema central: a palavra-chave era *indenização*.

Isabel conseguiu demitir Cotegipe do cargo de Ministro do Conselho de Estado e indicar João Alfredo, conservador do Rio de Janeiro, mas abertamente abolicionista. Mais uma vez, vemos como as simplificações são enganosas. Foi justamente de um ministro conservador que veio a proposta da abolição. No entanto, liberais apoiaram maciçamente a lei. Curioso que alguns republicanos de São Paulo não se manifestaram com tanto entusiasmo, pois muitos ainda tinham escravizados. E se o leitor quiser ainda mais elementos para esta complexidade, o Barão de Cotegipe, escravocrata convicto, era baiano e pardo, ou seja, ele mesmo com origens étnicas africanas.

A lei tramitou em tempo recorde. E no dia 13 de maio de 1888, as poucas linhas acima descritas encerraram uma das mais tristes marcas da trajetória brasileira. Ficou conhecida até hoje como a Lei Áurea, a lei de ouro. E, pela combinação mais paradoxal possível, teve duas consequências: deixou o Império mais popular do que nunca e ocasionou sua queda.

11 E BEM, E O RESTO?: O FIM DO II REINADO E A FOTO DO IMPERADOR MORTO

Agora, porque é que nenhuma dessas caprichosas me fez esquecer a primeira amada do meu coração? Talvez porque nenhuma tinha os olhos de ressaca, nem os de cigana oblíqua e dissimulada. Mas não é este propriamente o resto do livro. O resto é saber se a Capitu da praia da Glória já estava dentro da de Matacavalos, ou se esta foi mudada naquela por efeito de algum caso incidente. Jesus, filho de Sirach, se soubesse dos meus primeiros ciúmes, dir-me-ia, como no seu cap. IX, vers. 1: "Não tenhas ciúmes de tua mulher para que ela não se meta a enganar-te com a malícia que aprender de ti". Mas eu creio que não, e tu concordarás comigo; se te lembras bem da Capitu menina, hás de reconhecer que uma estava dentro da outra, como a fruta dentro da casca (Machado de Assis, 1899, p. 104).

O final do romance **Dom Casmurro**, de Machado de Assis, é um acerto de contas da vida do narrador com sua própria consciência. Corroído pelo ciúme algo doentio de Capitu, sua ex-esposa, e ainda mais pela suposta traição, que para ele é evidente, mas, para o leitor, suspeita, Dom Casmurro termina seus dias sozinho em sua casa, observando o passado e se remoendo continuamente. E sua dúvida compartilhada com o leitor é essa: a Capitu adolescente pela qual ele se apaixonou já era dissimulada a ponto de tê-lo enganado desde àquela época? O casamento foi por interesse e o amor que ele por ela sentiu era apenas uma máscara? Ou foi um amor verdadeiro de ambos e posteriormente a Capitu já adulta tomou o caminho da traição? Se é que a traição de fato ocorreu...

Na memória do Império do Brasil, há saudades cada vez menos disfarçadas na atualidade. Em grande medida explicadas pela comparação desastrosa entre uma impressionante sequência contínua de eleições de uma classe política despreparada e com nenhum espírito público e um Imperador que era ético, culto e solidamente comprometido com o país. Diante da corrupção generalizada e da falta mais básica de ética, como não ter saudade de um Imperador que devolvia dinheiro ao Tesouro Público quando sobrava de suas viagens?

O que não quer dizer que seu governo foi perfeito. A simples presença da escravidão por décadas já seria suficiente para questionar uma suposta época perfeita e idealizada no Império. Também analisamos que a economia de todo o Reinado esteve mais para a estagnação do que para o crescimento. Um monarquista convicto de hoje em dia tem motivos, tal como Dom Casmurro, para remoer algumas memórias ruins. E, também, divulgar algumas boas. Não há época perfeita na História.

No entanto, é realmente tentador ter algumas saudades de um tempo em que líderes políticos eram educados, no sentido mesmo da formação intelectual. E não precisamos apenas nos ater ao próprio Pedro II, que era excepcional até mesmo para os padrões da nobreza europeia, mas vejamos alguns membros do Parlamento como um todo. Liberais ou conservadores, pouco importa, como não ter nostalgia de um Joaquim Nabuco, Luís Gama, José do Patrocínio e outros tantos, deputados, senadores, escritores e ativistas. Era um tempo em que podíamos ver na imprensa publicados livros como **Dom Casmurro**. Na atualidade democrática e republicana, há pouca coisa próxima no panorama intelectual e ético. No político, então, melhor evitar comparação.

Devemos então nos remoer em nosso passado como Bentinho/Dom Casmurro e ver na República uma Capitu traidora de nosso destino? Ou, na verdade, também imitando Dom Casmurro, ver no Império a mesma Capitu, "uma estava dentro da outra, como a fruta dentro da casca", ou seja, a República e seus vícios são apenas a continuidade dos mesmos vícios da Monarquia? O mesmo clientelismo, os mesmos sistemas de privilégios, as mesmas confusões entre público e privado, sempre estiveram lá, enraizadas no Império e depois apenas continuaram na República?

Talvez não seja uma boa ideia sermos Bentinho e ficar repensando e remoendo um passado idealizado. Caso contrário, podemos nos tornar **casmurros**: "Não consultes dicionários. Casmurro não está aqui no sentido que eles lhe dão, mas no que lhe pôs o vulgo de homem calado e metido consigo" (Machado de Assis, 1899, p. 1). Um casmurro é um homem fechado em si mesmo, pessimista e, também, teimoso. O Império acabou e não adianta teimar em voltar ao passado. Capitu, a fascinante criação de Machado de Assis, será sempre um mistério. E a própria definição do Império ou um julgamento sobre ele, tão impossível quanto saber se Capitu traiu ou não.

A queda do Império foi motivada pelas três questões já apresentadas no capítulo anterior. A última e determinante foi a **Questão Militar**. E, na narrativa histórica de hoje, é comum chamar a República de **golpe**. Pode-se discutir este termo e suas definições, mas há um consenso de que a República no Brasil não foi um movimento com ampla participação popular, sendo restrito a poucos setores sociais. E, dentre eles, os determinantes foram os militares.

Já analisamos que a Guerra do Paraguai formou o Exército Brasileiro. E, por formação, devemos ser quase literais. O Exército existia antes da guerra, mas era pequeno em número de soldados e pouco influente na sociedade, e também na política. Com a guerra, torna-se uma organização hierárquica com plena consciência de seu papel na construção de uma identidade nacional. Esse ponto parece bastante estranho aos olhos de hoje, mas não havia uma conexão entre Exército e Nação: ou, se havia, ela era muito menor do que teríamos como um padrão nos dias de hoje. A Nação era o Imperador, e as forças armadas, secundárias. Podemos entender a República como a construção de uma conexão entre estas Forças Armadas e uma Nação nova, sem rei mas com instituições republicanas. O Positivismo não era somente uma ideologia adotada pelo Exército, mas a construção de uma identidade **corporativa**.

O que entendemos como corporação? Uma entidade com regras próprias e uma consciência de classe específica, uma identidade de grupo: sou militar e por essa condição compartilho ideias, regras e um comportamento social. E é essa corporação que se fortalece no final do II Reinado, e que não encontra espaço político de atuação.

Por espaço político não dizemos especificamente o poder central, tal como ocorreu mais de uma vez na trajetória republicana. Mas um espaço de poder, um **propósito** na estrutura do Estado – algo que o Império não conseguia encontrar para os militares ou que eles mesmos não encontravam. Há algo de ressentimento no golpe da República. Um Exército que lutou na maior guerra da História do Brasil e não era valorizado por isso.

O leitor poderia se perguntar: mas e a posição de Duque de Caxias? Um amigo e aliado de primeira hora de Pedro II. Ele era o líder máximo do Exército, oficial altamente respeitado, portanto, este ressentimento de que falamos estaria equivocado? Não era um problema pessoal de Duque de Caxias, mas de todo o Exército, de toda a estrutura militar. Para eles, era necessário definir qual o papel de toda a instituição na estrutura do poder, ainda que um ou outro oficial de alta patente tivesse acesso ao Imperador enquanto indivíduo. Apenas o Duque de Caxias não iria preencher as necessidades de toda uma instituição. Sua morte em 1880, profundamente lamentada pelos dois lados destes polos políticos, monarquistas e Pedro II de um lado e positivistas e militares de outro, só aumentou a distância e o estranhamento entre eles.

O Império poderia se reformar e absorver melhor estas demandas dos militares? A resposta em tese é sim. Mas para essa pergunta, podemos acrescentar todas as outras sobre o Império: as demandas de maior descentralização, de separação mais clara entre Igreja e Estado, da abolição e até da sucessão do trono. *"E se"* é sempre uma pergunta histórica, ao mesmo tempo inútil, o tempo passou, e aqui estamos, e tentadora: um Império reformado poderia ter-se mantido. Mas não foi o que aconteceu.

O Exército aderiu a duas correntes de opinião que enfraqueciam fortemente o Império. A primeira de caráter mais sólido, pois está ancorada nas ideias e na concepção de mundo: o Positivismo. Vimos o Positivismo em item anterior e sua ativa participação na formação republicana do Exército, aliada ao seu fortalecimento como entidade desde a Guerra do Paraguai. Podemos acrescentar a essa corrente o abolicionismo. Uma inversão possível de apoio dos militares abolicionistas poderia vir pela iniciativa de Isabel e Pedro II. Mas podemos acrescentar a frase "já era tarde demais". Mesmo em um III Reinado sem escravidão, o Exército continuaria positivista e, portanto, republicano.

E foi o Exército em última análise o fator central da República.

O último suspiro: o baile da Ilha Fiscal

É quase um lugar-comum: no final do II Reinado, a metáfora do último baile do Império, na belíssima Ilha Fiscal, na

Baía de Guanabara, Rio de Janeiro. Hoje um ponto turístico, tem esse nome porque nela era feito o trabalho de alfândega das mercadorias que entravam no porto. Inaugurada justamente no ano da República, em abril de 1889, sua arquitetura lembra pouco um posto burocrático de arrecadação de impostos. Trata-se de um belo palacete, ricamente decorado e, pela posição estratégica, com uma vista deslumbrante da Baía de Guanabara.

No dia 9 de novembro de 1889, ocorreu ali um baile em homenagem a uma visita oficial de navios da Marinha do Chile ao Rio de Janeiro. Era um bom pretexto para uma celebração de caráter pessoal, dinástico e político: em alto nível de popularidade pela Abolição recente, a Princesa Isabel estava comemorando seus 25 anos de casada com o Conde d'Eu. Era uma forma pouco disfarçada de "lançar" sua proposição à sucessão do trono, em virtude da já fragilidade da saúde de Pedro II. A festa luxuosa seria uma forma de reforçar a Monarquia em um momento de críticas dos republicanos, que nesse momento eram formados por três grupos sociais muito bem delimitados: a elite paulista cafeeira, os militares e os "republicanos do 13 de Maio", como se dizia na época, a tradicional elite cafeeira do Vale do Paraíba, "traída" pela Abolição sem indenização da Princesa Isabel.

Esse último grupo se associou tardiamente à República. Sempre apoiadores do Império, esses fazendeiros escravocratas estavam profundamente irritados com o II Reinado e ainda com um possível III Reinado sob Isabel. Muito menos pela abolição em si, mas pela **falta de pagamento dos escravizados libertos**. Naquele momento, já com anos de leis abolicionistas, proibição de tráfico, pressão inglesa externa e social interna, praticamente todos, salvo alguns muito reticentes, sabiam que a abolição era uma questão de tempo. Seu ponto não era mais esse, mas a **indenização**: se juridicamente o escravizado é uma propriedade privada, que o Estado pague para o fazendeiro sua libertação. O leitor já deve imaginar que o não pagamento não era apenas uma questão ética e moral, mas de caráter prático: não havia dinheiro disponível para pagar a esses fazendeiros. A soma dos preços dos escravizados devidos ultrapassava todo o orçamento do Império.

Atribui-se uma frase ao Barão de Cotegipe, o escravocrata mais convicto de seu tempo, pouco depois da Lei Áurea: "A senhora acabou de redimir uma raça e perder o trono". Ao que Isabel teria respondido, "Se mil tronos eu tivesse, mil tronos eu perderia para pôr fim à escravatura no Brasil".[25] Foi o próprio Joaquim Nabuco, um dos líderes abolicionistas e defensor da Monarquia, que constatou que os fazendeiros escravocratas que apoiaram o II Reinado desde seu início romperam suas conexões políticas com o regime. Republicanos de última hora não defenderam o regime que tanto lhes tinha beneficiado, preferindo tentar uma aliança com o lado republicano. Perdidos os escravizados, tentaram manter privilégios políticos em um futuro novo regime.

O baile da Ilha Fiscal foi um prenúncio dramático da queda do Império? É tentador e até poético construir essa narrativa, mas ela contém um defeito: a *tautologia*, o erro de explicar o processo histórico pelo seu fim já conhecido, mas não em sua evolução cronológica. Os participantes do baile não sabiam, e não poderiam adivinhar o futuro: que a Monarquia cairia seis dias depois. Muito pelo contrário, boa parte deles, incluindo a própria Isabel, realmente acreditavam que aquele baile era um novo momento para o Império. Porém, em um momento que parece de fato ser uma premonição, Pedro II teria tropeçado na entrada do baile e quase caído: "O monarca tropeçou, mas a monarquia não caiu". A frase não tem nenhum

---

25 Disponível em: https://www12.senado.leg.br/noticias/materias/2019/05/13/ha-131-anos-senadores-aprovavam-o-fim-da-escravidao-no-brasil.

registro e ficou como anedota, reproduzida em tradição oral e anotada por vários historiadores. Pode ser lenda ou pode ter de fato ocorrido. O esplendoroso baile na belíssima Ilha Fiscal foi, de fato, o último ato do II Reinado. Foi uma noite de bebidas, valsas vienenses, muito *glamour* e gastos públicos, o que destoa de uma monarquia que sempre foi muito econômica. Se houve um clima de "fim de festa", esse clima estava fora do salão de baile, nos quartéis.

Voltemos aos militares e à República.

Foi um golpe, proclamação ou revolução? Por revolução, entendemos um movimento com ampla participação popular, na maioria das vezes com violência, e que muda radicalmente uma situação política. Nesse sentido, nada próximo do 15 de novembro de 1889. Não houve conflitos generalizados, povo na rua, grandes movimentos pelo país. Vimos como a Independência foi um ato em si mesmo, limitado, mas posteriormente seguido de uma guerra em diferentes regiões do país. Na República, o ato em si foi ainda menor do que o 7 de setembro (o que não significa que o período posterior foi igualmente pacífico, mas isso é assunto de outro livro).

Proclamação pode ser um bom resumo do que ocorreu se não fosse por um detalhe: por uma dessas ironias da História, a palavra "república" não foi sequer dita naquele dia. Proclamar significa exatamente isso: dizer em voz alta, emitir uma decisão tomada. O responsável pelo movimento foi um monarquista que só se converteu à República no último momento, e não estava entusiasmado com a ideia. Veremos isso adiante.

Sem revolução e sem proclamação, resta dizer que foi um golpe. Um movimento restrito a setores políticos no núcleo do poder, construído de forma organizada, mas sem participação popular. Isso não significa em si uma crítica ou uma condenação: é antes uma constatação. Mas, se foi um golpe, também não se pode dizer que não teve ideologia que desse sustentação ao ato. Pelo Exército, o Positivismo era um movimento muito bem definido, com objetivos claros e determinados, sem ambiguidades. Aliás, de todos os golpes que o Brasil já sofreu, pode-se arriscar que o da República foi o mais definido ideologicamente. Mais uma vez, sem juízos prévios de valor negativos ou positivos.

Somando-se todos os elementos vistos no capítulo anterior, questões religiosa, abolicionista e sucessória, foi a Questão Militar a que conseguiu unir os diferentes interesses republicanos.

Os dois principais grupos sociais unidos pela causa republicana precisavam de um ponto de projeção no poder central do Império. Entre os republicanos, aqueles de última hora, os fazendeiros escravocratas feridos em seus interesses pela abolição, sem uma posição ideológica definida, mas com ampla força política no Parlamento e nas províncias do Rio de Janeiro e no Nordeste.

O segundo grupo, dos fazendeiros paulistas do café, republicano por descentralização e por um forte interesse em libertar amarras para o investimento privado, tinha força regional, mas não nacional. Um de seus órgãos de divulgação da causa republicana era o jornal **A Provincia de São Paulo**,[26] fundado em 1875 exatamente por essa causa. No dia mesmo da República, 15 de novembro, no editorial do jornal, podemos ler:

> A ditadura monárquica não é outra coisa senão o poder
> pessoal, reconhecido e proclamado pelos dois partidos

---

26 O jornal tinha entre seus fundadores Campos Salles, posteriormente presidente do Brasil, Américo Brasiliense, Rangel Pestana e, após 1885, Júlio de Mesquita, todos ligados ao movimento republicano paulista. Após a República, mudou de nome e passou a chamar-se **O Estado de São Paulo**, existente até hoje.

constitucionais em oposição. (...) poucos anos antes a ditadura era uma prerrogativa pessoal do imperador, cioso de sua autoridade e astuciosos no executá-la. Agora, depois da grave enfermidade, é um fato que se impôs brutalmente à sociedade, sem os nobres intuitos de levantar o nível moral dos cidadãos, de engrandecer a pátria e fazê-la entrar na moderna corrente da civilização americana(...) A ditadura monárquica só tem servido para o mal e, quando tenta fazer o bem, a mira é o seu próprio interesse. Ela só pode nos dar o despotismo, o atraso, a dúvida e o susto. Não prestou até hoje e não prestará para amanhã.

A República ocorreu naquele mesmo dia, mas no período da tarde, quando o texto já estava impresso. O exemplar do dia seguinte, com um enorme "Viva a República", um entusiasmado editorialista enaltecia o novo regime:

Cidadãos. Notícias da Corte anunciam a Proclamação da República – a forma de governo que exprime o sentimento nacional! Unamo-nos! Para garantir a ordem, porque o novo regime nasce da livre manifestação popular! (...)

A República significa a paz, o progresso, a civilização. (...)

Viva a República! Esta notícia não causou entusiasmo: produziu delírio indescritível; nem uma oposição, nem uma sombra de tristeza. O contentamento foi geral; as aclamações à nascente República traduziam-se por alegres expansões de patriotismo e de fraternidade! O povo confraternizava nas ruas, em grandes exclamações de júbilo.

Figura 11.1 – Jornal A Provincia de São Paulo, de 15 de novembro de 1889 e 16 de novembro de 1889.

Fonte: Acervo digital do jornal **O Estado de São Paulo**.

Não se pode dizer que a monarquia no Brasil era uma ditadura. Pelo menos não no sentido em que pensamos nos dias de hoje. Pedro II nunca censurou a imprensa ou prendeu opositores, mesmo quando as críticas eram bastante intensas. O termo aqui deve ser entendido pelos republicanos paulistas como um exagero de retórica, um desejo de descentralização para uma província que já era a mais rica do país pelo café e mais ligada a um processo de industrialização que demandava menos intervenção da burocracia central. Vimos no capítulo dedicado ao Barão de Mauá como as licenças para investimento eram centralizadas nos ministérios. A elite paulista tinha no horizonte ideológico e econômico um padrão liberal de economia, adotando os EUA como modelo: *entrar na moderna corrente da civilização americana*. A "ditadura" aqui é uma referência a esta excessiva centralização imperial, que impedia ou atrasava investimentos privados.

Figura 11.2 – Imagens da República.

Fontes: (a) https://www.service-public.fr/.Acesso em: 26 ago. 2024; (b) Musée du Louvre – https://collections.louvre.fr/ark:/53355/cl010065872. Acesso em: 26 ago. 2024.

(a) Selo oficial da República Francesa.

(b) Quadro La liberté guidant le peuple, de Eugène Delacroix.

O quadro imortaliza a imagem da Marianne como símbolo máximo republicano, Eugène Delacoix, A Liberdade Guiando o Povo, referência à Revolução de 1830, em Paris, e o selo oficial da República Francesa.

No jornal há referência ao "centenário glorioso da grande revolução". A qual centenário o jornal remete? A 1789, a Revolução Francesa, base ideológica do movimento republicano. Como se pode ver, desde o início a República precisava construir um imaginário, uma simbologia, uma forma de se tornar legítima diante de um Império já consolidado. A própria escolha de "proclamação" como a definição do que aconteceu, logo no início do movimento, é definidora dessa busca por um projeto de construção de um imaginário.

Por outro lado, seria mesmo a República uma ampla aspiração popular? De acordo com o jornal, "delírio indescritível". E mais, com a proclamação, "o povo confraternizava nas ruas, em grandes exclamações de júbilo". Foi isso mesmo? Nossa

República foi uma construção política ampla, com participação de várias classes sociais e solidamente ancorada em um projeto de país? A descrição do episódio em si demonstra o oposto.

Nos dias anteriores ao 15 de novembro de 1889, um grupo de militares positivistas (naquele momento, praticamente um pleonasmo, já que todos ou quase todos os militares brasileiros de alguma patente mais elevada eram adeptos da doutrina positivista) e de republicanos civis realizaram encontros no Rio de Janeiro, tendo a liderança de Benjamim Constant como eixo articulador. Foi decidido que era necessário derrubar o ministério monárquico liderado pelo Visconde de Ouro Preto, político conservador que tinha assumido a liderança do governo, após a volta de Pedro II de sua viagem médica ao exterior. Foi durante essa ausência que a então princesa regente Isabel tinha abolido a escravidão.

Inicialmente, os debates eram divididos entre derrubar o ministério ou declarar a república. E essa ambiguidade tinha nome e sobrenome: Marechal Deodoro da Fonseca.

Militar de grande experiência, herói da Guerra do Paraguai, era justamente o comandante do Exército e, naquele momento, talvez o único militar brasileiro de alta patente que não era positivista. Pedro II colocou-o no cargo exatamente por isso: Deodoro lhe era fiel pessoalmente e um defensor da Monarquia.

Mas se apenas um militar era defensor de Pedro II e praticamente todo o restante da corporação era republicano, era fácil resolver o dilema: bastava depor Deodoro e Pedro decretar a República. Apoio político entre grupos civis importantes, elites paulista e fluminense, já existia, como vimos.

Eis o dilema fundamental de uma conspiração militar: manter a hierarquia e, ao mesmo tempo, derrubar um governo. São ações opostas em si mesmas. Ou o Exército literalmente marchava unido para um único objetivo, mantendo a hierarquia, a disciplina e a ordem – tão estruturante em uma corporação militar –, ou poderia haver um perigoso racha no movimento: uma parte, republicana, iria tentar mudar o governo pela força, enquanto a outra, ironicamente também republicana, poderia não aderir ao movimento e defender o governo, menos por afinidade ideológica e mais por obediência às regras. Militares atacando militares, com consequências imprevisíveis.

Esse cenário seria evitável com Deodoro da Fonseca assumindo a liderança do golpe militar republicano. E era exatamente o que ele **não queria**.

E não por falta de motivos. Deodoro era monarquista por convicção e amigo de Pedro II. Mas talvez o maior dos seus problemas era pessoal. Em idade avançada, para os padrões da época, e com uma trajetória pessoal marcada pela vivência na Guerra do Paraguai em condições difíceis, o Marechal tinha saúde frágil. Nesse caso, podemos aproximar a situação dos dois principais envolvidos naquele momento decisivo do Brasil: Pedro II, com 64 anos e diabetes, e Deodoro da Fonseca, em seus 62 anos e com problemas respiratórios.

Essa pouca disposição a um golpe militar republicano era um contraste com o ímpeto positivista dos oficiais militares, particularmente Benjamin Constant, o maior líder e entusiasta da República. Podemos aproximar Constant em relação ao movimento republicano do mesmo modo de José Bonifácio à Independência. Líderes fundamentais com um projeto definido e uma visão de país, em torno dos quais se juntaram outras lideranças. Os dois nunca ocuparam o poder pessoalmente, Bonifácio não foi rei, obviamente, nem Constant, presidente. Mas, sem eles, os dois principais eventos que abrem e fecham este livro – a Independência e a República – seriam muito diferentes.

Benjamin reuniu-se com Deodoro no dia 11 de novembro de 1889 na casa do Marechal, bastante fragilizado em sua saúde. Também participaram da reunião outros militares graduados, como o comandante da Marinha, Almirante Wandenkolk. A participação da segunda parcela das Forças Armadas era fundamental para garantir a estabilidade política e institucional do país, já que um possível erro de cálculo no golpe poderia levar a sérias divergências dentro das corporações militares. Devemos acrescentar que a Marinha era bem menos influenciada pelo Positivismo e, por isso, menos simpática à causa republicana.

Nessa reunião, também estiveram presentes lideranças republicanas civis, como o jornalista e advogado Francisco Glicério, nome hoje de uma importante avenida da sua cidade natal, Campinas. Nesse caso, um representante da elite paulista do café, republicana e federalista. Também presente o paraibano radicado no Rio de Janeiro, Aristides Lobo, cujo jornal **A República**, desde 1870, era um centro ativo de organização em torno do tema da queda do Império; Quintino Bocaiúva, um dos mais influentes colaboradores do mesmo jornal; e Rui Barbosa, advogado e intelectual baiano de enorme importância no início da República, ativo abolicionista e que seria posteriormente até mesmo candidato à presidência em época posterior.

A liderança de Benjamin Constant naquele momento foi decisiva. Ele expôs de forma direta a situação da Monarquia para um indeciso Marechal: o apoio político ao Imperador era, naquele momento, quase nulo. A principal força econômica do país, o café de São Paulo, era republicana por princípios ideológicos e interesses econômicos. A segunda maior força econômica, dos escravocratas nordestinos e fluminenses, perdera todo entusiasmo em manter seu suporte a uma Monarquia que lhes tinha tirado parte de seus bens, seus escravizados, sem indenização. A perspectiva de um III Reinado sob Isabel era vista como desastrosa pela sua pesada associação ao radicalismo católico e com forte oposição da Maçonaria. O centralismo exagerado da administração imperial travava investimentos privados que tornavam o Brasil um país fora dos avanços econômicos e tecnológicos do mundo. E, por último, o que na visão do coronel Benjamin Constant era o principal fator: o Exército estava fora do poder e das decisões do Império, o que deveria ser corrigido por um novo regime, a República, modernizador e com ativa participação dos militares no rumo político do país. Se Deodoro não assumisse esse papel de liderança, a sociedade brasileira poderia mergulhar em sérios conflitos armados, com a própria hierarquia nos quartéis ameaçada.

Deodoro ponderou que Pedro II merecia respeito e dignidade. Mas que, em nome de uma pacificação política, não iria deixar de cumprir seu dever como militar para com a pátria. O golpe foi marcado para o dia 20 de novembro, mas os acontecimentos aceleraram-se, muito em virtude da saúde frágil de Deodoro, já que muitos imaginavam que ele sequer sobreviveria aos dias seguintes da reunião. Fato que não ocorreu, pois o Marechal não só "proclamou a República", como foi presidente posteriormente, até 1891, vindo a falecer um ano depois. Outro fator que acelerou o golpe foi o clima de descontentamento nos quartéis, uma impaciência que poderia precipitar levantes militares, perdendo-se a liderança e, como vimos, o eixo articulador das Forças Armadas, a hierarquia.

Na manhã do dia 15 de novembro de 1889, vários destacamentos militares do Rio de Janeiro iniciaram movimentação de tropas em direção ao Campo de Santana, atual Praça da República, em frente à estação de trens Pedro II, hoje Central do Brasil. Não muito longe dali, aliás, morava o próprio Deodoro. Naquele momento, com notícias desencontradas, um desavisado Pedro II estava em repouso, em Petrópolis. O comando para os levantes militares veio a partir de ordens hierárquicas, o que continha a possibilidade de desencontros entre os diversos regimentos. Podemos dizer que o golpe foi bem organizado, disciplinado e com estratégia. Por isso mesmo, não teve resistência.

O Visconde de Ouro Preto, o principal ministro do Império naquele momento, foi preso. E a única reação armada veio justamente de um militar, o ministro da Marinha, Barão de Ladário, baleado no ato de sua prisão, que ele viu como uma insubordinação de oficiais inferiores a ele. Ele não faleceu dos tiros recebidos, e, aliás, aderiu à República pouco tempo depois.

No momento do ato em si, diante de tropas reunidas, Deodoro não anunciou a República, mas a deposição do ministério, ou seja, mesmo com a suposta República "proclamada", ela não existia... O ato foi basicamente uma marcha militar com a prisão de alguns integrantes do governo. E, após os acontecimentos em si, Deodoro recolheu-se à sua residência, para descansar.

Foi a pressão posterior, dos civis e dos positivistas, no dia seguinte ao 15 de novembro, que declarou que o Brasil era uma República e que estava sendo convocada uma Assembleia Constituinte e estabelecido um Governo Provisório. Deodoro, reticente no início, acabou por concordar. Na prática, foi uma convocação esvaziada de vereadores da Câmara Municipal do Rio de Janeiro, liderada por José do Patrocínio, o mesmo que tinha criado a Guarda Negra em apoio a Isabel e à Monarquia, que proclamou de fato a República.

E Pedro II? E os monarquistas? E mais ainda: e o povo?

Comecemos pelo mais importante: a população. A frase do ativista republicano Aristides Lobo é exemplar: "O povo assistiu àquilo bestializado, atônito, surpreso, sem conhecer o que significava (...)" (**Diário Popular**, RJ, 15 de novembro de 1889).

A população da cidade do Rio de Janeiro tomou conhecimento de uma "parada militar", em seus dizeres, e não teve nenhuma participação ativa no golpe. É significativo que mesmo um entusiasta da República tenha notado na população tão pouco entusiasmo...

No entanto, se não houve participação favorável naquele momento, também não houve resistência. André Rebouças, o abolicionista que acompanhou a Família Imperial ao exílio, sugeriu algo como uma reação armada, proposta que o próprio Pedro II recusou. Os monarquistas naquele momento eram basicamente o grupo em torno de Isabel e alguns membros da Marinha, que não levantaram armas contra a maioria do Exército. Nas outras regiões do país, as elites regionais já eram republicanas, como vimos, por diferentes razões. A população mais pobre, principalmente nas zonas rurais, não entendeu, não participou e em alguns casos, não aceitou a República. Assunto para outro livro.

Falta encerrar o capítulo com a posição de Pedro II. Após o ato do 15 de novembro, o Imperador chegou, tardiamente, ao Rio de Janeiro. Soube que alguns militares e civis tinham declarado a República e que ele e sua família estavam banidos do Brasil pelo Governo Provisório instituído, sob comando de Deodoro.

"Se assim for, será a minha aposentadoria. Já trabalhei muito e estou cansado. Irei então descansar" (Carvalho, 2007, p. 218).

Furioso, menos pela República e mais pelo exílio, ele ainda teve tempo de ir até os fundos do palácio da Quinta da Boa Vista para encher uma pequena caixa de terra: queria que em seu caixão estivesse presente terra do Brasil. No dia 18 de novembro, de madrugada, às escondidas da população, pois o Governo Provisório tinha medo de alguma reação favorável à Monarquia, a família imperial zarpava do Rio de Janeiro. A última visão que Pedro II teve do Brasil foi do amanhecer ao longe da Baía de Guanabara, com sua beleza incomparável.

Já na viagem em direção à Europa, os acessos de delírio de Pedro Augusto, o possível Pedro III, começaram. Ele nunca mais recuperaria a sanidade e passaria longas temporadas em sanatórios na Europa, vindo a falecer na Áustria, aos 68 anos, não sem antes ter sido consultado pelo então jovem médico austríaco Freud. Uma metáfora dolorosa de uma Monarquia que seguia para o exílio com um senhor muito doente e seu presuntivo herdeiro, enlouquecido.

Em seu exílio, Pedro II recusou-se a receber uma pensão anual criada pela República para seu sustento e o de sua família: ato derradeiro de ética pessoal que deixa uma marca profunda na memória da Monarquia brasileira. Ainda mais quando se compara com os comportamentos pouco "republicanos" dos tempos atuais. O resumo, mais uma vez paradoxal, é que Pedro II, um monarca, pode ser entendido como o mais "republicano" dos governantes brasileiros de todos os tempos, pelo fato óbvio, mas infelizmente esquecido, de que não deveria haver confusão entre público e privado, entre indivíduo e papel institucional, entre o homem Pedro de Alcântara e o Imperador Pedro II. Ele tinha uma aguda consciência de que o homem Pedro tinha um papel institucional a cumprir, enquanto Pedro II, Imperador do Brasil e, portanto, sua individualidade, estava abaixo desta institucionalidade. Talvez essa seja a sua mais duradoura lição nos dias de hoje.

Viveu por apenas dois anos, em Paris, com economias pessoais e ajuda de amigos. E, ao falecer, em 1891, seu funeral e seu enterro foram episódios de grande repercussão em toda a imprensa europeia e norte-americana. O mais importante fotógrafo de Paris naquela época, autor de imagens das personalidades mais significativas, Félix Nadar, fez questão de representar a última imagem do Imperador brasileiro. Quanto ao Brasil, uma nova época se iniciava, com um horizonte cheio de incertezas.

Figura 11.3 – Imperador Dom Pedro II em seu leito de morte – 1891.

Fonte: Wikicommons.

Foto de Félix Nadar, pseudônimo de Gaspard-Félix Tournachon. A imagem de um Imperador em seu último momento. Uma homenagem de um dos maiores fotógrafos de seu tempo a um amante da fotografia por toda a vida.

CONCLUSÃO: OS RIOS E OS CAMINHOS QUE CONSTRUÍRAM O BRASIL SE ADENSAM; TRAJETÓRIAS E SENTIDOS DE NOSSA HISTÓRIA IMPERIAL

Peço ao leitor que olhe com atenção o mapa do Brasil. Há um lugar comum em dizer que somos um *país continental*. Uma frase, uma palavra, muitas vezes uma imagem, de tão repetida, perde seu significado central, envolta na continuidade de sua representação. O que significa de fato a expressão acima? O que é um continente?

Não é apenas uma enorme extensão de território, o que de fato o Brasil tem. Mas é, mais do que tudo, uma **diversidade**. Alguns podem dizer que o Brasil tem uma única língua e, por isso, permanecemos unidos como centralidade política. Essa afirmação perde sua eficácia quando constatamos que os vizinhos americanos do Brasil também falam a mesma língua, o espanhol, mas apesar disso se separaram em diversos países. A unidade linguística pode ajudar, mas não é o único fator de uma unidade territorial e política.

Muitas vezes a geografia em si dá uma enorme colaboração na construção de um país. O Chile é uma criação da Cordilheira dos Andes, separando aquele pequeno trecho de território entre o oceano e as montanhas. Os EUA, com sua tradicional expressão "costa a costa", também é exemplo de uma geografia que explica o território. Ilhas que se tornaram países, como o Japão ou a Islândia, são óbvios exemplos. Mas, mesmo nesses casos, a geografia não explica tudo.

O Japão não é uma ilha, mas várias. E, no decorrer de sua milenar trajetória, muitas delas poderiam ter se tornado outras unidades políticas, outros países. A Coreia foi durante muito tempo um único país até que uma guerra a dividisse em dois. Ela se diz das fronteiras europeias, criadas pelo sangue de gerações em guerras, duas delas envolvendo, literalmente, o mundo inteiro. Uma fronteira pode ser construída a partir da geografia, uma cadeia de montanhas, rios, ilhas ou vastas planícies. Mas um país e suas fronteiras são sempre uma criação humana. Um rebanho bovino podia atravessar do Uruguai ao Rio Grande do Sul sem nenhuma crise de consciência. Quando tropas humanas atravessam fronteiras, guerras podem começar.

"A sorte está lançada", teria dito Júlio César ao atravessar o rio Rubicão, na Roma Antiga, iniciando uma guerra civil entre ele e o poder central, em janeiro de 49 a.C., pois César estava violando uma fronteira jurídica de seu tempo, que lhe tinha sido imposta pelo Senado. De tão solene e dramática, a expressão tornou-se uma metáfora de algo que não tem volta, o início de um período incerto, um atirar-se ao precipício. Hoje, o Rubicão pode ser atravessado sem maiores dramas ou risco de guerra, pois é apenas um rio que passa pela mesma unidade política, a Itália. O rio é o mesmo, mudaram-se os tempos e os dramas políticos humanos.

Quando vemos este mapa do Brasil atual, vemos inicialmente uma diversidade. Falando a mesma língua, mas com diferentes culturas regionais, hábitos, meio ambiente. De fato, somos um continente habitado por uma diversidade humana e ecológica. E por que ela permaneceu unida em um Estado Nacional? A resposta é política e não geográfica ou linguística: ao criarmos nossa independência, ela foi feita sob regime monárquico. A Monarquia criou o Brasil.

É possível que, caso o Brasil optasse por um regime republicano, o país permanecesse unido? José Saramago, o genial escritor português do século XX, escreveu **História do Cerco de Lisboa**. Na obra, um revisor de livros, sem nenhuma razão, altera uma única palavra: **não**. Lisboa, durante o século XII, era dominada pelos muçulmanos e os cristãos, liderados por Afonso Henriques, realizaram um cerco para tomar a cidade. Luta difícil e imprevisível, pediram apoio dos cruzados franceses que foram determinantes para a vitória contra os islâmicos e a tomada da cidade. Na história do livro de Saramago, o revisor Raimundo coloca uma pequenina palavra: os cruzados **não** ajudaram os portugueses. O que na História real não ocorreu. Uma profunda reflexão sobre como o ocaso pode alterar a realidade presente. E se os cruzados não tivessem ajudado os portugueses naquele tempo? Talvez o país Portugal como hoje o conhecemos não existisse.

O **E SE** é um dos exercícios mais interessantes na escrita da História. E se o Brasil fosse uma República, teríamos permanecido unidos enquanto país ou seríamos como nossos vizinhos de língua espanhola, várias repúblicas? Nunca teremos a resposta pois a História que ocorreu é essa: somos hoje uma república unificada em um vasto espaço com uma rica diversidade. Mas nada garante que poderíamos ser assim. No nosso caso, o E SE republicano pós-independência permite apontar, embora nunca seja uma certeza, que dificilmente manteríamos a unidade política.

Quando José Bonifácio escolheu o termo imperador para designar Pedro I, teve plena consciência na construção política e cultural de uma unidade. Política por concentrar poderes em um indivíduo acima das lideranças provinciais, que sempre foram poderosas e ciosas em suas posições de poder regionais. Ao mesmo tempo, fez uma conexão com a população que sempre viu o imperador como algo dotado de poder simbólico próprio. Pedro II, o imperador menino, e depois o ancião de barbas longas e respeitosa figura, manteve essa simbologia. E toda a população, pobre ou rica, urbana ou rural, diversa em suas culturas regionais, tinha uma figura central em quem podia se reconhecer e se manter unida, apesar da diversidade.

A Monarquia no Brasil não foi apenas política, mas cultural. Talvez ainda o seja, em nossa busca atual por "salvadores da pátria" no regime republicano. Uma possível herança controversa, pois continuamos a buscar pessoas como referência e não instituições como exigiria um regime republicano. Nesse caso, a culpa não é dos imperadores ou da própria Monarquia, mas de nós mesmos em nossa atualidade. E isso apenas prova como a Monarquia foi profunda na formação do Brasil.

Um dos argumentos usados nas negociações para o Tratado de Madrid, que criou a base do território brasileiro atual, era o de que o Brasil era uma ilha. De um lado, uma enorme costa atlântica. E de outro, rios que davam as fronteiras naturais com os vizinhos de língua espanhola. Os rios por si sós não seriam os criadores dessas fronteiras, como bem sabemos, mas serviriam de marcos para elas. De fato, boa parte das fronteiras terrestres brasileiras são na verdade cursos fluviais. A maior das guerras na América do Sul foi basicamente em torno de uma bacia fluvial. O Brasil pode ser visto, talvez com algum exagero de retórica, como uma ilha. A *Ilha da Bem-Aventurança* das lendas celtas medievais foi um dos motivos do batismo do próprio país: *A Ilha Brasil*. Uma lenda que se tornou verdade. De novo, com algum exagero do argumento.

Os rios e os caminhos que construíram e uniram essa imensa ilha tinham uma referência simbólica e igualmente, mitológica: o Imperador e seu poder quase sobrenatural. Houve no período monárquico um adensamento da própria ideia de *um Brasil*: a trajetória humana nesse território construiu uma direção, uma referência, um sentido – o *rei desejado* das lendas portuguesas, o Imperador e seus símbolos. A ilha Brasil e seu rei.

Nesse caso, a lenda tornou-se realidade.

REFERÊNCIAS

AGOSTINI, A. A vida fluminense, ano 3, n. 128, 11 jun. 1870. *In*: LEMOS, R. (Org.). **Uma história do Brasil através da caricatura (1840-2001)**. Rio de Janeiro: Letras & Expressões, 2001.

ALENCAR, J. de. **Senhora**. Rio de Janeiro: Edição da Fundação Biblioteca Nacional, 1875. Disponível em: dominiopublico.gov.br. Acesso em: 07 mar. 2025.

ALENCASTRO, L. F. **O trato dos viventes:** formação do Brasil no Atlântico sul. São Paulo: Cia. das Letras, 2002.

ALMEIDA, P. R. **Relações Internacionais e política externa do Brasil:** dos descobrimentos à globalização. Porto Alegre: UFRGS, 1998.

AZEVEDO, A. **O cortiço**. Rio de Janeiro: Edição da Fundação Biblioteca Nacional, 1890. Disponível em: dominiopublico.gov.br. Acesso em: 07 mar. 2025.

BOSI, A. **Dialética da Colonização**. São Paulo: Cia. das Letras, 1995.

BUENO, E. **Brasil, uma História**. São Paulo: Leya, 2012.

CALDEIRA, J. **Mauá,** o empresário do Império. São Paulo: Cia. das Letras, 1995.

CALDEIRA, J. **História da Riqueza no Brasil**. Rio de Janeiro: Estação Brasil, 2017.

CARVALHO, J. M. **Biografia de Pedro II** – coleção perfis brasileiros. São Paulo: Cia. das Letras, 2007.

CÁSSIO, D. **História Romana**, Livro XXXVII. 230a.D. Disponível em: https://penelope.uchicago.edu/Thayer/ E/Roman/Texts/Cassius_Dio/home.html. Acesso em: 01 jun. 2025.

DORATIOTO, F. **Maldita guerra:** nova história da guerra do Paraguai. *São Paulo*: Cia. das Letras, 2002.

EGGERS-BRASS, T. **História Argentina** – una mirada crítica – 1806-2006. Buenos Aires: Editorial Maipue, 2007.

FAUSTO, B. **História do Brasil**. São Paulo: Edusp, 1995.

GAMA, L. Primeiras trovas burlescas de Getulino.

GÓES, F. (Org.). **Trovas burlescas e escritos em prosa**. São Paulo: Cultura, 1944. p.97-100.

GOMES, L. **1808**. São Paulo: Planeta, 2007.

GOMES, L. **1822**. São Paulo: Planeta, 2010.

GOMES, L. **1889**. São Paulo: Globo Livros, 2013.

LAFER, C. **A identidade internacional do Brasil e a política externa brasileira**. São Paulo: Perspectiva, 2001.

LIMA, S. C. de S. **Os filhos do império celeste:** a imigração chinesa e sua incorporação à nacionalidade brasileira, 2005. Disponível em: https://bndigital.bn.gov.br/dossies/rede-da-memoria-virtual-brasileira/alteridades/imigracao-chinesa/. Acesso em: 01 jun. 2025.

MACHADO DE ASSIS, J. M. **Dom Casmurro**. Rio de Janeiro: Edição da Fundação Biblioteca Nacional, 1899. Disponível em: dominiopublico.gov.br. Acesso em: 07 mar. 2025.

REFERÊNCIAS

MACHADO DE ASSIS, J. M. **Memórias póstumas de Brás Cubas**. Rio de Janeiro: Edição da Fundação Biblioteca Nacional, 1891. Disponível em: dominiopublico.gov.br. Acesso em: 07 mar. 2025.

MACHADO DE ASSIS, J. M. **O alienista**. Rio de Janeiro: Edição da Fundação Biblioteca Nacional, 1882. Disponível em: dominiopublico.gov.br. Acesso em: 07 mar. 2025.

MELLO, A. J. de. **Obras polliticas e literarias de Frei Joaquim do Amor Divino Caneca**. 1. ed. Recife: Typ. Mercantil, 1875. Disponível em:https://www2.senado.leg.br/bdsf/handle/id/221676. Acesso em: 01 jun. 2025.

MENDONÇA, R. **História da política exterior do Brasil** – do período colonial ao reconhecimento do Império (1500-1825). Brasília: Fundação Alexandre de Gusmão, 2013.

MOTA, C. G.; LOPEZ, A. **História do Brasil**. São Paulo: 34, 2015.

NAHUM, B. **Breve História del Uruguay Independente**. Montevidéu: Ediciones de La Banda Oriental, 2011.

OLIVEIRA, F. A. de; LOPES, L. P. A Argentina e a independência do Brasil: o reconhecimento tardio de um reconhecimento pioneiro. **Cebri Revista**, a. 2, n. 5, jan.-mar. 2023. Disponível em: https://cebri.org/revista/br/artigo/81/a-argentina-e-a-independencia-do-brasil-o-reconhecimento-tardio-de-um-reconhecimento-pioneiro. Acesso em: 01 jun. 2025.

OLIVEIRA, H. A. **Política externa brasileira**. São Paulo: Saraiva, 2008.

PINHEIRO, L. **Política externa brasileira** – 1889-2002. Rio de Janeiro: Zahar, 2004.

PRADO JR., C. **História Econômica do Brasil**. São Paulo: Brasiliense, 1990.

PRIORE, M. Del; VENÂNCIO, R. **Uma breve história do Brasil**. São Paulo: Planeta, 2010.

RAMOS, R. (Coord.). **História de Portugal**. Lisboa: Esfera dos Livros, 2009.

REZZUTI, P. **D. Pedro** – A história não contada: O homem revelado por cartas e documentos inéditos. Portuguese Edition. Lisboa: LeYa, 2015. p. 223.

RICUPERO, R. **A diplomacia na construção do Brasil** – 1750-2016. Rio de Janeiro: Versal, 2017.

SCHWARCZ, L. **As barbas do Imperador** – Biografia Pedro II. São Paulo: Cia. das Letras, 1998.

SCHWARCZ, L.; STARLING, H. **Brasil:** uma biografia. São Paulo: Cia. das Letras, 2015.

SOUSA, I. E. **O sucesso jamais será perdoado**. Barueri: Avis Rara, 2024.

SOUSA, O. T. de. **A vida de Dom Pedro I**, 1952. Brasília: Edições do Senado Federal, 2015. Disponível em: http://www2.senado.leg. br/bdsf/handle/id/528942. Acesso em: 07 mar. 2025.

VERÍSSIMO, É. **O tempo e o vento:** um certo capitão Rodrigo. Rio de Janeiro: Editora Globo, 1978.